사막에서 화성탐사선을 쏘아 올린

아랍에미리트

사막에서 화성탐사선을 쏘아 올린

아랍에미리트

최 창 훈 지음

PUBLIUS
PUBLISHING
VERITAS VINCIT

목 차

3부. 이슬람, 아랍 그리고 중동

아랍에미리트 10개 키워드

저자가 직접 촬영한 낙타 무리의 모습(아부다비에서 170km 정도 떨어진 사막호텔, Qasr Al Sarab)

※저자의 초등학생 아들이 직접 그린 매(falcon)
매는 힘과 자애를 의미하며, 조상으로부터 물려받은 전통과 유산을 상징합니다.
a falcon painted by the author's son in elementary school

키워드 하나
사막과 낙타

    역사적으로 교역과 전쟁이 상호 교류의 주요 수단이다. 아랍 지역은 기본적으로 사막이라는 극한 환경에 바탕을 둔 유목사회였다. 농경 정착 사회가 아니기 때문에 다른 세력들과 상호 교류를 할 수 밖에 없었다. 자연스럽게 공동체 유지를 위해서는 남성 중심 사회가 될 수밖에 없었다. 이런 사막의 심오한 의미를 아는 것은 아랍을 이해하기 위한 첫걸음이다.

    80만 년 전 빙하기가 시작되자 낙타는 초원을 버리고 베링해협을 건너 중동의 사막에 자리를 잡는다. 이유는 단 하나, 사막은 포식자가 없는 공간이어서다.

    추운 지방에서 살아 온 낙타는 사막에서도 최강의 생존 능력을 발휘한다. 두꺼운 털은 햇빛을 반사하고, 넓고 평평한 발바닥은 모래 속에 빠지는 것을 막아준다. 등에 달린 혹은 양분과 물의 저장소 역할을 한다. 물을 하루 200ℓ까지 마실 수 있으며, 물을 몸의 구석구석에 저장해 둔다. 그 덕분에 낙타는 한 달 가까이, 겨울에는 몇 달 동안 물을 마시지 않고도 살 수 있다. 사막에서 낙타는 가장 지혜롭다.

    포스트 오일 시대를 대비해 미래를 향해 치열하게 준비하는 아랍에미리트는 놀라운 생존력을 지닌 낙타와 닮았다.

달과 별

예언자 무함마드는 마흔 살이 되던 610년에 알 누르 산에 있는 히라 동굴에서 알라(Allah)의 첫 계시를 받는다. 이때 하늘에는 초승달이 떠 있었다. 그래서 이슬람 국가들의 국기에 초승달과 별이 유난히 많다.

유목민은 볕이 뜨거운 사막을 낮에는 횡단할 수 없어 밤에 이동해야 했다. 이들에게 달과 별은 길 잃은 사막의 여행자에게 있어 오아시스와 같은 역할을 하는 구원자이자 인도자이다. 인간은 하늘을 바라볼 수밖에 없는 환경이었다.

어둠을 환하게 밝히는 달과 별은 아랍인의 생존, 생명, 희망의 상징이었으니 당연히 천문학이 발달할 수밖에 없었다. 그 천문학이 유럽으로 유입되어 대항해시대를 열었고, 결국 산업혁명으로까지 이어졌다고 볼 수 있다.

2024년 3월, 미국 항공우주국(NASA)에서 2년간 교육 이수 끝에 우주비행사 자격을 갖춘 아랍에미리트 여성 노라 알마트루시는 인터뷰에서 아래와 같이 밝혔다. "나보다 먼저 별을 연구해 온 무슬림 학자와 과학자들의 공헌을 알게 됐다. 그들이 수천 년 전부터 쌓아온 유산이 내가 우주비행사가 된 기반이다."

※저자의 초등학생 아들이 직접 그린 그랜드 모스크
The Sheikh Zayed Grand Mosque painted by the author's son in elementary school

키워드 셋
이슬람

610년, 예언자 무함마드가 40세에 메카(Mecca)에서 대천사 가브리엘을 통하여 전지전능한 알라의 계시를 받아 탄생한 종교가 이슬람이다.

이슬람은 종교와 문화를 포괄하는 개념이다. 이슬람(Islam)은 언어적으로 평화를 의미하는 아랍어 '살람'(Salam)에서 왔고, 신학적으로는 '복종'을 의미한다. 한편, 살람은 안녕·평안·평화를 의미하는 히브리어 '샬롬'(Shalom)과 뿌리가 같다. 그리고 이슬람의 3대 성지 중 한 곳인 예루살렘은 '평화의 마을' 이라는 뜻을 갖는다. 서구 중심의 사고방식, 미디어 등의 영향으로 오해와 편견이 아직까지 남아있지만 이슬람은 평화와 관용, 통합의 상징과도 같다.

대다수 무슬림들은 '이슬람=테러' 라는 그릇된 인식 때문에 괴로워한다. 이슬람을 오해나 편견 없이 제대로 알아야 한다.

오늘날 무슬림은 19억여 명으로 세계 인구의 1/4을 차지하며, 이슬람 국가는 57개국으로 유엔 가입국의 1/3에 가까운 수준이니 세계 최대 단일문화권이다.

◆ 꾸란은 이렇게 말한다

"오늘 내가 너희를 위해 너희의 종교를 완성했고
나의 은혜가 너희에게 충만하게 하였으며
이슬람을 너희의 종교로 만족케 하였느니라"

(꾸란 5장 3절)

이슬람 건축 예술의 끝판왕 셰이크 자이드 그랜드 모스크(아부다비 소재)

키워드 넷
예언자 무함마드

무함마드는 570년 메카의 쿠라이시 부족 중 하심 가(家)에서 태어나 가난한 어린 시절을 보낸다. 카라반(대상)인 아버지는 그가 태어나기 직전에 사망하고, 어머니는 그가 여섯 살 때 사망하는 바람에 할아버지에 이어 삼촌 손에 자란다.

그는 낙타 몰이꾼과 무역상을 거쳐서 카디자와 결혼하고, 안정된 결혼 생활을 이어가던 중 마흔 살이 되던 610년에 알 누르 산에 있는 히라 동굴에서 알라의 첫 계시를 받는다.

무함마드는 알라의 계시를 받아 이슬람 종교를 탄생시켰을 뿐만 아니라, 메카와 메디나를 통합하는 등 이슬람 국가를 지배한 훌륭한 정치 지도자다. 그는 오늘날까지 인류의 정신사에 큰 업적을 남긴 성인으로 추앙받는다. 아담, 노아, 아브라함, 모세, 예수에 이르는 예언자 중에서 무함마드가 마지막 예언자이다. 이슬람에서는 더 이상의 예언자는 존재하지 않는다고 본다.

◆ 꾸란은 이렇게 말한다

"무함마드는 어느 한 사람의 아버지가 아니며,
하나님의 사도이자 마지막으로 온 예언자이다"

(꾸란 33장 40절)

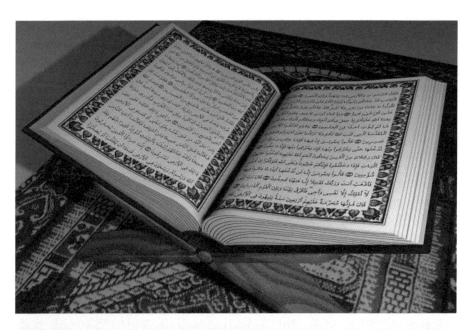

루브르 아부다비 박물관에 전시되어 있는 꾸란

꾸란(Holy Quran)은 예언자 무함마드가 창조주 알라의 말씀을 가브리엘 천사를 통해서 전달받은 것으로 암기와 기록으로 보존되어 내려오고 있는 아랍어 원문을 말한다. 1,400여 년 동안 점하나 획하나 바뀐 것 없이 원본 그대로 보존되어 내려오고 있을 뿐만 아니라 예언자 무함마드가 가브리엘 천사로부터 전수받은 리듬에 따라 암송되고 있다. 예언자 무함마드가 610년 유일신 알라의 첫 계시부터 632년 사망할 때까지 받은 계시를 집대성한 것이다. 메카에서 받은 계시와 메디나에서 받은 계시로 구분지을 수 있다.

꾸란은 운율로 쓴 대서사시로 지금도 아랍 국가에서는 매일 일정한 시간에 낭송되고 있다. 이 시간에는 도시 전체가 시의 바다가 된다. 꾸란의 시작은 이렇다.

"은혜로우시고 자비로우신 하나님의 이름으로, 온 누리의 주님이신 하나님께 찬양을 드립니다. 당신은 은혜로우시고 자비로우시며 심판의 날을 주관하시는 분이십니다. 그래서 저희는 오직 당신만을 경배하오며 당신에게만 구원을 간구하나이다. 저희들을 바른 길로 인도하여 주소서. 당신께서 은총을 내리시고 노여움을 받은 자들이나 방황하는 자들이 걷지 않는 가장 바른 길로 인도하여 주소서"

◆ 꾸란은 이렇게 말한다

"꾸란은 온누리의 주님으로부터 게시된 것이니라"

(꾸란 26장 192절)

2024년 3월, 저자의 아들(최연우, 13세)이 그린 자이드 대통령 초상화입니다.
아랍에미리트를 건국하고 '아버지'라고 칭송 받는 (故)자이드 대통령
관용을 몸소 실천함으로써 오늘날 아랍에미리트의 토대를 만들었습니다.

키워드 여섯
관용

    이슬람 사상의 핵심은 유일신 알라에 대한 절대복종을 통해 얻은 평화이며, 이슬람이 표방하는 것은 평화와 관용이다.

    이슬람이 탄생한 지 거의 100년 만에 이슬람은 유럽을 정복하는데, 이교도의 종교를 인정하고 그들의 종교 활동까지 보장하는데, 당시로서는 그 어떤 곳에서도 선보인 적 없던 파격적인 조치였다.

    이슬람의 전파가 성공한 배경에는 조세 정책, 화합과 평등을 내세운 내치 시스템, 소수민족 포용 정책 등 훌륭한 통치 기술이 있었으며, 이를 가능하게 한 것은 이슬람문화의 큰 특징 중 하나인 관용성이다.

    아랍에미리트는 2019년을 관용의 해(Year of Tolerance)로 정하고 관용은 아랍에미리트 역사 깊숙이 뿌리내린 진정한 가치라며 관용의 메시지를 전 세계에 전파하는데 노력하고 있다. 관용공존부라는 정부 부처도 있다.

저자가 직접 촬영한 두바이 엑스포 아랍에미리트 전시관 내부 모습
(통합의 정신을 강조하는 문구가 눈에 띕니다.)

1971년 아랍에미리트를 건국한 주인공들입니다.
건국의 아버지(The Founding Fathers of UAE)로 불리기도 합니다.

문화적으로 축적된 하부구조가 부족한 메카에서 탄생한 이슬람으로서는 탄탄한 사회·문화 기반의 구축을 위해 정복 지역의 시스템을 그대로 받아들일 수밖에 없었을 것이다.

그래서 비잔틴 제국과 페르시아 제국을 정복하면서 그들의 문화를 그대로 수용한 이슬람은 관용과 통합을 통해서 짧은 시간에 유럽까지 뻗어나갈 수 있었다.

여기에서 이슬람의 특징인 포용, 관용, 통합의 정신이 나온 것이다. 그 정신은 오늘날까지 고스란히 이어져 오고 있다.

포용, 관용, 통합은 극심한 사회 양극화와 저출산 문제를 겪고 있고, 동시에 다문화사회로 서서히 변하고 있는 우리나라가 꼭 배워야할 가치들이다.

※ 저자의 초등학생 아들이 직접 그린 아랍에미리트 지도자들의 초상화
a portrait painted by the author's son in elementary school

아랍에미리트를 지탱하는 원동력은 석유가 큰 비중을 차지하고 있지만, 지도자의 리더십이 더 중요한 역할을 해왔는지 모른다. 지도자들은 미래를 정교하게 설계하고, 국민을 위해 국부를 사용하고, 국민은 지도자를 사랑하고 존경하는 환상적인 조합을 보이는 국가가 아랍에미리트다.

몇 년 전 셰이크 무함마드 빈 자이드 알 나흐얀 왕세제(현 대통령)와 셰이크 무함마드 빈 라시드 알 막툼 두바이 지도자가 전투에서 전사한 군인의 집을 직접 방문해서 유가족을 위로했다. 감동을 하지 않을 수 없는 모습이다.

아랍에미리트 지도자의 리더십은 낙타의 생존법과 비슷하다. 낙타가 태양을 향해 머리를 향함으로써 몸통을 시원하게 하듯이, 지도자도 국민을 시원하게 하려고 머리 방향을 태양으로 향하는 건 아닌지.

두바이에 있는 미래 박물관(Museum of the Future).
과거의 유물이 아닌 미래를 전시한 박물관입니다.
내셔널 지오그래픽은 세계에서 가장 아름다운 14개 박물관 중 하나로 미래 박물관을 선정했습니다.
(저자 촬영)

포스트 오일

아랍에미리트의 GDP는 석유·가스가 상당 부분 차지해왔다. 정부는 석유·가스의 의존도를 획기적으로 줄이기 위해서 경제 다변화 정책을 추진 해오고 있다.

정부는 오일이 고갈하는 '포스트 오일 시대'의 도래에 대비해 비석유 부문 산업을 육성하는 등 장기 프로젝트 추진을 위해 노력하고 있다. 비석유 육성 부문은 우주개발, 청정에너지, 관광, 의료, 항공, 금융, 교육, 도시개발 등이다.

포스트 오일 시대 준비를 규모가 비슷하고 최고의 궁합을 보이는 한국과 손잡을 필요가 있다. 인적자원 하나로 선진국 반열에 오른 한국의 첨단기술과 협력한다면 아크(형제)를 넘어 사막을 함께 건너는 동반자인 '라피크'가 될 것이다. 아크는 싸울 수 있지만, 라피크는 싸워서도 안된다. 사막 한복판에서 싸운다면 아무도 살아남을 수 없기 때문이다.

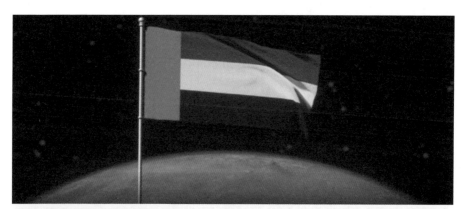

아랍에미리트 엔지니어들이 화성 탐사선 아말을 점검하는 모습입니다.
아랍에미리트 건국 50주년인 2021년에 맞춰 화성에 탐사선을 보내는
'에미리트 화성 탐사 프로젝트'(EMM)의 일환입니다. (에미리트화성미션 제공)

키워드 열
도전

아랍에미리트는 사막이라는 열악한 환경을 딛고 오늘에 이르도록 부단한 도전의 역사를 지니고 있다. 오늘날에는 전례 없는 모범적인 연방국 체제를 운영하고 있으며, 포스트 오일 대책 등으로 분주하다.

이제 우주로의 여정을 준비하고 있다. 2021년 2월 아랍권 최초의 화성탐사선 '아말'(희망)을 쏘아 올려 궤도 진입에 성공했다. 화성 궤도 진입에 성공한 것은 세계 다섯 번째다. 2024년 3월에는 아랍계 여성 처음으로 우주비행사를 양성하는 미국 항공우주국(NASA)의 훈련 프로그램을 이수한 아랍에미리트 여성도 탄생했다. 2024년에는 무인 우주선을 달에 보내며, '화성 2117 프로젝트'는 2117년 화성에 사람이 사는 도시를 세운다. 2028년에는 화성과 목성 사이 소행성들을 탐사하는 무인 우주선을 발사할 계획이다.

총리이자 부통령이 이런 말을 한다. "발전과 진보를 향한 여정은 경계와 제한이 없으며, 우리는 미래 세대에 투자할 것이다."

프롤로그

이슬람·아랍·중동은 세계 최대 단일문화권

　지구촌 최대 단일문화권이면서 천연자원과 막대한 자본력으로 세계 경제를 움직이는 곳은 어디일까요? 바로 중동입니다. 정확한 숫자를 가늠하기 어렵지만 2023년 현재 전 세계 이슬람 인구는 19억여 명으로 추산합니다. 세계 인구가 80억여 명이니 대략 전 세계 인구의 1/4을 차지합니다. 거기다가 출산율이 비교적 높은 까닭에 2030년에는 22억 명, 2050년에는 30억 명을 돌파할 것이라는 전망입니다. 또한, 이슬람 국가는 57개국으로 유엔 가입국 193개국의 1/3에 가까운 수준이니, 가히 세계 최대 단일문화권이라고 할 만합니다.

　이 문화권은 에너지 자원과 세계 금융을 움직이는 자본에다가 거대한 인구와 영토를 가지고 있으니 경제적으로도 큰 시장입니다. 고유가로 몸살을 앓고 있는 미국은 가장 큰 생산 여력을 가진 사우디아라비아에 원유 증산 요구를 하기 위해 2022년 6월 바이든 미국 대통령이 직접 사우디아라비아를 방문할 정도입니다. 산유국의 어마어마한 힘이 미국의 대통령을 소환한 것입니다. 또한 천문학적인 자본을 가지고 있는 중동 산유국들의 국부펀드가 미국 월가의 큰 손으로 자리 잡은 지 오래입니다.

　이슬람은 다른 종교와 비교해 전 세계에서 가장 역동적으로 성장하고 있습니다. 이렇게 빠르게 성장하고 있는 종교가 있을까 싶을 정도입니다. 이들의 언어인 아랍어는 여섯 개 유엔 공용어 중 하나입니다. 우리나라 고등학생에게 아랍어는 제2외국어 영역에서 가장 인기 있는 언어입니다. 물론 대학입시를 위한 전략적인 선택일 수도 있습니다만.

　오랜 역사와 전통이 있으면서 세계의 거대한 문화권인 이슬람 세계를 더 이상 오해와 편견으로 내버려 둘 수 없습니다. 모르는 것보다 더 무서운 것이 잘못 알고 있는 것입니다. 그래서 이들에 대해서 조금이라도 아는 것은 매우 중요한 문제입니다. 우리 경제가 무역에 크게 의존하고 있는 처지에서는 더욱 그렇습니다.

　게다가 아랍지역은 오늘날 국제 정치, 경제, 안보 측면에서 세계의 축소판입니다. 그래서 우리는 이 지역을 정확히 알아야 합니다. 우리나라를 위해서도, 국제사회 일원으로서도 알아야 하는 이유입니다. 대한민국과 아랍지역은 지정학적으로도 유사한 면이 많이 있습니다.

균형감각이 필요한 시점

우리는 이슬람·아랍·중동에 대해서 잘 알고 있을까요? 안다면 그 지식은 얼마나 정확한 것일까요? 서양·기독교 중심의 사고방식, 백인 우월주의가 보편적인 가치로 인식된 것은 아닌지 모르겠습니다. 그리고 서구 중심의 미디어 영향으로 중동의 역사가 왜곡된 것은 아닌지 모를 일입니다. 많은 사람들이 중동을 이슬람의 렌즈를 끼고 바라봅니다. 그러니 중동을 제대로 볼 수가 없습니다. 하루 다섯 번의 예배를 보는 것을 두고 비이성적이라고 오해하기도 합니다.

우리는 서양사와 동양사를 배우면서도 중동 역사는 제대로 배우지 못했습니다. 그동안 변방의 역사로 치부해 버렸습니다. 서구와는 다르게 우리나라는 이슬람권과 역사적으로 직접적인 갈등이나 트라우마가 없으며, 멀리 떨어져 있으니 싸울 일도 없었습니다. 근공원교의 원리가 작동됩니다.

하지만, 통일신라와 이슬람이 통상, 문화 등 분야에서 접촉했음을 짐작할 수 있는 대목도 있습니다. 초등학교 한국사 교과서(EBS 출판)에는 이렇게 기술되어 있습니다.

"벽란도(개경의 서쪽 예성강 하류에 있던 큰 항구)에는 고려의 주변 나라뿐만 아니라 멀리 아라비아 상인들도 드나들었어요. 아라비아 상인들이 직접 오지 못한 경우에는 송나라 상인을 통해 고려 물건을 사 갔어요. 이들을 통해 고려라는 이름이 서양 세계에 알려졌어요. 그 이름이 영국까지 전해져 '코리아'(Korea)라고 일컫게 된 것이지요." 오늘날 코리아라고 불리는데 아라비아 상인들이 역할을 했으니 고마운 일입니다.

고대 4대 문명이 태동한 지역을 보더라도 황하문명을 제외한 나머지 세 곳은 지금의 중동 지역입니다. 중동은 세상의 지식과 지혜가 생겨나고 전파되어온 공간으로서 인류 역사에 지대한 공헌을 해왔습니다. 하나의 예로 사막에서 발달한 천문학은 유럽의 항해 기술 발전에 큰 역할을 했습니다. 항해 기술의 발달이 세계사에 지대한 영향을 끼쳤다는 것은 다 아는 사실입니다.

놀라운 것은 이슬람은 천년 동안 유럽 일대를 지배한 제국의 역사가 있습니다. 반대로 근래의 200여 년은 서구가 이슬람 지역을 지배했습니다. 그렇게 지배와 피지배 관계로 점철되어온 이슬람과 서구는 서로에 대한 역사적인 트라우마가 내재하여 있습니다.

이슬람문화는 인간이 배제된 채 신이 중심이었던 중세 유럽의 암흑기에 인류의 길을 밝혀 주었고, 서구 르네상스가 일어나도록 그 기반을 제공했다면 여러분은 믿겠습니까? 이슬람·아랍·중동은 그리스·로마문화를 꽃피우고 오늘날 서양문화의 토대를 마련했다고 볼 수 있습니다.

해방 이후 우리는 서구 중심의 사고와 자료를 바탕으로 세계사를 공부하고 바라보았습니다. 이슬람·아랍·중동에 대해서 제대로 배운 적도 없지만, 알고 있는 지식도 오류와 편견이 여전히 많은 것 같습니다. 제 주변의 나름 지식인 중에도 아랍 여성은 직장을 제대로 가질 수 없고, 아랍 사회는 여성에 대한 인권탄압이 심하다고 잘못 아는 사람이 더러 있습니다. 중동 역사가 인류 사회 전체에 끼친 영향력에 비하면 그들에 관해 배우지 못한 것이 아쉽습니다.

중동사와 이슬람을 좀 더 가까이에서 들여다보면 세계사의 흐름을 훨씬 수월하게 이해할 수 있습니다. 또한 미국을 비롯한 서구 강대국들의 국제관계, 국제정치에 대해서도 보다 전략적인 시각으로 바라볼 수 있습니다.

일례로 미국은 아프가니스탄에서 20년간 대테러 전쟁을 수행했습니다. 역사상 미국이 치른 전쟁 중에 가장 긴 기간입니다. 그 과정에서 17만여 명이 사망했고 그중에서 미군 사망자만 2,500여 명에 달합니다. 전쟁 비용만 1조 달러가 넘는 것으로 알려져 있습니다. 이로 인해 미국의 다음 세대가 부담해야 할 비용은 천문학적입니다. 그렇다면 미국의 납세자들, 즉 미국 국민으로서는 왜 해답이 나오지 않는 전쟁을 수행하는지 의문이 드는 건 당연할 것입니다.

과거와 달리 미국은 다른 나라의 분쟁에 적극적인 개입을 꺼리고 있습니다. 물론 다른 원인도 있을 겁니다. 아무튼, 미국의 탈중동 정책은 이와 깊은 관련이 있어 보입니다. 국제관계에 대한 이해는 분단국가인 우리나라로서도 중요한 문제입니다.

우리나라는 부존자원이 없고 시장이 작은 편이기 때문에 무역을 해야 하는 운명을 지녔습니다. 수입과 수출로 총생산(GDP)을 창출해가면서 먹고 사는 우리나라의 대외 무역 의존도는 경제협력개발기구(OECD) 국가 중 가장 높은 편입니다. 국익 차원에서라도 이슬람·아랍·중동 세계를 정확하게 이해하는 것은 선택이 아닌 필수가 되었습니다.

어떤 이슈에 대해 균형감 있게 바라보는 것은 중요합니다. 중동에서 날아온 한 건의 테러 뉴스를 보고 중동 전체의 문제 혹은 이슬람 때문이라고 생각하지는 않았는지 되돌아볼 필요가 있습니다. 중동 전역이 테러와 분쟁으로 얼룩져 있고, 사람들은 아직도 사막에서 낙타를 타고 다닌다고 생각하는 사람이 있을지도 모르겠습니다. 물론 과거 생활 방식대로 여전히 사막에서 유목 생활을 하는 베두인족이 있긴 하지만 이는 극소수에 불과합니다. 우리가 살면서 베두인족을 만날 가능성은 희박하고, 그들은 우리의 협력적 파트너도 아닙니다.

동종 집단에서는 창의력이 잘 일어나지 않습니다. 매일 만나는 친구들보다는 전혀 다른 배경을 가진 새로운 사람들을 만날 때 더 많은 창의력과 번뜩이는 아이디어가 나오지 않나요? 이는 일상생활에서도 잘 알 수 있습니다. 단일문화권에 살면 장점이 많습니다. 일단 살기가 편하고 단합이 잘 되어서 좋은 점들이 많이 있습니다. 하지만 단일문화보다는 융합문화가 더 찬란했던 역사를 볼 수 있습니다. 역사적으로 자신과 다른 문화와 가치를 배척하는 민족은 오래 가지 못했습니다. 이슬람 제국의 역사를 들여다보면 이슬람이 팽창하면서 다른 문화를 어떻게 받아들이고, 융합하고 발전시켰는지, 또 인류에게 얼마나 큰 공헌을 했는지 알게 되면 놀라움을 금치 못할 것입니다. 최근 노벨 과학상 수상자들은 학문간 융합 연구를 했다는 공통점들을 가지고 있습니다. 사회 전반적으로 융합 연구는 대세로 자리잡아 가고 있습니다. 한 우물만 파던 시대가 종말할지도 모를 일입니다.

이 책《사막에서 화성탐사선을 쏘아 올린 아랍에미리트》을 읽어나가는 데 있어 문화인류학적인 관점으로 접근하면 좋겠습니다. 종교, 신앙, 특히 옳고 그름의 시각으로 바라보기보다는 그들의 역사, 종교, 문화가 어떻게 변천해 오고 생존해왔는지에 초점을 두면 좋겠습니다. 문화에는 선악이나 우열이 있는 것이 아니라 같고 다름이 있을 뿐입니다. 특히 종교에 관해 옳고 그름의 시각으로 접근하면 사태가 걷잡을 수 없게 됩니다. 좌우 대립, 세대 간 대립, 지역 간 대립 등 갈등이 많은 곳에서 특히 더 그런 것 같습니다. 문화는 자기만의 고유의 향기와 색이 있기 마련입니다. 그래서 나의 기준으로 상대방의 문화를 바라볼 때는 배려와 존중의 자세가 반드시 필요할 것입니다.

이슬람과 이슬람 제국의 등장

이슬람 사상의 핵심은 알라(Allah)에게 절대복종을 통해 평화를 얻는 것입니다. 알라는 유일신인 하느님의 아랍어 표기입니다. 기독교가 사랑, 불교가 자비를 핵심 사상으로 한다면, 이슬람이 표방하는 것은 평화와 관용이라고 할 수 있습니다. 여러분이 생각했던 이슬람 이미지하고 다르지 않나요?

610년, 예언자 무함마드(Prophet Mohammad)가 40세에 메카(Mecca)에서 알라의 계시를 받고 탄생한 종교가 바로 이슬람교입니다. 메카는 오늘날 사우디아라비아의 지역이며, 오늘날에도 매우 종교적인 도시로 남아 있는 곳입니다.

632년, 예언자 무함마드가 후계자를 지명하지 않은 채 죽자 후계자 논쟁으로 갈등이 발생합니다. 무함마드의 유일한 혈통인 알리(Ali, 무함마드의 사촌이며, 나중에는 사위가 됨)가 네 번째로 후계자가 됩니다. 후계자로 선출된 지 몇 년 후 알리가 반대 세력에 의해 잔혹하게 살해되는 사건이 발생합니다.

알리의 사후에 그를 따르는 무리인 시아 알리(Shia Ali)는 메카를 떠나 카르발라(현재 이라크 지역)에 정착하는데, 이들이 후에 시아파가 됩니다. 메카를 떠나지 않고 그대로 남아 있던 사람들은 네 명의 칼리프 모두를 인정하는 수니파가 됩니다. 이처럼 수니파와 시아파는 종교적인 갈등이 아니라 복수, 원한 등으로 생겨났습니다. 수니파와 시아파가 갈라서기는 했지만, 역사적인 틀에서 보면 큰 충돌 없이 공존해왔습니다. 그래서 수니파와 시아파를 볼 때 이슬람 종파라는 종교적인 잣대만으로 접근하면 곤란합니다.

메카에서 이슬람이 태동할 즈음, 메카 북쪽 지역에서는 5세기 말에서 7세기 초까지 서양을 대표하는 동로마의 비잔틴 제국과 오리엔트를 대표하는 사산조 페르시아는 300년 가까이 싸웠습니다. 이 참혹한 전쟁으로 인해 사람들은 지옥 같은 삶을 살았을 것입니다. 오랜 전쟁에 시달린 주민들은 누가 되든 새로운 세력이 의식주를 해결해주고, 미래의 삶을 어느 정도 보장해 준다면 환영할 상황이었을 것입니다. 민생이 도탄에 빠져 있는 상황이 300년 가까이 지속될 무렵 아라비아반도에서 출발한 이슬람은 두 제국을 비교적 손쉽게 정복할 수 있었습니다.

메카에서 출발한 이슬람은 북상하면서 비잔틴 제국의 아시아 지역을 이슬람화시켰습니다. 651년, 페르시아 제국까지 멸망시킨 이슬람은 그리스·로마의 지중해문명과 오리엔트문명을 모두 흡수해 문화의 용광로가 되었습니다. 두 문화를 융합해서 이슬람문화라는 종합 문화를 재탄생시키게 된 것입니다. 이것이 바로 이슬람의 성공 요인입니다. 두 문명을 받아들이지 않고 배척하고 파괴했다면 이슬람의 성공은 불가능했을 것입니다.

정복 활동을 통해 이슬람은 유럽으로는 프랑스까지, 아시아로는 중국의 국경 지역까지 빠른 속도로 영향력을 확대해 나갔습니다. 이슬람의 빠른 팽창을 두고 서구 학자들, 특히 대표적인 신학자 토마스 아퀴나스는 "한 손에는 칼, 다른 한 손에는 꾸란"이라는 표현으로 평가절하했지만, 비잔틴 제국과 페르시아 제국 간의 300년 전쟁으로 지칠 대로 지친 주민들은 새로운 세력의 진입을 마다할 이유가 없었을 것입니다.

이슬람이 환영받은 이유 중 또 다른 하나는 토지 공개념의 도입입니다. 토지 공개념은 토지의 소유권은 인정하되 이용은 공익을 위해 제한할 수 있다는 것입니다. 이슬람 제국은 주민들이 경작지에서 자유롭게 경작하고 정부에 수확의 30%를 토지세로 내는 조건으로 사유재산을 상당 부분 인정해주었습니다. 전쟁 경제하에 온갖 약탈을 당해온 사람들은 이슬람 제국이 들어온 이후 혁명적인 제도와 삶의 변화를 경험하게 되자 이슬람을 환영하지 않을 수 없었을 겁니다. 동서고금을 막론하고 세금, 부동산은 매우 중요한 문제인 것 같습니다.

이슬람 제국은 사유재산을 인정해주었을 뿐만 아니라, 피정복자들에게 개종을 강요하지 않고 그들의 종교를 어느 정도 보장해 주었습니다. 그들의 유연한 거버넌스(Governance)로 인해 무리하게 이슬람교로의 개종을 강요할 필요가 없었습니다. 그래서 확고한 자기 신앙을 끝까지 지킨 기독교인과 유대인들이 있었습니다. 그 후손들이 현재에도 중동 전역에 거주하고 있는 아랍 기독교인들인데 어림잡아 2,000만 명이라고 합니다.

이슬람교로 개종하는 사람에게는 10%가량의 인두세가 추가로 면제되었으므로 대단히 많은 사람이 이슬람교로 개종했습니다. 조세 제도를 통해서 세력을 확장하고 통합하는 놀라운 통치 기술이 아닐 수 없습니다. 게다가 기독교와 유대교를 받아들여 융합한 신학 체계까지 만들었습니다. 이처럼 강력한 군사력과 영향력을 바탕으로 학문과 문화를 번성시켰습니다. 토지 및 조세 제도와 같은 훌륭한 민생 정책을 선보였습니다. 오히려 "한 손엔 평화, 다른 한 손엔 꾸란"이 더 맞는 표현이 아닐까 합니다.

두 제국을 정복한 이슬람 제국은 광대한 영토를 운영하기 위해 페르시아로부터 행정, 제도 등을 도입했고, 유럽으로부터는 철학과 사상 등을 수용했습니다. 그밖에 인도의 수학, 중국의 제지술 등 통치에 좋은 것은 모조리 수용했다고 해도 과언이 아닙니다. 이는 유럽보다 500년이나 앞선 르네상스였습니다. 천년 동안 유럽보다 힘의 우위에 서 있었던 이슬람 제국이 가능했던 이유는 이슬람의 기본 정신인 포용, 관용, 통합입니다.

이슬람문화는 동·서간 문명 교류의 역사라고 할 만큼 보편성과 수용성이 높았습니다. 척박한 사막 환경에서 생존하기 위해서는 적군도 끌어안아야 했습니다. 그래서 오아시스를 차지한 정복자는 상대 전사자의 가족까지 정성껏 보살폈습니다. 여자와 아이들만 사막에 남으면 곧 죽음을 의미합니다. 이렇게 '아싸비야(Asabiyya)라는 집단적 연대의식, 종교·언어·종족과 공존하면서 발전해 온 융합문화를 가진 아랍·이슬람의 문화가 오늘날까지 이어져 온 것입니다.

이슬람 세계와 서구는 1,200여 년간 역사적으로 지배와 피지배 관계에 있었습니다. 메카에서 출발한 이슬람은 레반트(Levant, '해가 뜨는 곳'을 의미하며 지금의 이라크·시리아 등 지역) 일대를 거쳐 불과 수십 년 만에 북아프리카까지 정복해 이슬람화시켰습니다. 모로코까지 진격한 이슬람 제국은 지브롤터해협을 건너 711년에 이베리아반도에 상륙했습니다. 모로코 남쪽으로는 사하라사막이 있어서 굳이 진출할 필요가 없어서 바다를 건넌 것입니다. 예언자 무함마드가 알라의 계시를 받은 지 100여 년 만에 이슬람은 유럽 본토에 상륙했습니다.

이슬람은 스페인에 상륙한 지 20여 년 만에 프랑스 파리 남부까지 진출했습니다. 유럽으로서는 파리가 무너지면 유럽 전체가 이슬람화가 될 수 있는 절체절명의 상황이었습니다. 이에 프랑크 왕국의 군주 샤를 마르텔(Carl Martel)은 유럽 연합군을 결성해서 이슬람 군대와 결사 항전을 벌였습니다. 유럽 연합군은 프랑스의 투르 푸아티에 전투에서 승리한 덕분에 이슬람의 추가 진출을 막을 수 있었습니다. 유럽은 이 전투가 이슬람화의 위기에서 구출한 것으로 여기고 있습니다.

스페인과 포르투갈 지역은 800여 년간, 프랑스 남부와 이탈리아 남부는 200여 년간 이슬람 제국의 영향 아래 있었습니다. 유럽은 천년 간 이슬람 세계로부터 지배를 받았습니다. 7세기부터 18세기 초까지 이슬람 세계가 군사, 학문, 문화적으로 압도적 우위를 점하는 시기였습니다. 특히 스페인은 711년부터 1492년까지 이슬람의 영향력 아래에서 고대문명으로부터 이어진 학문, 문화와 예술, 그리고 인간의 지혜를 유럽으로 전파해주는 통로 역할을 했습니다. 하지만, 기독교 유럽 세계에서는 이슬람 혐오증(이슬람포비아)이 생긴 배경이 되기도 했습니다. 빠른 이슬람의 확장에 대한 우려 때문입니다.

산업혁명 이후 유럽이 강성해지면서 힘의 균형이 바뀌게 됩니다. 유럽은 강력해진 힘을 바탕으로 세계 전역을 식민지화했는데, 중동도 예외가 될 수 없었습니다. 1798년, 나폴레옹 1세의 이집트 정복 이후 이슬람 세계의 대부분이 서구의 지배를 받게 됩니다. 천년 동안 이슬람 세계로부터 지배 당했던 유럽이 지배자가 되자 과거의 앙갚음이라도 하듯이 200여 년간 혹독한 탄압과 박해를 합니다. 일제강점의 36년이 오늘날까지 우리에게 깊은 트라우마로 남아 있는데, 천년, 200년간 지배자와 피지배자의 관계가 어떠했는지 감히 상상하기조차 어렵습니다.

오늘날 아랍 국가로 분류하는 22개국은 중동과 북아프리카(MENA, Middle East and North Africa)에 걸쳐 분포합니다. 이란, 튀르키예(옛 터키), 이스라엘 세 국가는 중동에 있지만, 아랍 국가로 분류되지 않습니다. 아랍 국가 분포지역에서 가장 오른쪽에 있는 곳이 아랍에미리트(UAE, United Arab Emirates)입니다. 22개국 중에 가장 왼쪽에 있는 나라가 모로코인데, 아랍에미리트와는 5천 킬로미터가량 떨어져 있습니다. 각자의 방언이 있긴 하지만, 두 나라 사람들은 완벽하게 의사소통을 할 수 있습니다. 천년 이상 서로 떨어져서 살아왔는데 의사소통이 완벽하게 된다는 것은 기적에 가깝습니다.

무슬림들이 의사소통을 하고 정서적으로 닮은 이유는 이슬람의 경전인 꾸란 (Holy Quran)을 공유하기 때문입니다. 그저 신기할 따름입니다. 또 신기한 것은 과거에 한 번 이슬람화된 지역은 천년이 지난 지금도 이슬람으로 고스란히 남아 있다는 겁니다. 총칼이 무서워서 이슬람을 받아들였다고 하지만, 천년이 지나고 무력이 다 사라진 지금까지 이슬람을 신봉하는 것은 놀랍지 않습니까? 그만큼 이슬람은 우리가 생각하는 것보다 훨씬 괜찮은 종교가 아닐까요? 아니면 우리가 잘 모르는 또 다른 비법이 있었을까요?

오늘날의 이슬람·아랍·중동

제1·2차 세계대전 이후 중동 국가들이 개별 국가로 독립하기 시작했습니다. 지도를 보면 아시겠지만, 신생 국가들의 국경선이 자로 잰 듯이 반듯합니다. 직선 국경선은 무슨 의미일까요? 누군가가 인위적으로 국경선을 그었다는 것입니다. 서구 강대국들이 그은 인위적인 국경선으로 인해 중동 문제가 한층 복잡해졌습니다. 중동 문제를 더욱 꼬이게 한 세 나라를 꼽으라고 한다면 영국, 프랑스, 미국이 아닐까 합니다.

오늘날 중동이 정치·경제적으로 빠르게 재편되고 있습니다. 미국의 탈중동 정책, 즉 미국이 중동에서 발을 서서히 빼고 있습니다. 미국은 셰일 가스와 원유가 상용화되면서 이제 중동의 석유가 절대적으로 필요한 상황이 아닙니다. 중동의 석유가 에너지 안보, 유가 측면 등에서 중요하지만 과거만큼 절대적이지 않다는 의미입니다.

그동안 미국은 국제법이나 유엔 안보리, 국제사회의 지지, 반대와 관계없이 자국 이익을 위해 중동 문제에 지나치게 개입한 측면이 있었습니다. 시리아, 이라크, 아프가니스탄 등에서 발생한 분쟁과 내전은 미국의 개입과 무관하지 않습니다. 그동안 미국은 에너지원인 석유 확보 등을 위해 중동 문제에 적극적으로 개입해왔습니다. 이제는 중동 석유에 대한 의존도가 높지 않은 상황에서 미국의 대중동 정책은 근본적인 변화가 시작된 것으로 보입니다.

석기시대가 돌이 없어서 끝나지 않았듯이, 석유가 고갈되기 전에 석유 시대도 종말을 맞이할 수 있을 것입니다. 석유는 인류의 문명을 바꿨다는 평가를 받지만, 고갈을 대비하지 않을 수 없습니다. 다음 세대의 에너지원이 무엇이 될지 무척이나 궁금해집니다.

미국이 중동에서 발을 빼면 누가 그 자리를 메꾸려고 할까요? 러시아와 중국이 호시탐탐 그 자리를 노리겠지요. 실제 러시아와 중국은 중동에 큰 공을 들이고 있습니다. 중국은 아프리카까지 구애를 해왔습니다. 러시아와 중국이 중동의 산유국들과 전략적 협력관계를 맺는다면 이는 미국에 큰 도전이 될 수 있어서 미국은 이를 바라지는 않을 것입니다. 미국은 지속 가능한 국익을 창출하기 위한 또 다른 안전장치를 마련할 수밖에 없습니다.

그것은 이스라엘과 중동의 새로운 관계 구축입니다. 이스라엘과 중동 산유국 간 외교, 경제, 군사 동맹 관계 수립이라는 놀라운 외교정책을 미국이 뒷받침하고 있습니다. 물론 개별 국가 간 얻는 이익이 크고 역내 안정과 평화를 위해서도 바람직합니다. 세계 2위 산유국이자 수니파 이슬람의 본고장인 사우디아라비아가 이스라엘과 수교한다면 중동에서는 새로운 구도를 맞이할 수 있을 것입니다.

2023년 3월 10일, 수니파의 종주국 사우디아라비아와 시아파의 맹주 이란은 오랜 앙숙 관계를 종식하는 국교 복원에 합의했습니다. 두 나라의 전격적인 합의는 역내 긴장을 완화하고 아랍권의 정치·경제·안보 안정에 크게 기여할 수 있을 것입니다. 물과 기름 같던 두 나라는 시진핑 국가주석의 3연임이 확정된 날 베이징에서 관계 정상화에 합의한 점이 매우 흥미롭습니다. 미국의 탈 중동 정책과 중국의 영향력 강화라는 최근의 국제질서를 보여주는 대표적인 사건이라고 할 수 있습니다.

2023년 10월, 하마스의 기습공격으로 이스라엘과 하마스간 전쟁이 시작되었습니다. 1973년 4차 중동전쟁 이후 역대 최대 규모의 충돌로 기록되었습니다. 그 누구도 예상하지 못했고 그로 인해 역내 평화정착은 다시 한 번 요원해졌습니다. 중동평화가 얼마나 어려운지 일깨워주는 사건입니다. 2023년 알 아크사 모스크를 중심으로 이스라엘과 팔레스타인 간 충돌사건, 이스라엘-아랍 국가 간 관계 정상화에 대한 하마스의 견제 등이 사건의 배경이라고 분석하는 사람도 있습니다. 국제사회는 갈등의 원인을 강대국의 논리가 아닌 역사를 포함하여 정확하게 진단하고 평화 정착을 이끌어 내야 할 것입니다.

이제는 이슬람의 종교적 연대보다 개별 국가의 이익이 훨씬 중요해졌습니다. 이는 국제정치의 가장 기본적인 메커니즘입니다. 국가 이익보다 더 중요한 것이 세상에 어디 있겠습니까? 그래서 오늘날 이슬람, 아랍, 중동, 그리고 이스라엘, 이란 등을 이해할 때 이슬람이라는 잣대만을 가지고 바라본다면 중동 정세를 정확히 파악하기 어려울 것입니다. 이슬람의 렌즈로부터 벗어나 다양한 관점으로 바라봐야 할 시점입니다.

한국과 아랍에미리트는 아크이자 라피크

위에서 잠깐 언급한 것처럼 이슬람·아랍·중동을 이해한 후에 아랍에미리트를 들여다보면 훨씬 쉽게 이해할 수 있을 것입니다. 그들을 이해하면 국제정세를 파악하는 데 많은 도움이 됩니다.

아랍에미리트뿐만 아니라 사우디아라비아, 쿠웨이트, 카타르, 오만 등은 우리의 협력적 파트너입니다. 그중에서 아랍에미리트는 우리와 교류 협력이 폭발적으로 증가하면서 이제는 거의 형제 관계가 되었습니다. 아랍에미리트에 우리나라의 아크부대가 주둔하고 있을 정도입니다.

'아크'(Akh)는 아랍어로 '형제'를 의미합니다. 아랍에미리트는 1980년 6월 우리나라와 수교를 맺은 이래, 중동·아프리카 국가 가운데 유일하게 특별 전략적 동반자관계를 맺고 있습니다. '라피크'(Rafiq)는 아랍어로 '사막 건너는 먼 길을 함께할 동반자'를 의미합니다. 한국과 아랍에미리트 사이를 라피크라고 표현하는 것이 더 적절하지 않을까 합니다. 이는 형제라는 의미의 아크보다 더 우아한 표현인 것 같습니다. 형제끼리는 재산분쟁 등으로 다투는 일도 있으니 말입니다. 사막을 건널 때 싸우면 양쪽 모두 자칫 목숨까지 잃을 수 있어서 반드시 힘을 모아야 합니다.

"Your people are our people." 2023년 4월, 무력 분쟁에 휩싸인 수단에서 한국 교민 28명을 철수시킬 때 칼둔 아부다비 행정청장이 대한민국 외교부 장관에게 보낸 문자라고 합니다. 수단에서 영향력을 가지고 있는 아랍에미리트는 시시각각 변하는 수단 정세 정보를 한국에 제공해주었습니다. 육로를 이용한 탈출을 먼저 제안한 것도 아랍에미리트였습니다. 한국 교민들은 하르툼을 탈출하기 전 현지 아랍에미리트 대사관저로 이동해 잠시 머물기도 했습니다. 탈출에 필요한 차량 섭외와 경호에도 도움을 받았습니다. 특히 아랍에미리트는 현재 무력 충돌 중인 수단 정부군과 반군(신속지원군·RSF) 측에 모두 '한국 교민의 이동을 막지 말라'는 메시지를 전달한 것으로 알려져 있습니다. 국민의 한 사람으로서 참 고마운 일입니다.

아랍에미리트는 중동 지역의 관문이자 허브 국가로서 개방된 경제체제와 관용·통합의 문화를 바탕으로 10년 연속 "아랍 청년들이 가장 살고 싶어 하는 국가"(The Arab Youth Survey)로 선정되었습니다. 일찍이 국제도시로 변모한 아부다비, 두바이가 있는 아랍에미리트는 말로 표현하기 어려울 정도로 매력적인 곳입니다. 화려한 겉모습의 이면에는 신비로움이 가득합니다. 아랍에미리트의 진면목을 경험해 본 사람들이라면 공감할 것입니다.

흔히 세계에서 가장 높은 건물인 버즈 칼리파, 도로에 즐비한 고가의 스포츠카를 언급하는데, 이는 진정한 아랍에미리트의 모습을 1%밖에 대변하지 못한다고 생각합니다. 그래서 저는 지인들에게 아랍에미리트 방문을 강력히 추천하고 있습니다. "현재를 보고 싶으면 미국과 중국을 가보고, 미래를 보고 싶다면 아랍에미리트를 가보라"고 얘기해줄 정도입니다.

2015년, 예멘 내전 참전 중에 전사한 아랍에미리트 군인들의 시신이 고국으로 돌아왔을 때 지도자들이 공항에 나가서 그들을 맞이한 적이 있습니다. 다음 날 지도자들은 전사한 군인의 가족을 위로하기 위해서 그들의 집을 차례로 방문했습니다. 저는 그 뉴스를 접하고 지도자의 리더십을 생각하지 않을 수 없었습니다.

아랍에미리트로부터 배울 점이 많이 있습니다. 지도자들의 리더십 뿐만 아니라 글로벌 시민 의식도 훌륭합니다. 자국민 10%, 외국인 90%으로 구성된 인구구조임에도 불구하고 안정적인 국가 운영은 다문화사회로 변신하고 있는 우리나라가 벤치마킹할 것들이 많이 있습니다. 우리나라의 저출산 대책으로 외국인 가사도우미 도입 의견들이 서서히 나오고 있습니다. 외국인 가사도우미가 일상화되어 있는 아랍에미리트의 사례들을 면밀히 살펴볼 필요가 있을 겁니다. 사회 통합을 어떻게 이끌어 내는지도 연구해볼 가치가 있습니다.

저는 아랍에미리트와 첫 인연을 맺은 지 15년이 되어갑니다. 제 휴대전화에는 많은 아랍인의 전화번호가 저장되어 있습니다. 그중에서 아랍에미리트 사람이 가장 많습니다. 그들에게 재미난 공통점이 있습니다. 다른 아랍 국가의 국민하고는 다르게 그들의 휴대전화 바탕화면에는 대부분 자기네 지도자들의 사진이 저장되어 있다는 것입니다. 처음에는 무척 생소했습니다. 시간이 많이 흐른 뒤 그 이유를 알게 되었습니다. 아랍에미리트 국민은 그들의 지도자를 신뢰하고 사랑한다는 것을, 또한 지도자들은 국부를 국민과 미래를 위해 사용한다는 것을 알게 되었습니다.

낙타의 생존법과 지도자의 리더십

낙타의 원래 고향은 놀랍게도 북아메리카로 알려져 있습니다. 북미 대륙에서 번성했지만, 남미 지역의 힘센 육식 동물들이 북미 지역으로 들어오면서 생존 경쟁에서 밀려났습니다. 낙타는 점점 추운 지방으로 밀려나면서 적응해 나갔습니다. 굵은 털이 체온을 유지해주었고, 발바닥은 넓적해서 눈이 와도 잘 걸을 수 있었습니다.

빙하기가 시작되자 낙타는 베링해협을 건너 아시아 지역으로 이동했고, 최종 자리 잡은 곳이 중동의 '사막'입니다. 낙타는 포식자들이 더 이상 쫓아올 수 없는 사막을 선택했습니다. 삶의 터전이었던 초원을 버리고 신대륙, 기회의 땅이 아닌 죽음의 땅, 먹을 것이 거의 없는 빈곤의 땅, 낙타는 생존 경쟁의 세상에서 살아남기 위해 아무도 살지 않는 사막을 삶의 터전으로 선택한 것입니다.

추운 지방에서 생존해 온 낙타는 사막에서도 최강의 생존 능력을 발휘했습니다. 두꺼운 털은 햇빛을 반사하고, 넓고 평평한 발바닥은 모래 속에 빠지는 것을 막아주었습니다. 등에 달린 혹은 양분과 물의 저장소 역할을 합니다. 낙타는 물을 하루 200ℓ까지 마실 수 있고, 물을 몸의 구석구석에 저장해 둡니다. 그 덕분에 낙타는 한 달 가까이, 겨울에는 몇 달 동안 물을 마시지 않고도 살 수 있습니다.

땡볕에 쉴 만한 그늘도 없을 때 낙타는 오히려 얼굴을 햇볕 쪽으로 마주 향한다고 합니다. 햇볕을 피하려 등을 돌리면 몸통의 넓은 부위가 뜨거워져 체온이 올라가지만, 얼굴은 햇볕을 받더라도 몸통 부위는 그늘이 만들어져서 오히려 견딜 수 있다고 합니다. 더운 사막에서는 이 동물이 가장 현명합니다.

낙타는 수천 년 동안 사막에 사는 사람들에게 생존을 위한 필수적인 존재였습니다. 유일한 교통수단이자 우유와 젖을 공급해주는 식량자원이었고, 동시에 낙타는 땔감으로 쓸 변과 추위를 막을 가죽을 남겨줬습니다. 과거 이슬람 제국이 정복사업을 할 때도 낙타는 중요한 기동 수단으로 활용되었습니다.

생태계는 가혹한 환경을 이겨내고 진화의 기적을 이뤄낸 동물과 식물로 가득합니다. 역경을 오히려 기회로 삼은 이런 장한 얘기는 우리에게 처지가 힘들더라도 절대 굴복하지 말라는 용기와 힘을 줍니다.

태양을 향해 머리를 향함으로써 몸통을 시원하게 만드는 낙타처럼 아랍에미리트의 지도자들도 국민을 시원하게 하려고 머리 방향을 태양으로 하는 건 아닌지. 미래를 향해 치열하게 준비하는 아랍에미리트의 리더십은 용기 있는 생존법을 지닌 낙타와 흡사해 보입니다.

"슈크란"

슈크란, 감사합니다.

저는 아랍에미리트 대통령경호사령부에서 교관 생활을 하며 3년을 꼬박 아랍에미리트 군인들과 지냈습니다. 아랍에미리트에서 군 생활을 다시 한 셈입니다. 3년이면 무척 짧은 기간이지요. 하지만 저는 현지인들과 함께 서로 부대끼면서 그들의 삶을 체험하면서 그들을 이해하려고 노력했습니다. 또한 꾸란을 완독했으니 전문가 수준은 아니지만 이슬람에 대해서 조금은 안다고 할 수 있을 겁니다.

아부다비, 두바이, 알아인, 라스알카이마, 푸자이라 등 아랍에미리트 전역을 돌면서 그들과 함께 생활했습니다. H.E. Awad bin Mohammad bin Sheikh Mugrin, Jasem Almansoori 장군, Saeed Ali Albedwawi 장군, Matar 장군, Saeed hamad alketbi 대령, Obaid Salem Alnuaimi 대령, Faisal Mohammed alneyadi 중령, Tariq Rashed Al Memari 소령, Hamad Salem Al Ameri 카라칼 CEO, 아부다비 미디어 컴퍼니에 근무하는 Hamad Abdullah Khalfan almarzooqi, 대통령실에 근무하는 Ahmad Sultan Al Falasi, Faraj Al Hemiri, Abdulla Almurar, Maisoon Albakoush, Eissa Abdulla Binjerais, Hamad Al Mehyas(Daman CEO), Jamal Al Dhaheri 아부다비공항 CEO, Saif Al Rashdi (ADNEC CEO), 친구인 Mona Ali Ameri, Humaid Al Hammadi, Mohammed Saeed Alneyadi, Farhan Qadir 등 소중한 인연이 이루 말할 수 없이 많습니다.

아랍에미리트뿐만 아니라 쿠웨이트의 Fahad 육군참모차장, Adel A. Alkandari 장군, 사우디아라비아 Naif아랍안보대학교 Ali Alsaif 부총장, Ghadi Al-Zahrani 대외협력 부국장, Dr.Meryem Ammi, 카타르의 Hassan

Ali Al Obaidli 해군제독, Nawaf Mohammad Al Rayes 대령, 요르단 예비역 대령 Jamal Ali Al Quran 등에게도 깊은 감사의 인사를 전합니다. 아랍인들의 관용과 따스함을 느끼게 해준 저의 '아크'이자 '라피크'들입니다.

저는 때로는 사막에서 모닥불을 피워놓고 밤을 새우면서 고된 훈련을 함께 했습니다. 실제 전투에 투입되기 직전에 훈련했기 때문에 실전적이 었습니다. 돌이켜보면 이런저런 위험한 순간도 종종 있었습니다. 힘든 훈련을 하면 전우애가 생긴다고 하지 않습니까? 지금도 많은 아랍에미리트 전우들과 연락을 자주 주고받습니다. 그래서 아랍에미리트는 저에게 매우 남다른 곳입니다.

저는 대단한 중동 전문가는 아니지만, 제가 경험한 것들을 정리해 여러분과 공유하고 싶었습니다. 제가 책을 쓴다고 하니 많은 아랍 친구가 물어보았습니다. 어떤 자료를 참고하느냐고 말입니다. 그들은 여러 자료에 오류가 많다고 생각하는 것 같습니다. 특히 서구 자료에 대한 불신이 있다는 것을 느낄 수 있었습니다.

한국의 중동 분야 여러 석학이 쓴 책으로 공부하면서 저의 경험과 지식을 하나하나 쉽게 풀어가고자 했습니다. 평생 중동과 이슬람을 연구하고 지식을 나누어 주시는 이희수 교수, 서정민 교수, 김종도 교수, 정상률 교수, 박현도 교수, 인남식 교수께 지면으로나마 감사의 인사를 드립니다. 글을 쓰면서 이들 교수님의 책과 강의, 인터뷰 등을 참고하였습니다. 제가 대부분 아는 분들이어서 모르는 것이 있으면 자문을 구하기도 했습니다.

2016년 3월 주한아랍에미리트 대사로 부임한 Abdulla Saif Al Nuaimi 주한 아랍에미리트 대사께 특별히 감사의 말씀을 전합니다. 저의 멘토이기도 하고 아랍 이름을 지어준 장본인입니다. 압둘라 대사께서는 2022년 제6회 모하메드 빈 라시드 정부 '최우수 대사상'을 수상했습니다. 이 상은 사회에 봉사하는 연방 정부 기관의 역할을 촉진하고, 우수성의 원칙과 현대 정부에서의 역할에 대한 인식을 높이기 위해 제정되었습니다.

압둘라 대사는 Sheikh Khaled bin Mohamed bin Zayed Al Nahyan 아랍에미리트 국가안보부 부보좌관께 저의 첫 번째 책인《테러리즘 트렌드》를 드리면서 이러저런 이야기를 나눌 수 있는 기회를 만들어 주기도 했습니다. Sheikh Khaled는 2023년 3월 아부다비 왕세자로 임명이 되었습니다. 2023년 1월, 아부다비 출장 때 Sheikh Abdulla 외교장관께 UAE에 대한 책의 저자라고 소개까지 해주었습니다. 너무나 감사한 일이 아닐 수 없습니다. 특히 금요일 밤, 한남동 대사 관저 마당에 있는 아랍식 텐트에서 아라비안나이트 이야기를 들려주듯 아랍의 이야기를 들려주던 대사가 오래도록 기억될 것입니다.

저에게는 두 개의 아랍 이름이 있습니다. 하나는 'Saif'(정의, 칼을 의미) 인데 압둘라 주한아랍에미리트 대사가 지어준 이름입니다. 또 하나의 이름은 주한아랍에미리트 국방무관인 Sultan 대령이 지어준 '자말'(아름답다는 의미)입니다. 그래서 아랍에미리트 사람들에게 저를 소개할 때 Saif Al Nuaimi 라고 합니다.

아라비안나이트 이야기를 같이 들으며 한국살이가 너무 행복하다고 말씀하시는 Sami Alsadhan 주한사우디아라비아대사, Deyab Farhan Al-Rashidi 주한쿠웨이트 대사, Bader Mohammad AlAwadi 주한쿠웨이트 대사(전), Zakariya hamed Al Saadi 주한오만대사, Mohamed Alharthy 주한오만대사(전), Sharifzoda Yusuf 주한타지키스탄대사, A. Hakim Atarud 주한아프가니스탄대사, Khalid E. Al-Hamar 주한카타르대사, Alfredo Bascou 주한아르헨티나대사, Eisa Abdullah Alsamahi 주한아랍에미리트 부대사, Johnny Reinoso-Vasquez 주한에콰도르 공관장, 주한아랍에미리트 대사관에 근무하는 Saleh Alsharqi, Rehab Ali Shafian,

Khaled Hamad Alkaabi, Eisa Ahmed Hassan Alyassi, Waleed Ahmed Alblooshi, Rashid Obaid Alhamoodi, Mohammed Murad Alblooshi, Dr Alaa Eldin Yassen Alastel, 주한사우디아라비아 대사관에 근무하는 Abdulmajeed Bessais 공관차석, Naief alweteid 영사, 주한쿠웨이트대사관에 근무하는 Khaled Al Saqabi, Abdulaziz A. Aloumi, Ahmed Talal Mubarak Al Sabah, 쿠웨이트 석유회사에 근무하는 Mohammed Zainal, Mitib Alharbi 아람코코리아 대표, Alamoudi Yaser Khalifa, 아랍어 번역을 도와준 김압두, 진경호 등 다른 많은 분들께도 지면을 빌어 감사의 말씀을 드립니다.

끝으로 책이 출간될 수 있도록 도움을 주신 Sheikh Abdullah bin Zayed Al Nahyan 아랍에미리트 외교장관, H.E. Noura bint Mohammed Al Kaabi 아랍에미리트 문화청소년부 장관께도 깊은 감사의 말씀을 드립니다. 아랍에미리트에 대해서 좋은 책을 출간한 것에 대해 감사하다고 저에게 직접 말씀해 주시고, 아랍어로 번역되어 출간될 수 있도록 관심을 가져주신 분들입니다.

저는 가족과 함께 아부다비에서 지냈습니다. 사막을 건너면서 평생 잊을 수 없는 소중한 추억을 만든 나의 소중한 가족이자 '라피크'인 황혜정, 최연우, 최정우에게 이 책을 바칩니다. 아내는 아부다비 한글학교에서 교사로 자원봉사를 했고, 두 아들은 아부다비에서 초등학교에 다녔습니다. 아랍에미리트에서 세 달가량 지내시면서 세상에 이런 곳이 없다고 말씀하셨던 부모님께도 무한한 감사와 존경의 말씀을 드립니다. 한평생 자식들을 위해서 사셨고, 착하게 살면 자식들에게 복이 간다는 생각으로 일생을 사신 분들입니다. 노후를 가장 행복하게 보내고 계시는 장인어른과 장모님께도 존경과 감사한 마음으로 이 책을 바칩니다.

1부

사막을 건너는 지혜로운 방법

1. 아랍인들과 소통하는 지혜

나의 라피크, 아랍에미리트

제가 아랍에미리트와 인연을 맺은 지 15년이 되어갑니다. 그중 3년간은 아랍에미리트에 가서 현지 군인들과 함께 보냈습니다. 한국에서 군 생활을 3년 가까이 했으니 두 번 군 생활을 한 셈입니다. 저와 함께 생활한 그들은 일반 군인이 아니라 특수임무를 수행하는 군인입니다. 저는 그들을 가르치는 교관 생활을 했습니다. 가르치러 갔지만, 지금 생각해 보면 제가 가르친 것보다 훨씬 많이 배우고 왔습니다.

아랍에미리트에서는 하루하루가 배움의 연속이었습니다. 그들의 문화, 사회, 종교, 역사를 배웠고, 살아가는 방법과 지혜를 터득했습니다. 무엇보다도 사막 건너는 방법을 배웠습니다. 그래서 "과거를 보고 싶다면 유럽을 가고, 현재를 보고 싶다면 미국과 중국을 가고, 미래를 보고 싶다면 아랍에미리트를 가보라"고 지인들에게 이야기하곤 합니다.

그곳에서 터득한 저만의 생존술이 있습니다. 제 차 안에는 항상 500㎖짜리 물병이 한 상자 있습니다. 사막을 가로질러 운전할 때는 늘 비상 상황에 대비해야 합니다. 특히 가족이 타고 있을 때는 더욱 준비를 철저하게 해야 합니다. 사막 한복판에서 차량이 고장 나거나 펑크 날 경우를 대비해서 반나절 정도는 버틸 수 있는 물은 필수입니다. 보험사에 연락하면 한국처럼 금방 출동하기는 합니다만, 출동이 지연되거나 휴대폰이 터지지 않을 때를 대비하는 것입니다.

아랍에미리트 현지 생활 3년은 무척 짧은 기간입니다. 사실 어디 가서 명함도 내밀지 못하는 거주 기간임이 틀림없습니다. 하지만, 기간은 짧았지만 3년 내내 현지인들과 종일 함께 지냈다는 것이 저에게는 많은 도움이 되었습니다. 사실 해외에 수십 년을 거주해도 현지 사회 이너서클에 들어가지 못하면 정확히 현지 사정을 알기가 어려울 수도 있습니다.

저는 아랍어나 중동 지역학을 전공하지 않아서 처음에는 전문적인 지식도 거의 없었습니다. 아부다비 생활 첫 1년간은 좌충우돌이었습니다. 일부러 몸으로 부딪쳐가면서 배우려고도 했습니다. 초창기에는 책으로 공부하는 것보다는 문화인류학자처럼 그들의 삶을 옆에서 보고 연구하려고 했습니다. 특히, 같이 근무한 군인들과 아부다비, 두바이, 알아인, 라스알카이마, 푸자이라 등 아랍에미리트 전역을 돌면서 함께 훈련도 하고, 생활도 같이하다 보니 책으로 공부한 것 이상으로 많은 것을 배웠습니다.

때로는 사막에서 모닥불을 피워놓고 밤을 새우면서 고된 훈련을 함께했습니다. 실탄을 사용하다 보니 이런저런 위험한 순간도 있었습니다. 그렇다고 훈련이 위험하다고 뒤로 빼거나 해서 체면을 구길 수도 없는 노릇이었습니다. 나름 대한민국을 대표해서 갔으니까요.

특수부대의 구성원끼리는 전우애, 소속감, 자긍심이 대단합니다. 그 이유는 힘든 훈련을 같이했기 때문입니다. 저 역시도 힘들었지만, 아랍에미리트 군인들과 실전과 같은 훈련을 통해 전우애, 소속감, 자긍심이 우리나라 특수부대 못지않습니다. 지금도 많은 아랍에미리트 전우와 연락을 자주 주고받습니다. 그래서 아랍에미리트는 저에게 매우 남다른 곳입니다.

국제도시로 변모한 아부다비, 두바이가 있는 아랍에미리트는 말로 표현하기 어려울 정도로 매력적이고 신비로운 곳입니다. 11월부터 2~3월까지는 날씨가 우리나라 가을과 비슷해서 눈물이 날 정도로 아름다운 날씨를 만끽할 수 있습니다. 어느 겨울날 퇴근길에 저도 모르게 "우와, 눈물 날 것같이 아름답네."라고 감탄한 적이 있을 정도입니다.

아랍에미리트가 매력적이라는 것은 그 진면목을 경험해 본 사람이라면 공감할 것입니다. 흔히 세계에서 가장 높은 건물인 버즈 칼리파, 도로에 즐비한 고가의 스포츠카를 언급하는데, 이는 진정한 아랍에미리트의 모습을 1%밖에 대변해주지 못한다고 생각합니다. 독자 여러분께 나머지 99%를 들려드리고 싶어 글을 하나하나 써 내려갔습니다.

영국의 한 신문에서 "런던에서 맨체스터로 가는 가장 빠른 방법은 무엇인가?" 라는 퀴즈를 냈는데, 저마다 기발한 해답을 제시했다고 합니다. 수많은 경쟁자를 제치고 1등을 차지한 답안은 이러했습니다. "좋은 친구와 함께 가는 것" 사람이나 국가나 멀고 험한 길을 가기 위해서는 가족, 친구, 동료와 같은 여행의 동반자가 있어야 합니다. 좋은 라피크가 반드시 있어야 합니다. 개인은 개인끼리, 국가는 국가끼리 서로를 위하는 라피크로 만들어야 합니다.

사막을 건널 때는 자칫 목숨까지 잃을 수 있어서 서로 싸워서도 안 됩니다. 사막에서 생존을 위해서는 반드시 힘을 모아야만 합니다. 그래서 사막에서는 '움마'(Ummah)라는 공동체와 '아싸비야'(Asabiyya)라는 연대의식이 중요한 덕목이 되었습니다. 움마와 아싸비야는 아랍 사회를 이해하기 위한 중요한 키워드입니다.

◆ 꾸란은 이렇게 말한다

"그대의 이 공동체는 하나의 공동체이며 나는 너희의 주님이거늘 나만을 섬겨라"

(꾸란 21장 92절)

*여기서 말하는 공동체(움마)는 동일한 종교, 언어, 전통을 따르는 공동체로 이슬람 공동체를 의미합니다.

아랍에미리트와의 첫 만남

저는 2009년 전후로 한 중앙부처 교육기관에서 교관 생활을 하면서 아랍에미리트 군인들과 처음 만났습니다. 그들이 저희 교육기관에서 교육받기 위해 2~3주간 방한했습니다. 그 당시만 해도 저는 아랍·이슬람·중동에 관해서 문외한이었습니다. 더군다나 중동을 가본 적도 없었으니 그들을 잘 이해할 리 없었습니다.

아랍에미리트 군인들과 업무를 협의하기 위한 첫 미팅 때 무척 애를 먹었습니다. 그들의 문화, 현지 사정 등에 대한 이해도가 낮았기 때문에 아이스브레이킹을 한참이나 했습니다. 초면인 그들이 제 가족 안부를 여러 번 묻기도 하고, 저희 교육기관의 우수성을 잘 알고 있다며 비행기를 태워주기도 했습니다.

회의를 본격적으로 시작하자 그들은 여러 가지 요구사항을 꺼내놓았습니다. 첫 요청사항은 교육시간 중에 기도시간을 보장해달라는 것이었습니다. 기도실을 별도로 확보해달라는 요구도 빼놓지 않았고요. 저는 "기도는 나중에 하면 되지 꼭 교육시간에 할 필요가 있느냐"고 물었습니다. 얼마나 무지했는지, 지금도 얼굴이 화끈거립니다. 또 다른 요구사항으로는 일과시간을 아랍에미리트 일과시간과 유사하게 해달라는 것과 금요일에는 휴무를 보장해달라는 것이었습니다. 지금 생각해 보면 매우 간단한 요구사항이었는데, 당시에는 이해가 안 되었습니다.

저희는 미리 준비한 교육훈련 프로그램을 제시했습니다. 한국의 일과시간에 맞추어 오후 6시까지, 심지어 야간교육까지 하자고 했습니다. 금요일에도 교육 일정을 빡빡하게 잡았습니다. "로마에 가면 로마 법을 따라야 한다"면서 저희가 제시한 프로그램을 보더니, 그들은 기겁했습니다. 지금도 당황한 그들의 표정이 눈에 선합니다.

회의나 협상할 때 우리는 어떻게 합니까? 아니다 싶으면 면전에서 "NO" 해버립니다. 어떤 한국 교관은 인상까지 팍 쓰면서 말이죠. 알고 보니 아랍에 미리트에서는 금요일과 토요일이 주말이었던 것이었습니다. 지금은 토요일과 일요일로 주말이 변경되었습니다. 그리고 아침 일찍 일과를 시작해서 오후 일찍 마칩니다. 더운 날씨 때문에 아침 일찍 시작하는 것이 훨씬 효율적이며, 오후 늦게까지 훈련하기 힘든 환경임을 나중에 알게 되었습니다.

이렇게 아랍에미리트 군인들과의 첫 만남은 그리 유쾌하지 못했습니다. 저에게는 의문투성이였습니다. '왜 저렇게 요구할까?' 한국에 왔으면 한국 스타일을 따라주면 좋겠다는 생각도 들었습니다. 지금 와서 생각해 보면 순전히 한국의 입장에서만 협의한 것이었습니다. 상대방의 문화, 정서, 환경 등에 대한 배려는 별로 없었습니다. 결국, 옥신각신하면서도 서로 절충해서 교육 프로그램을 짜서 3주간의 교육을 내실 있게 끝낼 수 있었습니다. 첫 교육 훈련에 대한 만족도는 매우 높았습니다. 그렇게 시작한 교육훈련이 지금 까지 이어져 오고 있으니 매우 소중한 인연입니다.

아랍에미리트 군인들은 교육에 매우 열정적으로 참여합니다. 그들은 견문이 넓은 탓에 어설프게 교육했다가는 교관의 실력이 금방 탄로 납니다. 아랍에미리트에는 외국인 전문가들이 각 분야에 포진되어 있어서 양질의 교육을 받기 좋은 환경입니다. 그래서 저희는 준비를 철저하게 하지 않을 수 없었습니다. 그들이 서양 교관들에게 배우지 못한 것에 착안해서 가려운 부분을 잘 긁어주어야 좋은 평가를 받을 수 있었습니다.

교육이 끝나고 휴식시간이 되면 그들은 영락없는 베두인의 모습으로 돌아 갑니다. 삼삼오오 모여서 대추야자와 아랍 커피, 차를 마시면서 수다를 떱니다. 시간 가는 줄 모르고 열띤 대화를 이어가면서 정보공유의 장이 자연스럽게 만들어집니다. 문화사회적 공간인 마즐리스(Majlis)가 즉석에서 형성되는 순간입니다. 남자들끼리 대화라 주제가 이성에 관한 이야기도 나옵니다. 쉬는 시간에 주말의 한국문화 체험, 여행, 쇼핑 계획도 다 만들어집니다.

한 번은 여성군인 교육을 맡았습니다. 아랍 여성을 교육한다는 게 신경이 많이 쓰이는 일입니다. 실습할 때 더러는 몸을 터치해야 하는데 그게 허용이 안 되니 인솔해 온 남성 군인을 불러 교보재로 활용하기도 했습니다. 예쁜 여성이라고 해서 편애해서도 안 됩니다. 동서고금을 막론하고 여성의 질투는 살벌하니까요.

여성 군인은 교육이 종료되면 영락없이 지고지순한 무슬림 여성의 모습으로 돌아갑니다. 저는 개인적으로 아랍 여성들은 여러 가지 모습을 지니고 있다고 결론을 내렸습니다. 공식적으로 교육할 때, 교육이 끝난 후 여성들만 있을 때, 그 안에 로컬 남성이 끼어 있을 때, 장소와 여건에 따라서 여성들은 조금씩 다르게 언행을 한다는 것을 느낄 수 있었습니다. 분명 열심히 교육받았던 교육생인데, 다른 남자와 같이 있을 때는 저를 모른 척하다시피 하며 지나가 버립니다. 전반적으로 조심하는 면은 분명히 있어 보였습니다.

2009년 전후에 첫 인연을 맺은 아랍에미리트 군인들과 여전히 연락을 주고받습니다. 당시 교관과 교육생으로 인연을 맺은 하마드 대위가 지금은 아랍에미리트의 총기회사인 카라칼(Caracal)의 CEO입니다. 우리는 2015년 아부다비에서 우연히 재회했을 때 얼마나 반가웠는지 모릅니다. 서로 껴안고 볼에 뽀뽀하고 난리도 아니었습니다. 하마드 CEO는 다른 사람에게 저를 소개할 때마다 자기를 가르쳤던 최고의 교관이라고 늘 칭찬을 아끼지 않습니다. 최고는 아니었겠지만, 상대방의 명예와 체면을 세워주는 그들의 문화를 나중에 알게 되었습니다.

한국에서 첫 훈련이 종료될 무렵, 아랍에미리트 교육생들과 서울 시내레스토랑에서 만찬을 했습니다. 감사의 표시로 주한아랍에미리트 대사관 무관부에서 준비한 것이었습니다. 만찬장으로 가는 길에 마침 장교 한 명이 득남한 것을 알게 되었습니다. 저는 바로 인사동으로 가서 고추 모양의 기념품을 사서 만찬장으로 갔습니다. 득남 축하 인사와 함께 인사동에서 산 기념품에 관해 설명했더니 막 깔깔대고 웃는 것이었습니다. 이 장교는 선물을 잊지 않고 지금까지 기억하며 고마워 합니다. 2023년 1월 아부다비에서 재회했을 당시 득남 선물을 다른 사람들에게 이야기를 들려주며 추억에 잠기기도 했습니다. 따뜻한 정은 인종을 초월하여 잘 통하는 법인가 봅니다.

　제가 아랍 사람들하고 교류하면서 느낀 것 중 하나는 그들과 교류하면 창의력이 생긴다는 것입니다. 일반적으로 동종 집단에서는 창의력이 잘 일어나지 않습니다. 매일 만나는 친구들보다는 전혀 다른 배경을 가진 새로운 사람들을 만날 때 더 많은 창의력이 나오지 않나요?

　단일문화권에 살면 편하다는 장점은 물론 있습니다. 하지만 역사적으로 단일문화보다는 융합된 문화가 더 찬란했던 경우를 쉽게 볼 수 있습니다. 역사적으로 자신과 다른 문화와 가치를 배척하는 민족은 성공하지 못했습니다. 이슬람 제국의 역사를 들여다보면 이슬람이 팽창하면서 다른 문화를 어떻게 받아들이고, 인류에게 얼마나 큰 공헌을 했는지 알게 되면 놀라움을 금치 못할 것입니다. 이슬람의 큰 특징 중 하나가 바로 통합과 관용입니다. 다음 장에서 하나씩 살펴보겠습니다.

"인샬라"

"인샬라"(Inshallah)는 아랍 사람들이 가장 즐겨 사용하는 단어입니다. 아랍어로 "신이 원하신다면", "신의 뜻대로"를 의미합니다. 비즈니스 세계에서는 아랍인들이 '인샬라'를 핑계 삼아 현안을 회피한다는 부정적인 이미지로 받아들이는 외국인들이 있습니다. 하지만, 그 말에는 매사를 부정적으로 볼 필요가 없다는 깊은 의미가 있습니다.

아랍 사람들은 면전에서 "NO"라는 말을 잘 하지 않습니다. 저도 들은 기억이 거의 없을 정도입니다. 대신 "인샬라"라고 습관적으로 말하는 경우가 있어서 일부 외국 사람들은 '인샬라=NO'라고 오해하기도 합니다.

인샬라는 신의 이름을 걸었다는 의미이기도 합니다. 신의 이름을 걸었으니 기다리다 보면 결국에는 좋은 결과를 기대해도 된다는 의미일 수도 있다는 겁니다. 다만 신뢰를 쌓는 시간이 필요합니다. 이방인 중에는 그 기나긴 과정을 참지 못하고 중도 포기하는 경우가 많습니다. 특히 "빨리 빨리"에 익숙한 우리는 기다림을 참지 못하는 경우가 다반사입니다. 인샬라 때문인지 아랍 지역에서는 업무 처리에 시간이 다소 걸리는 경우가 있습니다.

사람과의 관계에서 신뢰를 쌓는 데는 시간이 오래 걸릴 수 있습니다. 오래전 사막사회에서는 아군과 적군을 철저하게 구분해야만 했습니다. 그렇지 않으면 부족 전체의 생존 자체가 불가능해서 오랫동안 신뢰를 쌓아야만 했습니다. 대신 한번 쌓은 신뢰는 오래 가기 마련입니다. 그래서 기업에서 공사를 한번 수주하면 계속해서 수주하는 경우가 많습니다. 2023년 1월, 한국과 아랍에미리트간 정상회담에서 무함마드 빈 자이드 알 나흐얀 아랍에미리트 대통령은 한국 대통령에게 "어떤 상황에서도 약속을 지키는 대한민국을 신뢰한다"고 밝히기도 했습니다. 어려운 바라카 원전 공사를 성공적으로 이루어낸 한국측에 대한 무한한 신뢰를 보낸 것이나 다름 없는 것입니다.

저는 2015년 1월부터 2018년 1월까지 3년 동안 아부다비에서 거주했습니다. 아부다비에 거주한 지 얼마 안 되었을 때입니다. 신문을 보다가 에미리트전략연구소(ECSSR, Emirates Center for Strategic Studies and Research)에서 개최하는 세미나 광고를 보았습니다.

퇴근 후에 세미나를 들을 겸 정장을 차려입고 에미리트전략연구소로 향했습니다. 세미나 장소의 인테리어가 화려하면서도 섬세해서 놀랐습니다. 사실 저는 그냥 대학 강의실 같은 곳이라고 생각하고 갔습니다. 아랍에미리트 사람들은 소통의 장을 만들고, 손님을 환대하는 데 정성을 아끼지 않는구나 라는 생각이 들 정도였습니다.

세미나의 강연자는 세계 최고의 석학, 대통령과 총리급 정치인, 각 분야 전문가들이었습니다. 저는 3년간 거의 한 번도 빠지지 않고 줄곧 참석해서 여러 분야에 관해 많이 배울 수 있었으며, 여러 사람과 교류할 수 있는 좋은 기회였습니다.

몇 번 참석해보니 에미리트전략연구소가 대단한 기관이라는 것을 알게 되었습니다. 그래서 당시 저에게는 조그마한 꿈이 하나 생겼습니다. 2014년 한국에서 출간한 저의 저서 ≪테러리즘 트렌드≫를 에미리트전략연구소와 계약을 맺어 아랍에미리트에서 영문으로 출간하는 계획을 세웠습니다. 어찌 보면 불가능에 가까운 무모한 계획이었지만, 한번 도전해 보기로 마음을 먹었습니다.

필자가 2014년에 한국에서 출간한 《테러리즘 트렌드》

저 나름으로는 3년짜리 장기계획을 수립했습니다. 첫 6개월간 분위기 파악, 다음 6개월은 담당자와 친해지기. 즉 1년간은 신뢰를 쌓는 기간으로 잡은 겁니다. 그 이후 2년간은 출판하는 단계로 계획을 수립했습니다.

신뢰를 쌓는 1년 동안 저는 한국에 원고를 보내서 전문 번역사에게 영어 번역을 맡겼습니다. 번역비로 2,000만 원이 넘는 돈을 쓰는 것이 무척 아까웠지만, 투자라고 생각했습니다. 1년간은 연구소 직원들과 인사하고, 명함을 주고받는 것이 전부였습니다. 시간이 갈수록 조금 달라진 것이 있다면 인사하는 시간이 늘어난 것뿐이었습니다. 그래도 꾹 참고 1년간 버텼습니다.

신뢰 구축 1년이 지난 후 세미나에 참석할 때 제 책을 가지고 안면을 튼 직원에게 책을 전달해주고, 출판계획에 관해 설명했더니 출판 담당 직원을 불렀습니다. 드디어 기회가 찾아온 것이었습니다.

그로부터 6개월 후, 저에게 한 통의 이메일이 왔습니다. "Congratulations." (축하합니다)로 시작하고는, 출판 계약을 하겠다는 내용이었습니다. 한 개인이 에미리트전략연구소와 출판 계약을 맺는다는 것은 불가능에 가까웠습니다. 무식하면 용감하다는 말이 저를 두고 하는 말 같았습니다. 그래서 저에게 "인샬라"는 신뢰를 쌓고, 기다리면 좋은 결과가 있다는 의미가 있습니다.

제가 아부다비에서 근무하던 곳은 2층이었습니다. 바로 옆 사무실에 근무하던 함단 소령은 아주 미남에다 늘 웃는 인상입니다. 장비에 관해서는 최고의 전문가인 함단 소령은 각종 장비와 연구·개발(R&D)을 담당했습니다. 그와도 1년간은 신뢰를 쌓는 기간으로 정했습니다. 만난 지 얼마 지나지 않아서 그에게 각종 장비에 대해서 제안한다면 그냥 사장될 수도 있다고 생각했습니다.

아부다비 생활 1년이 지나 어느 정도 자리를 잡아가고 있을 무렵, 한국의 좋은 장비, 또는 방산 전시회에서 알게 된 장비들을 그에게 하나씩 제안했습니다. 아랍에미리트에 도움이 되길 바라는 마음에서 제안한 것이었습니다.

적어도 제가 생각하기에 아랍에미리트에 꼭 필요한 장비들입니다. 그때부터는 함단 소령이 제 말을 진지하게 받아들인다는 것을 느낄 수 있었습니다. 상호 간에 신뢰가 바탕이 되었기 때문입니다.

서로 친해지고 난 후부터는 출근하면 Hamdan Mohammed Salem Alneyadi 소령하고 아랍 커피를 한잔하면서 세상 살아가는 이야기하고, 업무에 관한 이야기도 진지하게 나누곤 했습니다. 신뢰를 쌓고, 소통하고, 기다리면 좋은 인연이 지속될 수 있다는 것을 몸소 느꼈습니다. 지금까지 연락을 주고 받으면서 서로를 응원하고 있습니다.

"인샬라"도 사막문화에서 유래한 것으로 볼 수 있습니다. 척박한 사막에서는 하루하루가 생존의 연속, 생사의 갈림이었습니다. 아랍 유목사회의 전통적인 삶은 모든 것이 불확실했습니다. 예측 가능했던 농경사회와는 정반대의 상황이었습니다. 제한되고 혹독한 생태계에서 가족, 부족 생존의 성패는 인간의 노력과 알라에게 달려 있었을 것입니다. 사막에서 적과 아군을 정확하게 구분하지 못하면 생사가 위태로워질 수 있으므로 탄탄한 신뢰가 뒷받침되지 않으면 외부인에 대해서 불신이 강하게 작동합니다.

사막에는 점성술도 발달해 있습니다. 이집트의 나일강은 정기적으로 범람했기 때문에 땅이 비옥했고, 메소포타미아 주변에 있는 티그리스강과 유프라테스강은 범람이 비정기적으로 일어났기 때문에 그 일대에서는 점성술이 발달했습니다. 유목민이 이동하는 경로는 대체로 정해져 있습니다. 사막에서 정처없이 떠돌아 다니다가는 목숨까지 위협받기 마련입니다. 사막을 이동할 때도 달과 별을 보면서 이동 경로 등을 판단했기 때문에 사람들은 하늘을 보게 되었겠죠. 그래서 별자리 이름 대부분이 아랍어입니다. 사막에서는 모든 것이 하늘 혹은 신에게 달려 있습니다.

"조급하게 구는 것은 상대를 모독하는 것이다", "내일 할 일은 내일로 미루자", 아랍인들의 시간관념에 관한 잠언입니다. 그래서 인샬라는 신뢰와 기다림의 미학일지도 모릅니다. 비즈니스 관계에서 인샬라 때문에 힘들 수가 있지만, 일반적인 관계에서 아랍인들과 오래 만나면서 그들의 선한 심성을 알게 되면 그 관계는 오래 지속될 것입니다. 순수하고 세상 착한 사람들 입니다.

손님 환대하는 전통

아랍 지역에서는 현지인이 초대하면 응하는 것이 바람직합니다. 특히, 자기 집에 초대한다는 것은 1차 인사 검증을 통과했다는 의미로 볼 수 있습니다. 따라서 초대에 응하지 않으면, 자기와의 관계를 바라지 않는다고 오해할 수 있어서입니다. 초대받아 갈 때는 선물을 잊지 않는 것이 좋습니다. 항상 그렇다는 것은 아니지만 일반적으로 선물이 없으면 자신을 무시한다고 생각할 수도 있기 때문입니다.

Humaid 중령이 우리 가족을 알아인에 있는 집으로 초대한 자리

집에서 식사하면서 웃고 즐기는 사이 집주인은 이 집이 곧 당신의 집이기도 하니 언제든 와도 좋다는 식으로 말하는 경우가 많습니다. 압둘라 주한아랍에미리트 대사도 사람들을 관저로 초대해서 저녁을 함께할 때 "이 집은 여러분 집이니까 언제라도 사용하세요."라고 얘기합니다. 말이라도 얼마나 감사한 일입니까? 알고 보면 아랍 사람들은 정이 많습니다. 그들은 정이 많고, 열정적이고, 감성적인, 전형적인 우뇌형 인간이라고 할 수 있습니다.

아랍인들이 사람을 환대하는 또 한 가지 특징은 다양한 인사법입니다. 아랍은 인사법이 발달해 있습니다. 우리는 고개를 숙이거나 악수 정도로

하지만, 아랍 사람들은 악수는 기본으로 하고, 볼을 비비고, 입을 맞추고, 껴안고 난리를 피울 정도입니다. 한참 대화를 하다가도 뜬금없이 가족의 안부를 묻기도 합니다. 그 정도로 인사법이 다양하고 일상화되어 있습니다. 하지만 마스크가 일상이 된 코로나 시대에서는 코나 볼을 대는 인사법은 다소 자제하고 있습니다.

인사법은 상대방과의 거리를 좁히는 행위입니다. 껴안고 볼을 비비는 것은 서로 적대적 거리를 좁히는 것입니다. 악수하는 거리 정도면 상대방을 공격하기 가장 좋은 거리입니다. 그래서 껴안고 볼을 비비고 하는 것입니다. 먼저 내 편으로 만들어야 하니까요. 철저하게 대면문화가 자리잡고 있습니다.

이렇게 인사법이 발달한 사람들과 회의나 협상할 때 어떻게 하는 것이 좋을까요? 늦는 것 같아도 같이 속도를 맞추어 주는 것이 훨씬 빠른 길입니다. 아랍 사람들은 인사를 한참 하고 난 뒤 자리에 앉아서 또 덕담을 주고받습니다. 가족의 안부도 반드시 묻습니다. 그러고 나서 본격적인 주제로 들어가기 마련입니다.

한국에서는 어떻게 합니까? 악수하고 자리에 앉자마자 본격적인 회의나 협상에 들어갑니다. 성질 급한 한국인은 결론부터 내자고 다그칩니다. 항상 그런 것은 아니지만 한국 사람들은 일반적으로 그런 패턴입니다.

아랍인들과 회의나 협상을 하면 충분한 스킨십을 하고, 잠시지만 신뢰를 쌓고 난 뒤에 본격적인 주제로 들어가는 것이 좋습니다. 그게 늦는 것 같지만 더 빠른 길입니다. 저도 아랍인들과 미팅할 때 저희 측 사람들에게 충분히 인사하고, 덕담을 주고받고 신뢰를 쌓은 뒤 회의 내용으로 들어가는 것이 좋다고 조언합니다. 신신당부까지 합니다. 잘 될까요? 저희는 체질상 잘 안 되는 것 같습니다. 알겠다고 다짐하지만, 자리에 앉자마자 본론으로 들어가 버립니다. 바로 진지한 회의로 들어가는 모습을 보면 저는 그날 회의의 결과가 눈에 그려지는 경우가 많습니다.

어떤 아랍인들은 회의 후에 저에게 와서 조금 불쾌했다고 이야기합니다. 한국의 빨리빨리 문화와 아랍의 느린 문화가 만났기 때문에 쉽지 않지만, 서로가 상대의 속도에 맞춰줄 필요가 있어 보입니다. 더 아쉬운 쪽이 상대방의 속도를 맞추어 주면 될 것입니다.

• 아랍 사람들이 많이 사용하는 표현

앗쌀라무 알레이쿰 : 평화가 당신에게 깃들기를 (만날 때 하는 인사)

인샬라 : 신의 뜻대로

알함두릴라 : 알라께 찬미를 ('덕분에' 등으로 쓰임)

마아 쌀라마 : 평화가 함께 하길 (헤어질 때 하는 인사)

아흘란 와 싸흘란 : 환영합니다.

슈크란 : 감사합니다.

마피 무쉬킬라 : 문제없어, 잘 될 거야.

마브룩 : 축하합니다.

◆ 꾸란은 이렇게 말한다

"너희가 집을 들어갈 때는 서로가 서로에게
하나님께 주신 축복의 인사를 하라."

(꾸란 24장 61절)

*예언자 무함마드의 언행록에 따르면 이슬람의 인사는 상대방이 하는 인사말보다 더 많이 그리고 더 좋은 의미가 담긴 말로 대답하는 것이라고 하였습니다.

이처럼 아랍어는 '미안하다', '잘 모른다', '일이 안 풀리네', '운이 좋지 못하네' 등에 관한 표현보다는 긍정적인 표현이 훨씬 발달해 있습니다.

아랍에서 물건을 건네거나 할 때는 오른손을 사용하는 것이 바람직합니다. 이슬람 관련 서적에는 왼손 사용을 금기시하는 내용들이 있습니다만, 일상 생활에서 그다지 민감한 문제는 아닌 것 같습니다. 되도록 오른손 사용을 권유해 드리는 정도로 보시면 됩니다.

아랍권에서는 오른쪽이 우선입니다. 가령 엘리베이터를 타기 위해서 여러 명이 서 있다면 오른쪽에 있는 사람에게 먼저 타라고 옆에서 얘기합니다. 엘리베이터에서 내릴 때도 가장 오른쪽에 있는 사람이 먼저 내리면 됩니다.

지휘고하를 막론하고 오른쪽에 있는 사람이 우선권을 가지는 경우가 일반적입니다. 무장하고 물을 지켜야 했던 옛날 아랍인들에게 오른쪽, 오른손은 중요한 의미였을 겁니다. 오른손을 내미는 것은 무기가 없다는 것을 보여주는 중요한 의미이기도 합니다. 그래서 오른쪽, 오른손이 주는 의미가 조금은 각별합니다.

명예 중시하는 문화

"명예가 높아질수록 겸손하며, 열등할수록 자만한다." <아랍 속담>

아랍인들은 일반적으로 우뇌형 특성이 있습니다. 정도 많고 감성적입니다. 친선 축구 경기를 해도 경기에 임하는 태도와 열정만큼은 월드컵 못지않습니다. 현지인 동료들과 축구 등 운동을 같이 하면서 느낀겁니다. 정말 진지하게 경기에 임하는 편입니다. 인간관계에서도 마찬가지로 의리와 신뢰를 중요하게 여기며, 명예 또한 중요한 덕목입니다. 명예와 자존심을 목숨보다 중요하게 생각할 정도입니다. 그래서 모욕을 쉽게 잊지 않는 특징도 가지고 있습니다. 이런 것을 잘 이해해야 그들과 소통을 잘 할 수 있습니다.

프랭크 스튜어트(Frank Henderson Stewart)는 이렇게 표현하기도 했습니다. "명예는 아마도 거의 모든 아랍 사회에서 중시되는 개념일 것이다. 하지만 구체적이고 신뢰할 만한 개념 규정은 매우 적다. 명예와 관련하여 아랍 세계 어디에서나 거의 동일한 어휘가 사용되고 있다. 즉, 명예라는 의미를 가진 이르드(ird), 샤라프(sharaf), 불명예라는 의미를 가진 아르(ar), 수치와 부끄러움이라는 의미를 가진 아이브(ayb) 등의 어휘들이 광범위한 아랍 지역에서 쓰이고 있다."

저는 친한 아랍에미리트 친구와 결혼에 관해서 이야기한 적이 있습니다. 젊은이들 사이에서 연애가 보편화되고 있지만, 한국보다는 개방적이거나 자유롭지는 않은 편입니다. 결혼은 개인끼리 하는 거지만 아랍권에서는 가문 간의 결합이기도 합니다. 그래서 배우자가 될 사람이 어떤 가문 출신인지 보지 않을 수 없습니다. 어떤 여성인지 어떻게 알 수 있느냐고 물었더니, 그 친구는 사회가 좁아서 누구인지 다 안다고 했습니다. 이름만 대면 어떤 가문인지 다

안다는 의미였습니다. 그래서 가문에 먹칠하는 행동이 용납이 안 되는 겁니다. 그 명성이 대대손손 내려갈 수 있기 때문입니다. 아랍 사람들의 이름만 봐도 어떤 가문인지, 아버지가 누구인지 다 나옵니다.

이름	Sheikh	Khalifa	bin	Zayed	Al Nahyan
의미	왕족 호칭	본인 이름	~의 아들	아버지 이름	가문
의미	알 나흐얀 가문 출신이며, 자이드 아버지의 아들인 칼리파				
☞ 여성 왕족일 경우에는 Sheikha(세이카)라고 하며, bint(~의 딸)를 사용한다.					

아랍인은 자신의 명예가 중요한 만큼 상대방의 명예도 지켜주려고 노력합니다. 그래서인지 손님을 극진하게 대접하는 것을 미덕으로 여깁니다. 관공서나 호텔, 격식이 있는 장소에 가면 탁자에 아랍 커피와 차, 대추야자, 초콜릿 등이 놓여 있습니다. 자리에 앉으면 서빙하는 사람이 "한 잔 드릴까요?"하며 다가옵니다. 차를 한잔 다 마시면 또 와서 더 마실 거냐고 물어옵니다. 더 이상 마시지 않겠다는 의미로 잔을 흔들면 그제야 잔을 가져갑니다. 마치 회장이 된 것처럼 환대받을 수 있습니다. 손님을 환대하는 데는 천부적인 소질이 있는 사람들 같습니다.

자주 사용하는 인사말 중에 "아흘란 와싸흘란"(어서 오세요, 환영합니다) 이 있습니다. '아흘란'은 가족을 의미하고, '싸흘란'은 넓은 뜰, 대지를 의미합니다. 그러니까 "당신은 우리 가족에게 오셨고, 넓은 뜰을 밟았습니다."가 됩니다. 천막을 치고 생활하던 유목민이 지나가는 나그네에게 당신이 쉴 만한 공간이 있다고 건네는 인사에서 유래한 말입니다.

명예와 체면을 중시하는 문화 때문에 모욕적인 언사는 용인할 수 없는 행동입니다. 대신 서로 칭찬하는 것이 중요한 전통으로 자리 잡고 있습니다. 상대방을 좋게 평가하고 꾸며주는 건 일종의 대화 그리고 협상 문화이기도 하고 기술이기도 합니다. 그들과 만났을 때 본격적인 내용으로 들어가기에 앞서 충분히 인사하고, 스킨십할 필요가 있다는 겁니다. 5분, 10분간 인사하고 덕담해도 결코 늦는 것이 아닙니다. 오히려 더 빠른 길이고, 회의의 결과가 더 좋을 수 있습니다. 칭찬은 고래도 춤추게 한다고 하지 않습니까? 칭찬은 명예를 중요하게 여기는 아랍 베두인들을 춤추게 할 수 있습니다.

아랍인들의 일반적인 특징 중 하나가 "미안하다" 혹은 "NO"라는 말을 잘하지 않는 편입니다. 대신 "인샬라", "Yes"처럼 긍정적인 표현을 즐겨 사용합니다. 이 역시 사막문화에서 온 게 아닌가 합니다. 하루하루가 생존의 연속인 척박한 사막에서 잘못했다면 생존과 직결되기 때문일 것입니다. "죄송합니다"라는 말을 입에 달고 살 정도인 우리와는 사뭇 다릅니다. 우리는 심지어 남의 잘못까지 내 잘못으로 돌리는 지나친 책임의식이 있는 반면, 아랍인들은 그렇지 않습니다.

우리는 운전하다가 길을 잘못 들면 옆 좌석에 탄 사람에게 길을 잘못 들었다고 사과하는 경우가 있습니다. 꼭 사과는 아니더라도 본인의 실책을 무심결에 내뱉는 경우가 있습니다. 아랍인들은 누구와 동승해서 운전할 때 설령 길을 잘못 들어도 아주 태연합니다. 조만간 길은 다시 나오리라는 자신감이 뿜어 나올 정도입니다. 그 모습을 보고 있노라면 제가 너무 조급하게 행동하는 건 아닌지 스스로 되돌아볼 때가 있습니다.

이런 특성 때문에 잘못이 상대방에게 있다고 해도 무작정 사과를 요구하는 것은 관계 형성에 있어 좋지 않을 수 있습니다. 그래서 아랍인들과 이야기할 때는 상대방의 자존심을 뭉개버리면 비참한 결과를 낳을 수 있습니다. 큰 언성으로 꾸짖는 행위도 아랍인들은 쉽게 받아들이지 못할 것입니다.

십자군 전쟁 때 아랍의 살라딘 장군과 리처드 왕이 예루살렘을 두고 서로 맞서게 되었습니다. 살라딘 장군은 리처드 왕에게 "엄청난 수적 열세에도 불구하고 리처드는 일당백의 전투력을 보였다"라며 리처드의 전투력과 리더십에 찬사를 보내기도 했습니다. 남루한 의복의 리처드 말이 죽자 비록 적이지만 말이 없이는 싸울 수 없다며 사라딘 장군은 명마와 의복을 보내주기도 했습니다. 적장의 명예를 고려한 배려였습니다.

제 경험상, 아랍인들의 자존심과 명예를 건드리면 안 됩니다. 교육훈련이나 토론을 할 경우에도 우리나라에서 하듯이 상대방의 자존심을 뭉개는 순간 그 결과는 뻔합니다. 그들은 그것을 받아들이지 못하는 겁니다. 내신 논리직으로 얘기하며, 이런 식은 어떠냐, 이렇게 하면 더 좋게 될 수 있다 등과 같은 방식이 훨씬 관계를 좋게 할 수 있습니다. 면전에서 단박에 거절하거나 무안을 주는 것도 지양해야 할 행동들입니다.

아랍에미리트 형법에는 명예훼손과 관련된 처벌조항이 있습니다. 형법(Federal Law No. 3 of 1987) 제374조에 따르면 공무원 또는 공공서비스 종사자를 상대로 명예훼손을 한 경우, 최대 6개월 구금 또는 150만 원의 벌금이 부과됩니다.

아랍에미리트는 자국민의 인구수가 외국인보다 현저하게 적기 때문에 현지에서 '에미라티' 혹은 '로컬'이라고 불리는 자국민에 대해서 보호정책을 펼치고 있습니다. 자국민에 대한 폭행, 모욕적인 언사 및 행동에 대해 엄격하게 사법처리될 수 있습니다. 2017년, 고속도로에서 자국민에게 손가락 욕설을 한 외국인이 1주일 구금되었다가 석방된 적도 있습니다.

이슬람권에서는 장례문화에서도 명예를 중시하는 것을 볼 수 있습니다. 이슬람권 국가가 57개국이므로 장례문화는 지역마다 차이가 있을 수 있지만, 대체로 장례 예배는 모스크에서 진행합니다. 예배 후 장지로 떠나기 전에 죽은 자에 대해 이웃 사람들에게 사회적 평판을 묻는 절차가 이어집니다. 이맘(회중의 예배를 이끄는 사람)이 "이 사람은 좋은 사람이었습니까?", "여러분은 이 사람이 천국으로 가기를 원합니까?", "이 사람으로부터 받을 빚이 있습니까?" 등을 묻습니다. 그러면 이웃 사람들은 "네"라고 대답합니다. 만일 이웃 사람들이 이맘의 질문에 "아니요"라고 하면 어떤 일이 발생할까요? 아마 "아니오"라고 대답한 사람은 공동체에서 매장을 당하거나 왕따가 될 수 있습니다. 오래도록 이어져 온 공동체의 관습과 공동의 질서를 어겼다고 여기기 때문입니다. 이슬람 사회에서는 사람이 죽은 후 무덤으로 갈 때도 명예를 고려한다는 것을 알 수 있습니다.

장례 얘기가 나왔으니 간단히 살펴보면, 아랍권에서 죽음은 종말이 아니라 새로운 시작이라고 인식하는 경향이 있습니다. 이런 이유로 매장은 보통 하루(24시간) 안에 진행하며, 장례식 또한 비교적 간단한 편입니다. 날씨가 더워서 쉽게 부패하기 때문에 신속하게 매장을 하는 풍습이 생겼을 것입니다.

아랍의 사랑방, 마즐리스

서구 국가에서는 인맥보다는 개인의 역량, 정의, 공정 등을 중요시할 것 같지만 늘 그렇지는 않습니다. 장성 승진을 앞둔 한 주한미군 대령에게 "미군은 출신, 인맥 관계없이 능력만 좋으면 장군 진급이 됩니까?"라고 물어본 적이 있습니다. 그의 대답은 제 예상과 반대였습니다. 개인 능력이 당연히 좋아야 겠지만, 한국보다 더한 연줄, 출신 등이 작용한다고 했습니다. 한국문화도 어느 정도 알고 있는 미군 장교이기에 그의 말을 신뢰하지 않을 수 없었습니다.

중국의 관시(關係)문화는 세계적으로 유명합니다. 관시는 중국에서 인적 네트워크가 얼마나 중요한지를 단적으로 보여주는 단어입니다. 중국의 관시 못지않게 아랍 사회도 인맥을 중요하게 여깁니다. 관시보다 더 중요한지도 모르겠습니다.

아랍에는 사람에 대한 신의를 중요시하는 사회적 분위기가 있습니다. 이것 또한 유목민의 특성이 아닐까요? 옛날 사막에는 사람 간의 신의는 본인뿐만 아니라 가족, 더 나아가 부족 전체의 생존과 직결되기 때문입니다. 믿을 만한 사람인지 아닌지 판단하는 것은 매우 중요한 문제였습니다.

아랍문화에 '와스타'(Wasta)가 있습니다. 아랍어로 중간, 매개 등의 의미가 있으며, 아랍의 인맥 문화 혹은 연줄을 뜻하는 단어입니다. 아랍권에서는 인맥에 따른 일 처리가 보편화되어 있어 인맥은 아랍인들과의 관계에서 매우 중요한 역할을 합니다. 어떤 일을 처리하는 데 있어 현지인과 동행하면 수월해지는 일이 종종 있습니다. 이렇게 '와스타'가 잘 형성되어 있으면 결재도장을 받는 다거나 계약도 비교적 수월하게 될 가능성이 커질 수 있습니다.

아랍 국가뿐만 아니라 세계 어딜 가더라도 인맥을 쌓는 것은 비즈니스든 아니든, 그 사회에 진입하는 첫걸음입니다. 아랍권에서는 '와스타' 형성이 쉽지 않기 때문에 진입장벽이 조금 높다고 볼 수 있습니다. 특히 아랍문화에 대한 정확한 지식이나 이해가 없다면 '와스타'를 만드는 것은 어렵습니다. '와스타'를 잘 구축했다면 안정된 관계가 오랫동안 이어질 수 있는 장점이 분명 있습니다.

우리나라의 사랑방과 유사한 '디와니야'(Diwaniya)가 있습니다. 정부기관 등에서 사용되는 공식적인 공간입니다. 의자, 쿠션 등이 비치되어 있어 편안하게 앉을 수 있는 공간입니다. 바닥에는 카펫이 깔려 있어 고급스럽게 느껴집니다. 탁자에는 아랍 커피, 차, 대추야자 등이 풍성하게 놓여있습니다. 디와니야는 남성 지도층 인사들이 수시로 모여 주요 현안 사항을 허심탄회하게 논의하던 'Diwan'에 유래를 두고 있습니다. 즉 사람이 모이는 공간, 특히 손님들을 맞이하는 공간입니다. 여기에서 많은 이야기가 오고 갑니다. 우리나라에서는 골프장에서 인간관계와 비즈니스 거래가 이루어진다면 아랍권에서는 디와니야에서 이뤄집니다.

디와니야와 비슷한 것이 마즐리스(Majlis)입니다. 일반적으로 쓰이는 용어가 바로 마즐리스입니다. 영문으로는 문화·사회적 공간(a cultural and social space)으로 표기합니다. 유네스코 유산으로 2015년에 등재되었는데, 아랍에미리트, 사우디아라비아, 오만, 카타르 4개국이 등재되어 있습니다.

마즐리스는 공동체의 구성원이 모여서 각종 현안에 대해서 의논하거나 새로운 소식을 교환하고, 손님을 접대하거나 사귀면서 여흥을 즐기는 '앉는 공간'을 말합니다. 모두에게 개방된 공간이며, 가족이나 이웃 주민이나 먼 곳에서 찾아온 손님 등 모두가 자주 드나드는 공간입니다. 여성 전용 마즐리스도 있습니다. 아랍에미리트 시내 곳곳에 정부 소유의 마즐리스 공간이 있습니다. 국민들이 필요시(결혼 등) 사용할 수 있도록 배려한다고 합니다.

오늘날 마즐리스는 공동체의 유대를 강화하는 중요한 공간이며, 민담이나 '나바티'(Nabati)라는 아랍 전통 시를 포함한 구전 유산을 전달하는 공간이기도 합니다. 이곳에서는 추도식, 결혼 피로연 등 사회적 행사도 함께 열립니다. 또 다른 중요한 역할도 있습니다. 젊은이들이 대화의 기술을 익히고, 어른에 대한 공경이나 환대의 예의범절을 배우고, 손님에게 인사하는 방법이나 존중 등과 같은 공동체의 가치와 규범을 배우는 공간입니다. 사회를 건강하게 만드는 곳이 바로 마즐리스입니다.

"마즐리스 공간은 학교와 같다" <아랍 격언>

아랍에미리트에서의 마즐리스

한국에서의 아랍 모임

주한아랍에미리트 대사 관저 마당에 텐트가 있습니다. 텐트 안에는 아랍풍 의자와 쿠션들이 잘 꾸며져 있습니다. 마즐리스입니다. 거기에서 참 흥미로운 점들을 보게 됩니다. 흥미롭다기보다는 배울 점이 많다고 표현하는 것이 맞을 것입니다.

지위고하를 막론하고 참석자들은 서로 예의를 갖추어 맞이합니다. 대사, 대사관 직원, 유학생 등 참석자의 계층이 다양합니다. 대사들이 앉아서 이야기하다가도 손님이 들어오면 모두 자리에서 일어서서 반갑게 맞아 줍니다. 입장하는 손님은 이미 와 있는 사람들과 한 명씩 다 눈을 맞추면서 인사 나눈 후에 빈자리에 가서 앉습니다. 참석자가 많은 날에는 계속 일어서야 하니 운동이 저절로 됩니다. 여기에서 이슬람의 특징을 엿볼 수 있습니다. 바로 평등의 정신입니다. 기도를 할때에도 지휘고하를 막론하고 모두가 차별없이 예배를 드립니다. 그래서 주한 아랍 대사들이 나이 어린 학생이 마즐리스에 입장할때에도 모두 자리에서 일어나 손님을 맞이합니다.

> ◆ 꾸란은 이렇게 말한다
> "믿는 자들이여 사람이 다른 사람을 비웃지 않도록 하라 후자가 전자 보다 훌륭할 수도 있으니라…서로가 서로를 비방하지 말 것이며"
>
> *(꾸란 49장 11절)*

마즐리스와 같은 문화 때문인지 아랍에는 달변가와 명연설가가 참 많습니다. 아랍은 문자에 의한 기록보다는 말로 전해지는 구전 문화가 상당히 강한 편입니다. 그래서 기록보다는 기억에 많이 의존해 온 전통이 있습니다. 원고 없이 몇 시간을 연설할 수 있는 지도자들이 많습니다. 아랍에서는 행사 때 대통령 등 높은 인사들이 원고 없이 연설하는 경우가 많습니다.

그래서 아랍 사람들과 교제할 때 그들이 천일야화를 구전으로 들으면서 살아왔고, 많은 콘텐츠를 가지고 있다는 것을 명심해야 합니다.

천문학과 밤 문화, 그리고 커피

중동의 밤 문화는 우리나라의 밤 문화와 꽤 다릅니다. 그들의 조상은 척박한 사막을 배경으로 생존해 왔다는 것은 이제 다 아시는 내용입니다. 낮에 사막을 횡단할 수 있을까요? 불가능에 가깝습니다. 자칫하다간 목숨까지 위태로워집니다. 해가 쨍쨍한 낮에는 뭘 해도 어렵습니다. 그래서 낮에 휴식을 취하고 밤에 모여서 서로 이야기하고, 다른 곳으로 이동했습니다. 해가 지고 난 뒤 별과 달을 보면서 방향을 잡아서 이동했습니다. 중동에서 천문학과 점성술이 발달한 이유입니다. 사막에서 첫 훈련을 했을 때가 아직까지 생생하게 기억이 납니다. 이글거리는 뜨거운 태양으로 인해 두통은 물론 정신까지 혼미할 정도였습니다. 옛날 사람들은 이렇게 척박한 사막에서 어떻게 생존했을까 그저 신기할 따름입니다.

중동은 낮보다 밤이 훨씬 화려합니다. 아부다비나 두바이를 봐도 그렇습니다. 결혼식, 파티, 축제 등은 밤에 많이 열립니다. 소주나 맥주 대신 커피와 차를 마시면서 밤늦게까지 담소를 나누는 것이 일반적입니다. 친하다 싶으면 새벽까지 이야기를 나누면서 웃고 떠듭니다. 반드시 그런 것은 아니지만 늦게 헤어질수록 더 친하다는 의미일 수도 있습니다.

압둘라 주한아랍에미리트 대사는 특별한 일이 없는 한 매주 금요일 저녁에 모임을 주관합니다. 대사뿐만 아니라 대사관 직원, 무관, 석유회사 임원, 유학생 등 참석자들의 직업이 다양합니다. 저는 2019년부터 텐트 모임에 참석하기 시작했습니다. 때로는 제 두 아들도 데리고 가서 아랍의 향을 잊지 않도록 시간을 보냈습니다. 두 아들이 밤늦게까지 마즐리스에서 시간을 보내는 것에 대해 거부감이 없다는 것이 아빠로서 참 신기하고 대견합니다.

어떤 때는 자정이 되어서 자리를 뜨려고 하면 "아니 벌써 집에 가느냐?"고

합니다. 언젠가 한 번은 마음먹고 제일 늦게까지 있어 보자고 다짐 끝에 새벽 2~3시까지 대사와 단둘이 있었던 적도 있었습니다. 아랍 사람들은 손님이 가기 전까지 절대 "이만 가셔야죠"라고 얘기하지 않습니다. 그런 눈치도 안 줍니다.

저는 이렇게 소통의 장을 잘 만드는 대사는 처음 봤습니다. 외교 관료 출신이 아니어서 오히려 더 트여있고 융통성이 있는지도 모릅니다. 압둘라 대사를 옆에서 지켜보고 있으면 아랍에미리트 정부에서 수여하는 '2022년 최고 대사상'을 받을 만하다는 생각이 많이 듭니다.

우리가 그들과 함께 늦게까지 밤 문화를 즐기기 위해서는 콘텐츠가 가득한 커뮤니케이션 스킬, 즉 말솜씨가 필요합니다. 아랍인은 기록이 아닌 구전 전통에 익숙한 사람들입니다. 그들은 천일야화를 듣고 자랐다는 것을 잊어서는 안 됩니다.

그들과의 모임에서 밤늦게까지 깨어 있으려면 특단의 대책이 필요합니다. 바로 커피와 차입니다. 제가 금요일 밤 압둘라 주한아랍에미리트 대사 집에 가는 또 다른 이유가 바로 아랍 커피와 차를 음미하기 위해서입니다. 15년 전에 아랍 커피와 차를 처음 접했을 때는 향과 맛이 특이해서 제대로 맛을 느끼지 못했습니다. 오랫동안 마셔보니 이제는 맛을 음미할 정도의 실력은 된 듯합니다. 그 모임에서 제가 커피를 가장 많이 마실 겁니다.

원래 커피의 원산지는 유럽이 아니라, 예멘의 모카(Mocha) 지방과 에티오피아의 카파(Kaffa) 지방으로 알려져 있습니다.

커피가 잠을 깨는 데 효과가 있다 보니 기도와 명상을 주로 하는 종교인들 사이에서 음용이 되었다고 합니다. 메카로 성지순례를 갈 때 꼭 챙겼던 것이 바로 커피였다고 합니다. 커피에 "욕망을 억제하기 위한 검은 음료"라고 표시되어 있었습니다. 예멘과 에티오피아에서 생산한 커피는 교역을 통해서 메카까지 흘러갔으니 급속한 전파는 시간문제였습니다. 메카에는 성지 순례객들이 많았기 때문입니다. 메카에 카흐바 하네라고 하는 커피 하우스가 생겨났다고 합니다. 카흐바는 커피를 의미하고, 하네는 집을 뜻합니다.

사람들이 메카에서 커피를 접하고 마셔보니 좋으니까 고향으로 돌아갈 때 가지고 가는 겁니다. 직접 마시려고 가지고 가는 사람도 있었을 테고, 교역을 위해서 가지고 간 사람들도 많았을 겁니다.

한 때 커피는 반출 금지 품목이었는데 시장에서 커피 원두 1g과 사금 1g이 맞교환될 정도였다고 합니다. 그래서 외교관들이 면책 특권을 이용해 외교 행랑으로 커피를 유럽으로 가져갔다고 합니다.

1554년, 이스탄불에서 카페인 차이하네(Chayhane)가 문을 열었습니다. 카페는 사람들이 모이는 사교의 장이 되기도 했습니다. 커피의 맛이 널리 알려지자 카페는 기하급수적으로 생겨났습니다. 그렇게 해서 중동의 커피 문화가 오스만 제국을 거쳐서 유럽으로 흘러간 것입니다. 당시 오스만 제국이 광활한 대륙을 지배했으니 전파는 시간문제였습니다. 커피는 중동과 이스탄불을 거쳐 유럽으로 전파가 되어 카페가 문을 열게 됩니다. 커피와 오스만 제국의 궁중 문화가 결합해서 명실상부한 밤 문화의 꽃을 피우게 된 것입니다.

카페는 커피나 차를 마시는 공간뿐만 아니라 사교의 장 역할도 톡톡히 해냈습니다. 젊은 남녀들의 데이트 장소로도 최고입니다. 사람들이 모이면 어떤 일이 벌어지나요? 여론이 형성됩니다. 프랑스 혁명의 시발점도 카페라고 알려져 있습니다. 저도 궁금해서 주한 프랑스 대사에게 프랑스 혁명의 출발점이 카페라고 물어보니 맞다고 합니다.

커피는 사실 세계사를 뒤바꾼 엄청난 영향력을 지녔습니다. 우스이 류이치로의 저서 ≪세계사를 바꾼 커피 이야기≫에 따르면, 유럽에 보급된 커피는 나폴레옹에 의해 군대에 보급되었습니다. 이 과정에서 커피 생산량을 늘리고 소비를 촉진하기 위해 기술과 산업이 발전했고, 이것이 산업혁명의 근간이 되었습니다. 이처럼 이슬람이 세계사를 바꾼 것처럼 커피 역시 세계사에 미친 영향력이 대단합니다. 커피의 메카는 유럽이 아니라 중동이었습니다. 유럽을 통해서 우리나라로 흘러 들어왔기 때문에 우리는 유럽문화로 알고 있는 겁니다.

아랍의 커피 향을 음미할 줄 안다면 사교활동을 하기에 수월할 수 있습니다. 많은 한국인이 하는 질문입니다. 술 없이 어떻게 밤늦게까지 이야기를 할 수 있느냐며. 소주와 맥주 없이 아랍 커피 한잔으로도 남자들의 수다는 밤새는 줄 모른답니다.

커피 뿐만 아니라 유럽문화의 뿌리는 이슬람과 연관성이 많습니다. 천문학, 점성술, 수학, 물리학, 화학, 향료, 오렌지, 레몬, 설탕, 관세(tariff), 욕조 등이 이슬람 지역에서 시작되어서 유럽으로 전파된 것들입니다. 이슬람문화가 우리 일상에 얼마나 깊숙이 자리 잡고 있는지 알 수 있는 대목입니다. 이슬람이 유럽 일대를 천년 가량 지배했으니 이해가 되는 대목입니다.

낙타는 왜 사막으로 갔을까?

이한직 시인의 <낙타>는 문예지《문장》에 1939년 발표한 시입니다. 시에서 "나"는 봄날 오후 동물원에서 늙은 낙타를 보며 선생님과 잃어버린 동심의 세계를 그리워합니다. 선생님과 동일시하는 낙타의 생태가 궁금해집니다. 드넓은 초원에 살던 낙타가 사막으로 간 까닭은 무엇일까요? 낙타의 용기 있는 생존법에 대해서 알아보겠습니다.

앞에서 말씀드렸듯이, 화석 자료를 보면 4,500만 년 전 지구에 처음 등장한 낙타는 수천만 년 동안 북미 대륙에서 번성했습니다. 처음에는 토끼만 한 크기의 동물이 나중에는 염소만 한 크기로 성장했습니다. 남미 지역의 힘센 육식 동물들이 북미 지역으로 들어왔고, 북미 지역에 있던 포유동물들은 경쟁에서 밀려났습니다. 낙타는 두 가지 선택지가 남습니다. 몸집을 줄여서 납작 엎드려 살든지 고향을 떠나는 것이었습니다. 낙타는 점점 추운 지방으로 밀려났습니다. 그러면서 굵은 털이 체온을 유지해주었고, 발바닥은 넓적해서 눈이 와도 잘 걸을 수 있었습니다. 등에 있는 지방을 분해해서 생존해왔습니다.

180만 년 전 빙하기가 시작되자 모든 동물이 더 살기 좋은 곳으로 이동했듯이, 낙타도 삶의 터전이던 초원을 버리고 옮겨갔습니다. 베링해협을 건너 아시아 지역으로 가 중동의 사막에 자리를 잡았습니다. 죽음의 땅, 먹을 것이 거의 없는 빈곤의 땅, 아무도 살지 않는 사막을 선택한 것입니다. 이유는 명백합니다. 포식자가 없는, 살아남기 좋은 공간이기 때문입니다.

낙타는 땡볕에 쉴 만한 그늘이 없을 때 얼굴을 햇볕 쪽으로 마주 향한다고 합니다. 그 이유에 관해 생태학자 최형선 박사는《낙타는 왜 사막으로 갔을까》에서 햇볕을 피하려 등을 돌리면 몸통의 넓은 부위가 뜨거워져 체온이 올라가지만, 마주 보면 얼굴은 햇볕을 받더라도 몸통 부위는 그늘이 만들어져서 오히려 견딜 수 있다고 설명합니다.

아랍에미리트 일상생활 속의 낙타

생태계는 가혹한 환경을 이겨내고 진화의 기적을 이뤄낸 동물과 식물로 가득합니다. 역경을 오히려 기회로 삼은 이런 장한 이야기는 우리에게 환경이 어렵다고 절대 굴복하지 말라는 용기와 힘을 줍니다.

문화권마다 최적화된 동물들이 따로 있습니다. 넓은 초원이 있는 곳에서는 말을 키우고, 추운 지방이나 고산지역에서는 또 다른 최적화된 동물을 키웁니다. 우리는 농경시대 사회였기 때문에 소, 돼지, 염소 등을 키웠습니다.

척박한 환경의 사막에서는 어떤 동물이 꼭 필요할까요? 먹을 것이 부족하므로 의식주에도 도움이 되어야 하고, 물을 찾아 끊임없이 이동해야 했기 때문에 운송 능력도 있는 동물이어야 합니다. 바로 낙타입니다. 사막에서는 절대 없어서는 안 되는 동물입니다. 그래서 아랍에미리트를 이해하기 위해서는 아랍과 이슬람을 이해해야 하고, 아랍과 이슬람을 이해하기 위해서는 낙타가 갖는 의미에 대해서도 알아야 한다고 생각합니다.

가시덤불 씨앗, 동물의 뼈, 가시를 뜯어 먹어도 멀쩡한 입, 하루 200ℓ의 물을 마실 수 있는 걸어 다니는 물탱크, 열 손실을 막기 위해 여분의 지방을 혹에 몰아서 넣기, 이렇게 낙타는 생존을 위해 계속 진화해왔습니다. 더운 사막에서는 이 동물이 가장 현명합니다.

낙타는 인간에게 매우 이로운 동물입니다. 낙타는 수천 년 동안 사막에 사는 사람들에게 생존을 위한 필수적인 존재였습니다. 의식주의 많은 부분을 해결해줍니다. 첫째는 음식을 제공합니다. 낙타 두 살짜리 한 마리를 잡으면 200~300kg의 고기가 나오는데, 더운 지방이지만 훈제하거나 여러 가지 방법으로 보관을 잘하면 오래도록 먹을 수 있습니다. 낙타는 엄청난 양의 고기를 제공할 뿐만 아니라 젖, 가죽, 낙타 똥, 오줌 등 버릴 것이 거의 없습니다. 사람들은 물을 대신해서 낙타 젖을 마시기도 합니다.

현지인이 초대해서 낙타가 있는 농장에 가면 제게 낙타 젖을 먹어보라고 권하면서 꼭 하는 이야기가 있습니다. 정력에 좋다고. 낙타 젖으로 치즈, 요구르트, 술(낙유주)을 만들 수도 있습니다.

둘째, 털과 가죽은 카펫 등 생활용품으로 사용됩니다. 낙타 똥은 연료로, 낙타 오줌은 샴푸로 사용한 적이 있을 만큼 낙타는 생활에 유용했습니다.

셋째, 낙타는 사막에서 완벽한 이동 수단입니다. 물 한 모금 마시지 않고 거의 400km를 이동할 수 있는 놀라운 수송력을 가지고 있습니다. 낙타는 후각 능력도 탁월하여 오아시스를 찾는 데 매우 유용하다고 합니다. 과거 이슬람 제국이 정복사업을 할 때도 낙타는 중요한 기동 수단으로 활용되었습니다. 실제 낙타를 타보면 상당히 높습니다. 낙타는 사막에서 생존하기 위해서 다리가 길어졌습니다. 아무리 키가 큰 사람이 칼을 휘둘러도 소용이 없습니다. 그러니 방어하는 처지에서는 속수무책입니다. 전투가 제대로 될 리 없었겠죠. 낙타의 빠른 속도 덕분에 이슬람이 빠른 속도로 전파될 수 있었다고 봐도 크게 틀리지 않습니다.

사막에서 낙타가 이렇게 소중한 동물입니다. 그래서 낙타 몇 마리를 가지고 있느냐에 따라 부의 척도가 정해집니다. 아랍에미리트 로컬 친구들이 시간이 되면 낙타농장에 놀러 오라고 초대하는 경우가 많습니다. 낙타가 많아서 부자라고 농담도 주고 받습니다.

아랍인들에게 낙타는 우리나라의 농경시대 때 소가 집안의 재산이며, 자식처럼 키워왔던 것 이상으로 중요했습니다. 낙타는 제한된 자연환경을 최대한 활용해야 하는 사막의 생태계에 순응하면서 살아온 까닭에 오늘날까지 살아남았습니다. 자연을 조금이라도 거스르는 순간 생존의 가능성은 희박했을 것입니다.

지금의 낙타는 과거의 낙타와는 용도가 달라서 경주용, 관광용, 전통문화 보존 등으로 쓰입니다. 낙타와 돼지를 통해서도 아랍의 문화를 이해할 수 있습니다. 오찬이나 만찬 때 낙타고기를 대접해준다는 것이 어떠한 의미를 갖는지 짐작할 수 있겠죠?

◆ 꾸란은 이렇게 말한다
"하나님께서 당신의 상징으로 너희에게 보내준 낙타들은 너희에게 유용함이 많으니라"

(꾸란 22장 36절)

할랄과 하람

낙타와는 달리 돼지는 사막에서 효용가치가 가장 없는 동물입니다. 결론적으로 말씀드리면 사막 기후에서는 도저히 기를 수 없는 동물입니다. 돼지는 자체 병원균도 많고 고기로서의 보관기간이 매우 짧습니다. 의학 기술이 거의 없던 당시에 돼지고기를 잘못 먹었다간 부족 전체가 생존이 위태로워질 수 있습니다. 의식주는커녕 이동 수단으로도 거의 불가능합니다. 게다가 돼지는 방목할 수 없어서 사람 손길이 많이 갑니다. 사람 열 명이 달라붙어도, 돼지 한 마리를 이동시키기 쉽지 않습니다.

돼지는 탄수화물을 두고 인간과 경쟁을 벌입니다. 건조한 사막지대에 주로 살던 이슬람교도에게 양돈은 환경적으로 불리했을 것입니다. 투입 비용 대비 생산성이 너무 낮았기 때문입니다.

◆ 꾸란은 이렇게 말한다

"믿는 자들이여 하나님께서 너희에게 부여한 양식들 중에서 좋은 것을 먹되 하나님께 감사하고 그분만을 경배하라. 죽은 고기와 피와 돼지 고기를 먹지 말라. 또한 하나님의 이름으로 도살되지 아니한 고기도 먹지 말라. 그러나 자의가 아니고 어쩔 수 없이 한계를 넘지 않는 분량을 먹었을 경우는 죄가 되지 않느니라. 실로 하나님께서는 너그러우시고 자비로운 분이시니라"

(꾸란 2장 172~173절)

돼지고기는 술과 함께 꾸란에도 명시되어 있는 금기사항입니다. 술을 가볍게 즐겨하는 무슬림도 있습니다. 하지만 돼지고기는 종교적 금기이면서도 강력한 사회문화적 금기사항입니다. 그래서 그들이 왜 지나칠 정도로 돼지를 혐오하는지 아는 것은 중요한 문제입니다. 음식에 돼지고기 성분이 포함되어 있다면 무슬림에게 반드시 돼지고기 성분이 있다고 말해주는 것이 좋습니다.

아부다비에 있는 어떤 슈퍼마켓을 들어가면 돼지고기를 살 수 있습니다. 돼지고기를 파는 슈퍼마켓이 그리 흔치는 않습니다. 슈퍼마켓에서는 별도의 공간에서 파는데, 문을 하나 더 열고 들어가야 합니다.

돼지고기도 맛있는 고기인데 왜 별도의 공간에 팔까, 의문이 들었습니다. 나중에 그 이유를 알게 되었습니다. 돼지고기가 금기시된다는 것을.

꾸란 제5장 3절은 먹을 수 없는 육식에 대해 보다 구체적으로 언급하고 있습니다. 즉, 하나님의 이름으로 잡지 않은 것, 목 졸라 죽인 것, 때려잡은 것, 떨어뜨려 죽인 것, 서로 싸우다 죽은 것, 다른 야생동물이 먹다 남긴 고기, 우상에 제물로 바쳤던 고기 등입니다. 이처럼 꾸란에서는 동물에 관하여 돼지고기와 죽은 고기, 피, 그리고 하나님의 이름이 아닌 다른 이름으로 죽인 동물의 고기만 금지사항으로 규정해 놓았습니다.

예언자 무함마드는 언행록 하디스에서 뾰족한 엄니나 독치를 가진 동물과 날카로운 발톱을 지닌 맹수 그리고 독수리·매·송골매·솔개 등의 조류를 모두 먹어서는 안 될 동물로 규정해 놓았습니다. 결국 양·소·염소·낙타 등과 같은 초식동물을 인간이 먹을 수 있는 동물로 한정해 놓았으며, 먹을 수 있도록 허용된 동물이라 하더라도 하나님의 이름으로 기도드리고 잡지 않은 고기는 먹을 수 없도록 규정했습니다.

반면, 해양 동물은 대부분 정당하게 먹을 수 있습니다. 바다에서 사는 동물은 어디에 있던 것이든, 살아 있는 것이든 죽은 것이든, 무슬림이 잡은 것이든 비무슬림이 잡은 것이든 가리지 않고 먹을 수 있습니다. 하나님께서는 꾸란에서 "바다의 사냥과 그 음식은 너희와 여행자들을 위해 허용하느니라."(꾸란 5장 96절)라 했고, 선지자 무함마드 또한 "바닷물은 깨끗한 것이며 그 안에서 죽은 동물 또한 먹어도 좋은 음식이니라." 말했습니다.

'할랄'(Halal)은 '허용되는 것' 혹은 '합법적인 것'을 뜻하는 아랍어로 이슬람 율법에 따라 무슬림이 먹고 쓸 수 있도록 허용한 것들을 말합니다. 할랄은 이슬람권에서 종교적·도덕적·윤리적인 판단 기준이 되기 때문에 철저하게 삶의 방식에 영향을 주고 있습니다. 그래서 아랍의 일반적이면서 중요한 할랄의 개념을 이해하는 것이 좋습니다.

전 세계 인구의 24% 가량을 차지하는 19억 명의 무슬림이 매년 3% 안팎의 증가세를 보이며 거대한 소비시장으로 부상하고 있습니다. 할랄은 더 이상 단순한 종교적 개념이 아닌 잠재적 경제 이익이 높은 시장인 셈입니다. 한국 기업들도 할랄 산업에 뛰어들고 있으며, 우리나라에서도 할랄 푸드가 널리 알려져 할랄 시장이 커지고 있습니다.

무슬림은 이슬람식으로 도살한 고기만 먹습니다. 고기를 잡을 때도 '비스밀라'(신의 이름으로)를 외친 후 잡아야 합니다. 고기를 잡을 때 고통을 줘도 안 됩니다. 축산농가에서도 동물을 우리에 가둬서는 안 됩니다. 그러니 품질이 좋은 편이어서 인기가 좋을 수밖에 없습니다. 비무슬림들도 조금 더 비싼 돈을 내더라도 할랄 음식을 많이 삽니다.

할랄 산업에 종사하려면 돈이 필요한데, 도박이나 마약같이 이슬람에서 금지하는 분야에서 조성된 돈이면 할랄 효력이 없어집니다. 이처럼 축산, 도축, 유통, 가공, 금융까지 광범위하게 유지되어야 할랄로 인정됩니다. 그 과정이 전반적으로 깨끗해야 하는 것입니다.

이슬람이 금하는 사업에 돈이 유입되는 것을 감시하기 위해서 '샤리아

위원회'가 있을 정도입니다. 마약, 매춘, 주류와 같은 비도덕적인 사업은 금지됩니다. 할랄 상품이 무슬림만 주로 찾을 것이라는 예상과 달리 엄격한 유통 과정을 거친 상품이라는 신뢰와 호기심 덕분에 일반인들 사이에서도 관심이 높아지는 추세입니다.

반면, 금지하고 하지 말아야 할 것을 '하람'(Haram)이라고 합니다. 이슬람권에서는 술, 돼지고기, 매춘, 도박, 투기, 복권, 마약 등이 금지되어 있습니다. 특히 돼지고기는 먹는 사람뿐만 아니라, 파는 사람, 구매하는 사람, 유통하는 사람, 먹도록 유혹하는 사람 등 모두가 하람을 범하는 것으로 간주합니다.

이슬람은 육식에 여러 제한을 두었습니다만, 불가피한 경우에는 허용의 길도 열어놓은 것이 특징입니다. 위에서 인용한 꾸란 구절에 나오듯이 고의가 아니고 어쩔 수 없이 먹을 경우는 죄악이 아니라고 했습니다. 예를 들어 굶주렸거나 강제로 먹어야 할 때는 불가항력으로 간주해 아무 고기나 먹을 수 있습니다.

하나님께서는 왜 다른 동물들과 달리 돼지고기만 특별히 언급해 먹지 말라고 명령했을까요? 전문가들은 저마다의 이유를 들어 설명하고 있습니다. 예를 들어 돼지고기가 보유한 여러 가지 균이 인간의 몸에 해롭다든지, 돼지의 습성이 나쁘다든지, 돼지고기는 사막의 기후에 부패하기 쉬워 적합하지 않다는 견해 등입니다. 그에 비해 어떤 이슬람 신학자들은 하나님께서 꾸란을 통해 금했기 때문에 무슬림이 돼지고기를 먹지 않는 것이며, 그 이유는 알라만이 알고 계신다고 말합니다.

종교행사와 연휴

우리나라 직장인의 즐거움 중 하나는 다음 해 달력을 보면서 언제 얼마나 쉴까 미리 살펴보는 일입니다. 아랍에미리트에서는 일반적인 근로자들은 1년에 한 달가량의 휴가가 주어집니다. 아랍의 연휴를 알아보는 것도 흥미롭습니다. 대체로 우리보다 긴데, 대부분 이슬람교와 관련된 연휴입니다.

이슬람권의 연휴는 연례적 종교행사인 셈인데, 가족이 모이고, 공동체가 통합되는 사회적인 기능도 함께 가지고 있습니다. 종교와 사회적인 기능 못지않게 중요한 것이 있다면 경제에도 굉장한 영향을 미칩니다. 매년 수 백 만의 성지 순례객이 사우디아라비아 메카에 모여드니 자연스럽게 거대한 교류의 장이 형성됩니다. 따라서 연휴는 항공, 교통, 호텔, 음식점, 서비스업 등 여러 분야에 영향을 미칩니다. 라마단, 이드 알 피트르, 이드 알 아드하 등의 연휴는 이슬람권에서 중요한 이벤트이기도 합니다. 사람과 돈이 모이는 기간인 셈입니다.

한가지 팁을 알려드린다면, 아랍 사람들과 연락을 해서 접촉을 하고 싶을 때 라마단과 같은 기간을 적극 활용할 수 있습니다. 라마단 시작할 무렵에 "라마단 카림"(Ramadan Kareem)이라고 덕담을 주고 받습니다. 평소 연락을 잘 안받는 사람들도 라마단 카림이라는 문자를 보내면 답장을 잘 해주는 편입니다. 이 기회를 잘 활용해서 친분을 더욱 쌓을 수 있을 겁니다.

사우디아라비아 성지순례
* 출처 : SPA 통신

라마단(Ramadan)

라마단, 용어 자체는 이슬람력으로 9월을 의미하며, 아랍어로 '찌는 듯한 더위'를 의미합니다. '람다'(Ramda, 뜨거운 열기)라는 아랍어에서 유래되었습니다. 라마단을 맞이하는 절기는 해마다 달라져서 늘 여름에 오는 것은 아닙니다. 어떤 해는 겨울에 라마단을 맞이하기도 합니다. 2023년 라마단은 3월 23일부터 4월 20일까지였습니다. 서양력 1년이 365일인데 반해 이슬람력은 354일로 서양력보다 11일이 짧습니다. 그래서 다음 해 라마단 기간을 대략 짐작할 수가 있습니다.

라마단은 꾸란이 내려진 성스러운 달(holy month)입니다. 라마단은 기간도 길어서 무슬림에게 매우 중요합니다. 라마단하면 우리에게 가장 잘 알려진 것이 단식입니다. 라마단 한 달 동안 무슬림들은 해가 뜨기 1시간 전부터 해가 지는 시간까지 금식합니다. 금식은 알라에 대한 믿음을 시험한다는 의미를 가지고 있습니다. 단식을 통해서 음식의 중요성, 음식 없이는 하루도 살 수 없는 나약한 인간, 신께 감사하는 마음을 깨우치게 됩니다. 그렇다고 모든 사람이 금식하는 것은 아닙니다. 유아, 노인, 환자와 같이 음식 섭취가 필수인 사람들은 금식하지 않는 융통성이 있습니다.

라마단 금식의 또 다른 의미는 가난한 사람들의 고통을 체험한다는 점입니다. 가진 자와 가지지 못한 자가 모두 동일한 조건에서 단식함으로써 고통과 아픔을 체험하는 종교적인 의식입니다. 말로 수백 번 얘기하는 것보다 몸소 체험하는 것이 훨씬 효과적이겠죠.

◆ 꾸란은 이렇게 말한다
"인간을 위한 복음으로 그리고 옳고 그름의 기준으로 라마단 달에
꾸란이 계시되었나니 그 달에 임하는 너희 모두는
초승달을 보는 순간부터 단식을 행하라"

(꾸란 2장 185절)

라마단 기간에 군부대 안에 있는 식당도 문을 열지 않아서 저는 끼니를 걸러야 했습니다. 그래서 출근할 때 점심을 간단히 준비해 와서 사무실 문을 닫은 채 먹곤 했습니다. 주변 사람들이 금식하는데 대 놓고 먹을 수 없었죠. 그들은 외국인 저에게 금식을 강요하지는 않습니다. 그렇지만 그들 문화를 최대한 존중할 필요가 있어서 문을 닫고 조용히 먹기도 했습니다.

인사법은 "라마단 카림"(Ramadan Kareem), "이드 피트르 무바락"(Eid Fitr Mubarak)입니다.
추석이나 설날처럼 에미리트 사람들도 문자나 사진을 보내면서 덕담을 주고받습니다.

라마단 기간에는 일상이 조금 더 느리게 간다고 느껴집니다. 공공기관들도 단축 근무를 합니다. 신앙심을 기를 수 있는 좋은 기간이며, 개인의 성찰이나 재충전을 하는 사람도 있습니다.

낮 동안 금식한 사람들은 해가 지면 가족, 친지들과 모두 함께 푸짐한 식사를 즐깁니다. 이를 '이프타르'(Iftar)라고 하는데 '금식을 깬다'는 의미를 지닙니다. 지역사회 곳곳에서 이프타르 행사가 열립니다. 나를 돌아보고, 어려운 이웃을 살피는 시간이라는 점이 굉장히 인상적입니다. 말 그대로 라마단이 끝난 것을 기념하는 이슬람교의 축제입니다. 금식하고 나면 얼마나 힘들었겠습니까? 단식을 통해 신앙생활을 수행한 한 달간의 라마단을 성공적으로 지킨 것을 축하하는 의미가 있습니다. 일 년 중 이때 기부금이 가장 많이 걷힌다고 합니다. 고통을 직접 체험해보면 약자에 대한 배려심이 더 많아질 수 있겠죠.

이슬람교의 2대 축제는 '이드 알 피트르'(Eid Al Fitr)와 '이드 알 아드하'(Eid Al Adha)입니다.

이드 알 피트르(Eid Al Fitr)

'이드 알 피트르'는 "단식을 깨는 축제"라는 뜻을 지닙니다. 말 그대로 라마단이 끝난 것을 기념하는 축제입니다. 한 달 동안 금식한다고 얼마나 힘들었겠습니까? 신앙생활을 수행한 한 달간의 라마단을 성공적으로 지킨 것을 축하하는 의미가 있습니다. 이때 일 년 중에 기부금이 가장 많이 걷힌다고 합니다. 고통을 직접 체험해보면 약자에 대한 배려심이 더 많아질 수 있겠죠.

연휴 기간은 사흘 안팎인데, 나라마다 조금씩 다릅니다. 친지와 이웃을 방문해 인사와 함께 작은 선물을 건네는 풍습이 있습니다. 대형 쇼핑몰에 가면 할인행사도 많이 해서 물건을 사기 좋은 시기입니다. 분위기는 우리의 설이나 추석과 비슷합니다. 고향에 가고, 아이들에게 세뱃돈을 주고, 묘지에 가서 조상들께 기도드리고, 경제적 여유가 있는 사람은 양을 잡아 이웃에게 나눠줍니다. 서로 "이드 무바라크"(Eid Mubarak)라는 인사말을 나눕니다. "풍성한 한가위 보내세요"와 비슷한 느낌이라고 보시면 됩니다.

이드 알 피트르는 종교적 의무를 수행할 뿐만 아니라 주변 사람들과 교류하는 축제 혹은 화합의 장입니다. 공동체가 건강해지는 과정이 아닐 수 없습니다. 이슬람에서 사회 통합이 잘 되는 이유 중 하나입니다.

이드 알 아드하(Eid Al Adha)

이슬람력 12월 첫 주에 행하는 성지순례(하지)를 마감하면서 진행되는 축제입니다. 우리말로는 "희생의 축제"라는 의미입니다. 희생제는 아브라함이 아들을 제물로 바치라는 하느님의 말씀을 실행에 옮기려 할 때 그의 신앙심을 확인한 하느님이 아들을 대신해 양을 제물로 바치도록 허락했다는 내용에서 유래합니다.

무슬림은 이 기간 양이나 소를 도살해 고기를 가난한 사람들과 나눠 먹기도 합니다. 이 축제는 이드 알 피트로와 비슷하게 고향을 찾아가고, 가족끼리 모이고, 서로 덕담을 나누어주는 사회 통합의 기간입니다. 아울러 도시 곳곳에서 할인 행사와 다채로운 행사가 펼쳐집니다.

기도하는 삶

(꾸란 첫 구절) 은혜로우시고 자비로우신 하나님의 이름으로, 온누리의 주님이신 하나님께 찬양을 드립니다. … 바른 길로 인도하여 주소서.

무슬림들은 하루에 다섯 번 예배를 봅니다. 메카 방향을 향해 기도를 합니다. 길을 가다가도 시간이 되면 가까운 모스크(사원)에 가서 예배를 봅니다. 여의치 않으면 길에서 카펫을 펼치고 예배를 보기도 합니다. 특정한 날에만 모여서 예배를 드리는 것이 아닙니다. 일상이 예배이고, 예배가 곧 일상입니다. 예배는 삶 그 자체입니다.

무슬림들의 구원관은 단순합니다. 선행을 많이 하면 천국으로 가고, 나쁜 일을 많이 하면 지옥으로 간다고 믿습니다. 양 쪽 어깨에 천사가 있다고 생각합니다. 오른 쪽 어깨에는 선행을 기록하는 천사가 있고, 왼쪽 어깨에는 잘못을 기록하는 천사가 있습니다. 천사가 하루하루 인간의 생활을 체크하는 겁니다.

◆ 꾸란은 이렇게 말한다

"나는 모든 인간의 행위를 그 자신의 목에 매어 두노라 그리고 부활의 날 기록된 한 권의 책이 활짝 펼쳐지면서 말씀이 있을 것이라 너희의 기록을 읽으라. 오늘은 계산된 것만으로 너희에 대한 증거가 충분하니라"

(꾸란 17장 13~14절)

무슬림들과 같이 기도 해보면 흥미롭습니다. 기도할 때 고개를 양쪽으로 돌려가면서 "쌀라무 알레이쿰"(당신에게 평화가 깃들기를)이라고 소곤 됩니다. 천사에게 열심히 기도하고 있다는 것을 보여주는 셈입니다. 일종의 인증샷인 셈입니다. 또 기도할 때 사람들이 다닥다닥 붙어서 예배를 봅니다. 그 이유는

사람들 사이에 공간이 비어 있으면 사탄이 지나가는 통로 역할을 한다고 생각하기 때문입니다. 그래서 메카에서 성지 순례하는 뉴스를 접할 때 수많은 사람들이 빈 공간 없이 예배하는 이유입니다. 물론 많은 사람들이 동시에 예배를 볼 수 있는 장점도 있습니다. 예배를 볼 때는 누구나 평등합니다. 지위고하를 막론하고 앞 열부터 채워서 예배를 보기 마련입니다.

또 이슬람교에서는 성직자 제도가 없습니다. 신과 인간 사이에 매개체가 없기 때문에 신과 직접적인 소통을 강조합니다. 그렇게 때문에 매일 신실한 예배를 보고 종교가 인간의 일상생활 속에 자리 잡고 있는 듯 합니다. 예배를 인도하기 위해 앞에 서는 사람을 이맘(Imam, 아랍어로 '앞'을 의미)이라고 합니다. 꼭 특정한 자격을 갖지 않아도 누구나 이맘 역할을 할 수 있습니다. 주한 아랍 대사들과 같이 예배를 볼 때에도 꼭 대사급에서 이맘을 하는 것은 아닙니다. 20대 젊은 아랍 유학생이 이맘 역할을 하기도 합니다.

아랍에미리트에 도착한 첫 날 들은 아잔(Azan, 예배를 알리는 소리) 소리가 아직도 기억이 생생합니다. 상당히 이국적이면서도 묘한 감정이 들었습니다. 아잔의 의미는 불교에서 타종하는 것과 비슷한 의미인 것 같습니다. 아잔이 우리나라 국어사전에서는 '이슬람교에서 예배 시각을 알리기 위하여 큰 소리로 외치는 일'이라고 정의되어 있습니다. 특히 새벽에 들리는 아잔 소리에 잠이 깨기도 했습니다. 아랍 국가에 거주하신 경험이 있으신 분들은 대부분 경험했을 겁니다. 처음에는 아잔이 낯선 소리였다면 이슬람에 대해서 조금 알고 나서부터는 한편의 시(poetry)가 울려 퍼지는 듯 했습니다. 빠르게 움직이는 도시 전체가 잠시 재충전의 시간을 갖는 듯한 느낌이 들었습니다.

아잔의 내용은 이러합니다. "신은 위대하다. 신은 오직 한 분이시고, 그 분 이외에 그 누구도 없다. 무함마드는 그의 사도이다. 예배를 보러 와라. 성공의 길로 와라..."

과거에는 무아진(Muazzin)이라는 사람이 모스크 첨탑(미나레트)에 올라가서 기도시간 전에 예배를 알리고 독려하는 방송을 직접 했습니다. 당연히 목소리가 좋은 사람이 했을 것입니다. 요즘에는 휴대폰 앱도 잘 되어 있어서 편리하게 기도 시간을 알 수 있습니다.

미나레트(minaret, 아랍어로 '빛을 두는 곳, 등대'를 의미하는 '마나라'에서 유래)라고 하는 첨탑은 지역마다 모양도 조금씩 다릅니다. 그리고 모스크의 규모에 따라서 첨탑의 수도 다릅니다. 모스크가 작은 곳에는 첨탑이 1개이고, 아부다비의 그랜드 모스크에는 대형 첨탑이 4개가 있습니다. 이스탄불의 술탄 아흐메트 모스크의 첨탑은 6개, 사우디 메카에 있는 하람 모스크에는 9개의 첨탑이 있습니다.

하지(성지순례)는 무슬림의 5대 의무 중 하나입니다. 메카의 성지를 순례하며 종교적 의례에 참가하는 일입니다. 카바 신전을 7바퀴 돌기(타와프)도 합니다. 같이 근무한 현지 군인들도 라마단 기간을 이용해 메카로 성지순례를 가곤 했는데, 머리를 빡빡 깎고 다녀오는 사람도 있습니다. 노력과 시간, 돈이 드는 이 성지순례는 신앙심을 최고로 끌어올리는 기회인 셈입니다.

이슬람교를 생각할 때 깨끗한 느낌을 지울 수가 없습니다. 모스크에는 돈도 사람도 없습니다. 이슬람 초기부터 종교가 권력화 되지 못하도록 시스템을 만들어 놓았습니다. 예배를 통해서 개인이 신과 직접적인 소통을 합니다. 기부금도 모스크에 내지 않아도 되고, 어려운 이웃에게 기부해도 종교적 기부에 해당됩니다.

이 바쁜 현대생활 속에서도 무슬림들은 하루 다섯 번 기도를 통해서 하루도 빠짐없이 신앙생활을 이어가고 있습니다. 기도는 무슬림들의 삶 자체입니다.

★ 나의 아랍에미리트 이야기

나는 2012년부터 아부다비에서 살고 있다. 많은 설레임을 안고 도착한 아랍에미리트는 이제 내 조국과 다름 없는 곳이 되었다. 아랍에미리트는 사람을 두 번 울게 만드는 곳이라고들 한다. 첫 번째는 한국에서 아랍에미리트로 출발할 때 중동과 이슬람에 대한 무지와 막연한 두려움으로 인해 온갖 걱정으로 울면서 비행기를 탄다. 두 번째는 아랍에미리트를 떠날 때 운다는 것이다. 직접 와서 살아보니 이런 곳이 없기 때문이다.

아부다비에 정착한지 얼마 안된 어느 여름날, 차가 고장나서 갓길에 차를 세우고 비상등을 켜고 견인차를 불러야 했다. 당시에는 네비게이션도 잘 되지 않았고 전화기로 내 위치를 알려주어야 했다. 뜨거운 사막의 열기를 견디기 쉽지 않았다. 그늘에 서서 견인차를 기다리고 있는데 지나가던 차가 섰다. 아랍 전통의상(칸도라)을 입은 남자가 다가와서는 "차가 고장났냐?", "견인차는 불렀냐?", "도와줄 일은 없냐?" 내가 주저하자 그 남자는 긴급 전화번호를 알려주고 떠났다. 그렇게 나의 아랍에미리트 생활은 시작되어 13년 가까이 거주하고 있다.

현재 나는 아부다비에 있는 한글학교에서 봉사하고 있다. UAE에는 아부다비, 두바이, 라스알카이마에 한글학교가 운영 중에 있다. 아부다비 한글학교는 2010년 자이드 대학에서 개교하였고 한국을 사랑하는 에미라티 여학생의 도움으로 현재의 아이샤 여고에서 수업하고 있다. 매주 토요일 아침이 되면 조용하던 학교는 아이들의 재잘거리는 소리로 가득 찬다. 200여명의 학생과 20여명의 교사, 30여 명의 보조교사들이 모여 함께 한국어, 문화, 역사를 공부하고 있다.

모든 언어에는 그 언어를 사용하는 사람들의 문화와 역사가 녹아있다고 한다. 한글학교가 해외에서 성장하는 우리 아이들에게 언어뿐만이 아니라 역사와 문화를 접할 수 있는 계기를 만들어주고 한국인으로서의 자긍심과 정체성을 가진 글로벌 인재를 교육하고 있다고 생각한다. 물론 한국 아이들은 아랍에미리트에서 저마다의 꿈을 꾸고 있을 것이다.

마지막으로 UAE를 궁금해하시는 분들에게 말하고 싶다. 무더운 여름 날씨여도, 때로는 모래 바람이 불어도, 가보지 않고 두려워하거나 의심하지 마시고 아랍에미리트에 와서 보고 경험해 보면 아랍에미리트의 매력에 빠지게 될 것이다.

이영숙
아부다비 한글학교 교장

2. 아랍에미리트에서 서바이벌하기

국내 최고 중동 권위자인 이희수 교수는 공부 잘하는 친구들이 미국으로 유학 가던 시기에 자신은 중동에서 유학한 덕분에 인생의 진로가 바뀌었다고 합니다. 저는 중동을 블루오션으로 분류합니다. 미국, 중국, 일본 등에 비해서 상대적으로 전문가도 풍부하지는 않은 편입니다. 그러므로 개척해야 할 시장이 많이 남아 있습니다.

이번에는 아랍에미리트에서 거주하거나 여행할 때 필요한 사항들을 모아 봤습니다. 제가 3년 동안 가족과 함께 거주하면서 직접 경험한 것 위주로 엮었습니다. 주위에 도움을 줄 마땅한 한국인이 없어서 제가 직접 발로 뛰었습니다. 집을 구하고, 아이들 학교를 알아보고, 차량을 사고, 은행 계좌를 개설하고, 비자를 발급받고, 살림살이도 장만하고 했습니다. 제가 거주하던 시기가 조금 지나기는 했지만, 전체적인 맥락을 이해하는 데는 문제가 없을 것입니다.

2015년 아부다비로 떠나기 전 저는 다짐을 하나 했습니다. 체류 기간이 3년으로 정해져 있지만, 30년을 산 교민만큼 아랍에미리트를 체험해봐야겠다고 말입니다. 저는 한국인들과 생활하지 않고 아랍에미리트 현역 군인들과 3년을 꼬박 생활했습니다. 같은 사무실을 사용하고, 회의도 같이하고, 차도 마시고, 식사도 같이하고, 화장실도 같이 쓰고, 훈련도 같이하고, 강의도 했습니다.

중동 축구가 어떤지 궁금해서 퇴근하고 현지인과 축구를 했습니다. 친선으로 하는 축구인데도 열기는 월드컵 경기 못지않습니다. 상대방이 반칙이라도 하면 달려들 기세입니다. 경기가 종료되면 언제 그랬냐는 식으로 따뜻하게 인사하고 뒤끝 없이 헤어집니다. 무언가에 집중할 때는 피가 끓는 사람들입니다. 그들은 우뇌형 인간의 특성을 많이 가지고 있습니다.

저희 두 아들 최연우, 최정우는 어릴 때 아부다비에 갔기 때문에 영어를 잘하지 못했습니다. 신기한 것은 아이들이 3년간 어린이집(Nursery)과 학교에 다니면서 단 한 번도 가기 싫다고 한 적이 없었습니다. 모르긴 해도 언어로 인한 스트레스가 분명 있었을 텐데 말이죠. 나중에 두 아들이 말해주더군요. 영어를 할 줄 몰라서 손짓과 발짓하고 친구들 행동하는 거 보면서 지냈다고. 부모로서 얼마나 대견했는지 모릅니다. 그것은 돈으로 살 수 없는 소중한 경험이고, 어른이 되어서도 큰 자산이 되리라고 확신합니다.

지금도 제가 두 아들에게 종종 하는 얘기가 있습니다.

"너희들은 사막에서도 살아남은 자들이다. 그러니 어떤 일이든 헤쳐나갈 수 있을 거야."

저 역시 삶이 고단할 때 '사막에서도 견뎌냈는데 이것쯤이야', 하면서 용기를 얻습니다.

발품 팔아 좋은 집 구하기

당시 저는 아부다비에서 집을 구할 때 나름 몇 가지 원칙을 정했습니다. 학교와 접근성, 대형 몰(mall) 등 생활편의 시설 여부, 시내와 접근성, 그리고 쾌적한 환경이었습니다. 부동산 중개인이 추천한 몇 군데를 알아보다가 제가 정한 원칙에 가장 부합하는 림 아일랜드(Reem Island)로 정했습니다.

아부다비 국제공항에 내려서 아부다비 시내로 가다 보면 맹그로브 숲 너머로 림 아일랜드가 보입니다. 림 아일랜드의 고층 건물들을 바라볼 때 일었던 그 감동은 아직도 잊히지 않습니다. 말로 표현하기 어려운 묘한 감정이 여전히 생생합니다. 중동 국가에서 가족과 함께 살 게 되리라고는 상상조차 하지 못했으니까요.

한국만큼 성행하지는 않지만, 아랍에미리트에도 부동산 중개인들이 활동하고 있습니다. 아부다비와 두바이에는 부동산 중개업을 하는 한국인도 몇 분 있습니다. 저는 영국인 중개인을 통해서 몇 군데 지역을 가보고 집 안에 들어가서 내부를 둘러보기도 했습니다. 그러다 중개인을 통하지 않고 직접 발로 뛰어서 집을 구하기로 마음 먹었습니다.

림 아일랜드 안에서도 거주지가 몇 군데로 나뉘어 있습니다. 제가 괜찮다고 생각한 건물로 저는 무작정 들어갔습니다. 림 아일랜드에서 가장 높은 건물인 선앤스카이 타워(Sun&Sky Tower) 바로 옆입니다. 9층까지 있는 작은 단독 건물이었지만 방과 거실, 옥상 수영장, 피트니스가 잘 갖추고 있어 계약을 신속하게 진행했습니다. 당시 1 베드가 연 12만 AED(한화로 4,200만 원) 정도였습니다. 1년을 살아보니 저도 그렇고 가족이 살기에 환경이 좋았습니다. 더 넓고 고급스러운 곳도 많았으나 제 형편을 고려해서 작은 집을 구했습니다.당시 많은 한국 주재원들이 20만 AED 정도의 집에 거주한 것을 고려하면 다소 소박한 집을 구했습니다.

아파트 임대료가 연 4,000만 원 하니까 사치했다는 생각이 드시나요? 아랍에미리트는 임대료가 비싼 편입니다. 1년마다 계약을 갱신해야 해서 재계약 시기가 임박해서는 집주인에게 선물을 주는 등 애교작전을 해야 했고, 어떻게든 임대료를 인하하겠다는 각오로 준비해서 협상하기도 했습니다. 그래서 임대료를 조금 낮추었습니다. 중간에 한 번 이사할까도 고려했지만 3년을 같은 곳에서 살았습니다.

저는 아부다비 림 아일랜드에 거주하면서 건물 관리인으로 일하는 필리핀, 방글라데시아, 네팔 출신 경비원, 작업자들과 친하게 지냈습니다. 동남아시아 출신 근로자들은 급여가 많지 않고, 생활 여건도 양호한 편이 아닙니다. 그래서 저는 가끔 한국 음식을 나누어 주고 따뜻하게 대해 주려고 했습니다. 한 경비원은 직급을 높여서 다른 곳으로 갈 수 있는 기회가 있다면서 저에게 추천사를 써달라고 부탁해서 써 주기도 했습니다. 살다 보니 외국인에게 추천사도 써주게 되더라고요. 그분이 더 좋은 곳으로 이직하게 되어서 저도 덩달아 기뻤던 기억이 납니다. 과거 우리 선배들이 중동의 뜨거운 태양을 이겨내면서 외화벌이를 했습니다. 그 덕에 지금의 우리나라가 있다는 사실을 새삼 떠올리기도 했습니다.

2018년 1월, 저는 귀국하기 위해 집을 비워야 했습니다. 건물 관리인들을 집으로 오라고 해서 필요한 물건을 가져가라고 하고, 짐을 다 챙겨 아파트를 떠날 때는 봉투에 달러를 조금 넣어 건네주었습니다. 우리에게는 적은 돈이겠지만 그들에게는 적지 않은 돈입니다. 마지막 포옹을 하고 헤어졌는데 이듬해 출장을 가서 그들과 다시 상봉하기도 했습니다. 이게 사람 사는 정이 아닐까요? 이들이 또 다른 한국인을 만나면 좋은 감정을 가지기를 바라면서.

저희 가족이 거주했던 아부다비의 림 아일랜드,
그곳에서 다양한 국적의 친구들과 많은 추억을 쌓은 두 아들

　　같은 건물에 산 외국인들과도 친하게 지냈습니다. 제가 9층에 살았고, 아래
층에 사는 부부와는 옥상 수영장에서 자주 만나서 친해졌습니다. 남편은
프랑스인 도미니크(Dominique)이고 부인은 영국인 다이애나(Diana)였습
니다. 에티하드항공사에서 근무하던 도미니크는 지인에게 양도할 수 있는
할인 항공 티켓도 우리 가족을 위해서 해주었습니다. 그 부부와는 12월 31일
아부다비 시내에서 열린 불꽃놀이도 같이 보러 가고, 생일 파티도 집에서 할
만큼 형제처럼 지냈습니다.

　　저는 그 부부를 2016년 아부다비에서 개최된 K-콘서트에 초대했습니다.

그 덕분인지 부부는 한국 드라마를 보기 시작했고, 이듬해는 한국을 여행하고 싶다고 해서 이런저런 정보를 알려주었습니다. 그 부부는 결국 한국 여행을 다녀온 뒤 완전히 한국 팬이 되었습니다. 두바이로 이사 간 그들은 아직도 한국 드라마를 보고 있다고 합니다. 저더러 두바이에 오면 호텔에 투숙하지 말고 자기네 집에 묵으라고 얘기할 만큼 가슴이 따뜻한 사람들입니다.

제가 아랍에미리트 출장 갔을 때 그 부부는 제가 묵는 호텔에 와서 저를 태우고 자기네 집으로 데려간 적이 있었습니다. 그 부부가 사들인 집은 예전에 제가 추천했던 곳이었습니다. 버즈 칼리파 건물이 보이고, 커뮤니티 시설도 아름답습니다. 부부는 2021년경 집을 샀는데, 코로나가 한창이어서 조금 저렴하게 구매했습니다. 바로 옆집이 비어 있었는데 저더러 옆집을 사서 같이 살자고 하니 말이라도 감사한 일입니다.

아랍에미리트에 도착해서 가장 시급한 과제는 머물 곳을 구하는 것입니다. 여행자나 잠시 출장하러 온 것이라면 호텔에 머물거나 한국인이 운영하는 게스트하우스도 활용할 수 있습니다. 한인 게스트하우스에서는 한국 음식뿐만 아니라 여러 가지 정보를 한국말로 들을 수 있어 유용한 측면이 있습니다. 하지만 가족을 동반해 몇 년간 지내야 한다면 집을 임대하는 것이 일반적입니다.

아랍에미리트에서 부동산 개념은 우리와 조금 다릅니다. 우리나라만의 독특한 제도인 전세 제도는 당연히 없습니다. 1년짜리 임대계약이나 부동산 매매를 통해 집을 구할 수 있습니다. 처음에는 집을 임대하는 것이 유리하지만, 이곳에서 뼈를 묻겠다고 마음을 먹었다면 매입도 고려해볼 만합니다. 임대료가 비싼 편이기 때문에 장기간 거주할 예정이라면 집을 사는 것이 나을 수도 있습니다. 대신 철저한 시장조사, 부동산에 관한 공부는 필수입니다.

임대료는 집의 위치, 크기 등에 따라서 당연히 천차만별이지만, 한국인들이 일반적으로 거주하는 지역은 대체로 일 년 임대료가 수천만 원에 달합니다. 임대료는 1년 치를 한 번에 완납할 수도 있고 몇 회로 나누어 낼 수도 있습니다.

아랍에미리트의 집값이 비싼 것으로 알려졌지만, 제 판단으로는 한국보다 저렴합니다. 물론 부동산 가격을 평가할 때 여러 지표를 동원해야겠지만, 저의 경험치로는 그렇습니다. 제가 보기에는 경제력이 받쳐준다면 아랍에미리트에 집을 마련해두는 것도 나쁘지 않다고 생각합니다. 외국인은 프리홀드(freehold)와 리스홀드(leasehold)로 지정된 구역의 부동산만 매입할 수 있습니다. 프리홀드는 건물과 땅이 모두 매입자의 소유로 언제든지 부동산에 대한 소유권을 행사할 수 있습니다. 이에 비해 리스홀드는 정부의 땅을 임대해 내 건물을 소유하는 것으로 소유기간이 제한됩니다.

아랍에미리트에는 똑같은 건물이 거의 없습니다. 디자인이 같은 건물은 건축허가가 나오지 않는다고 합니다. 시내에서 운전하면서 다양한 건축물을 보는 것도 큰 재미입니다. 저런 디자인을 어떻게 생각해냈을까? 감탄이 절로 나옵니다. 대부분의 주거용 건물에는 수영장, 피트니스 센터, 바비큐, 놀이터 등 생활시설이 잘 갖춰져 있습니다. 날씨가 여름에는 매우 무덥고, 겨울에는 우리나라의 봄, 가을과 비슷해 1년 내내 야외 수영장을 사용할 수 있습니다. 그래서 웬만한 건물에는 수영장이 딸려 있습니다.

주택을 선정할 때는 주변 거주환경, 도심 접근성, 자녀의 학교, 직장과의 거리 등 고려해야 할 요소가 많습니다. 한국인이 모여서 거주하는 지역이 대체로 정해져 있습니다. 세계 어디를 가더라도 마찬가지일 겁니다. 한국인 대부분은 생활 여건이 비교적 잘 갖추어진 지역에 거주하고 있습니다.

아부다비의 경우, 제가 지내던 림 아일랜드에도 많은 한국인이 거주하고 있습니다. 슈퍼마켓에 갈 때마다 한국인을 볼 수 있습니다. 놀이터에 가면 주재원 자녀를 자주 볼 수 있습니다. 림 아일랜드는 새로 조성하고 있는 지역으로, 아부다비 시내와 바로 붙어 있어서 거주하기에 편리합니다. 그곳에는 파리의 소르본대학 글로벌 캠퍼스와 영국계 랩튼국제학교(Repton School)도 있어 아이들 교육환경도 좋은 편입니다. 그 외에도 칼리파 시티, 자이드 스포츠 시티 등에도 많은 한국인이 거주하고 있습니다.

두바이의 경우, 두바이 다운타운(Dubai Downtown), 두바이 마리나(Dubai Marina) 등이 시내와 접근성이 좋고 인프라가 잘 갖추어져 있어서 인기가 좋습니다. 당연히 다른 지역에 비해 가격이 비쌉니다.

부동산 개발 바람을 타고 최근 새로 조성된 두바이 힐스, 아라비안 렌치스, 두바이 크릭하버, 메이단 등의 지역도 부상하고 있습니다. 두바이는 부동산 개발사업을 지속해서 시행하고 있어 살기 좋은 지역이 점점 늘어나고 있습니다.

아랍에미리트가 중동에서 가장 살기 좋은 곳이어서 세계의 부호들이 두바이와 아부다비로 몰려들었습니다. 그러나 지속적인 상승을 기록하던 집값은 2009년경 경제위기를 기점으로 하락하기도 했습니다.

튀니지에서 발호한 중동의 민주화 열풍으로 장기독재 정권들이 줄줄이 무너지면서 곳곳에서 유혈사태를 겪었습니다. '아랍의 봄'이 중동 전역을 휩쓸었으나 비껴간 곳이 있다면 아랍에미리트가 아닐까 합니다. 정권이 흔들리지도 경제가 망하지도 않았습니다.

2010년 12월 17일, 튀니지 청년 모하메드 부아지지(Mohamed Bouazizi)의 분신자살로 촉발된 반정부 시위가 정권에 대한 항거로 이어져 '재스민 혁명'으로 이어졌고, 2011년 1월, 24년간 지속되던 벤 알리의 독재 정권을 무너뜨리는 데 성공했습니다. 이를 계기로 인접 아랍 국가에서도 대규모 반정부 시위로 이어졌는데, 이를 '아랍의 봄'이라고 합니다. 정부 및 기득권의 부패와 타락, 빈부의 격차, 높은 청년 실업률로 인한 대중의 분노 등이 발생

원인이며, 리비아와 이집트, 예멘 등에서는 정권이 교체되었습니다.

　아랍의 봄은 중동에서 아랍에미리트가 가장 안전하다는 인식을 남겼습니다. 그래서 부동산 가격도 안정적으로 이어지고 있습니다. 안정세를 보이던 부동산 가격은 오일 가격 하락과 맞물려 약간의 하락세가 이어졌습니다. 엎친 데 덮친 격으로 2020년 초부터 전 세계가 코로나로 직격탄을 맞았습니다. 코로나 첫해는 부동산 하락세가 있었으나 2021년부터는 부동산 가격이 서서히 회복하고 있습니다. 코로나 동안 전 세계적으로 경기 둔화가 지속되었으나 아랍에미리트의 부동산은 크게 요동치지 않았습니다. 교민들 말에 따르면 저점으로 판단한 일부 한국인은 투자용으로 매입했다고 합니다.

　아랍에미리트는 중동·북아프리카 일대에서 거점 국가 역할을 수행하고 있습니다. 많은 다국적 회사가 거점을 두바이와 아부다비에 두고 있습니다. 두바이 엑스포 등 굵직굵직한 이벤트도 있었습니다. 이러한 이벤트로 인해 부동산 가격의 급격한 상승으로 이어지기는 어렵겠지만 아랍에미리트의 부동산은 여전히 매력적이라고 판단합니다.

　아랍에미리트는 한국만큼 부동산 중개업자가 많지 않지만 통상 중개인을 통해서 계약이 이루어집니다. 두비즐(Dubizzle) 같은 온라인 사이트도 잘 활용하면 좋은 집을 구할 수 있습니다. 중개인에게 원하는 조건을 말해주면 중개인은 고객에게 맞는 지역, 평수, 예산 등을 고려해서 집을 보여주는 형태입니다. 한국하고 별반 차이가 없습니다.

　집을 구할 때 아랍에미리트에 거주 중인 믿을 만한 한국인의 도움을 받는 것도 좋습니다. 아랍에미리트에는 2022년 현재 약 9,600명이 넘는 한국인이 거주하고 있어 집 계약, 자동차 구매, 학교 입학 등 실질적인 도움을 받을 수 있습니다. 부동산에 종사하는 한국인들도 있어 그들을 활용하면 수월하게 집 계약을 할 수 있습니다.

특히 'UAE한인회' 사이트(https://uae.korean.net/)에서 유용한 정보들을 쉽게 얻을 수 있습니다. 이 사이트에는 아랍에미리트에서 살아가는데 필요한 많은 사항이 잘 정리되어 있습니다.

거주비자 발급받기

아랍에미리트에서 거주하려면 거주비자(Residence Visa)가 있어야 합니다. 여행이나 출장으로 방문하는 한국인의 경우에는 비자 없이 90일 동안 체류가 가능합니다. 하지만 취업 등 장기 체류를 한다면 거주비자와 에미리트(Emirates) ID, 의료보험이 꼭 필요합니다.

거주비자를 신청하는 데 필요한 것 중 하나가 신체검사입니다. 저도 거주비자를 발급받기 위해 아부다비 시내에 있는 건강검진센터(Disease Prevention and Screening Center)에서 신체검사를 했습니다. 조금 생경한 것은 상반신 육안검사입니다. 셔츠를 가슴까지 올리라고 하고, 등도 보여 달라고 합니다. 음식 알러지나 복용하는 약이 있는지도 물어보았습니다. 그리고 결핵이 있거나 결핵을 앓은 흔적이라도 발견되면 거주비자 발급이 안 된다는 점이 특이했습니다. 검사 진행순서는 얼굴 사진 촬영, 상반신 육안검사, 채혈, 흉부 X-RAY입니다. 대개 이 정도에서 끝나지만, 요리사 등 위생 등과 관련된 일에 종사하는 사람들은 추가적인 검사가 뒤따른다고 합니다.

2015년 당시, 건강검진센터에 접수하면서 350AED(13만여 원)을 냈는데, 접수대에서 얼굴 사진 촬영까지 동시에 진행했습니다. 대기실에는 인도, 파키스탄 등 아시아 국가 외국인으로 장사진을 이루고, 드문드문 백인도 눈에 띄었습니다.

거주비자는 고용 거주비자와 동반가족 거주비자로 나뉩니다. 고용 거주비자는 고용 회사가 스폰서(sponsor)가 되어 개인의 거주비자를 만들어 줍니다. 저의 경우, 현지 기관에서 저를 고용했기 때문에 저의 스폰서는 고용한 기관이었습니다. 그래서 저는 거주비자, 에미리트 ID, 의료보험카드를 만들 수 있었습니다.

가족도 장기간 거주해야 한다면 거주비자를 발급받아야 합니다. 동반가족 거주비자는 본인이 스폰서가 되어 가족의 거주비자를 발급하는 형태입니다. 스폰서가 되기 위해서는 일정 한도 이상의 급여가 있어야 하는데 최소 4,000 디르함(150만여 원) 이상 되어야 스폰서가 될 자격이 있다고 합니다. 비자 발급이 그렇게 어려운 게 아닌데 그때는 상당히 번거로웠고 어렵게 느껴졌습니다.

거주비자는 보통 2년마다 연장해야 합니다. 자유무역지대에서 비자를 받은 기업인의 경우 3년마다 연장할 수 있습니다. 최근 아랍에미리트 정부는 외국인 투자유치 차원에서 외국인에 대해 5~10년의 장기비자와 '골든 비자'라고 하는 일종의 영주권 발급을 하고 있습니다. 아랍에미리트 공항에 도착하면 골든 비자 소지자는 별도의 입국 심사대가 있어 수월하게 입국할 수 있습니다. 영주 권은 아랍에미리트에 이바지한 사람을 대상으로 발급합니다. 2020년 3월, 테니스 세계랭킹 1위 노박 조코비치(세르비아인)가 ATP 투어 두바이 챔피언십에서 우승을 거두며 아랍에미리트로부터 골든 비자를 받았습니다.

은행 계좌·휴대폰·운전면허증 만들기

은행 계좌를 개설하려면 거주비자를 제시해야 합니다. 무엇을 하든 거주비자는 필수입니다. 소득도 있어야 합니다. 저의 경우 아랍에미리트 정부 기관에서 일했지만, 고용 계약은 GAL(Global Aerospace Logistics)이라는 회사와 했습니다. 그래서 급여를 정부 기관에서 받은 것이 아니라 GAL 회사로부터 받았습니다. 처음에는 이 시스템을 잘 이해하지 못했지만, 자국민보다 외국인이 훨씬 많은 인구구조라서 이러한 시스템이 생겼다고 합니다.

제가 2015년 1월, 아부다비 도착 첫날 호텔에 짐을 풀자마자 은행 직원이 호텔로 방문해 은행 계좌개설에 관해 설명해 주었습니다. 현지 인솔자 PRO(Public Relations Officer)가 제 편의를 위해 은행에 미리 접촉해서 은행 직원을 호텔로 오도록 한 것입니다. 아랍에미리트는 전 세계로부터 인력을 수급받고 있어서 외국인 인력 입국 시 거주비자 발급, 계좌개설 등을 지원해주는 PRO가 별도로 있습니다.

그 은행 직원은 현지인이 아니라 인도 출신이었습니다. 직원이 저에게 요구한 서류는 고용계약서, 여권 사본 등이었습니다. 통상 은행에 가서 계좌를 개설하려면 거주비자, 급여확인서, 재직증명서, 여권, 에미리트 ID 등을 준비하면 됩니다. 그리고 한국에서처럼 몇 가지 서류에 서명을 요구했습니다.

은행 계좌뿐만 아니라 직불카드, 신용카드도 함께 발급 신청을 진행했습니다. 직원에게 좋은 신용카드를 추천해달라고 했더니 에티하드항공 마일리지를 적립할 수 있는 카드를 추천해 주었습니다. 아무래도 아부다비에 있으면 비행기 탈 일이 많기 때문입니다. 또한, 은행 직원은 집이나 차를 구할 때 대출 등 은행 업무와 관계된 모든 사항에 대해서 적극적으로 도와주겠다고 했습니다. 일반적인 대출의 경우 연 3.2%였고, 자동차 구매 시 대출은 연 2.49%

였습니다.(2015년 1월 당시)

주요 은행으로는 아랍에미리트 최대 은행이자 세계 최대 금융 기관 중 하나로 영국, 홍콩, 한국 등 국제 네트워크를 형성하고 있는 First Abu Dhabi Bank, Abu Dhabi Commercial Bank(ADCB)과 Emirates NBD, Abu Dhabi Islamic Bank, HSBC, Citi Bank 등이 있습니다.

◆ 꾸란은 이렇게 말한다

"고리대금을 취하는 자들은 악마가 스침으로 말미암아 정신을 잃고 일어나는 것처럼....하나님께서 상거래는 허락하였으되 고리대금은 금지하셨느니라"

(꾸란 2장 275절)

"채무자가 어려운 환경에 있다면 형편이 좋아질 때까지 채무 이행을 연기하여 줄 것이며 더욱 좋은 것을 너희가 알고 있듯이 그 부채를 자선으로 탕감해 주는 것이니라"

(꾸란 2장 280절)

한국에서 진출한 은행도 많이 있습니다. 하지만 개인 거래를 하지 않기 때문에 아랍에미리트 현지 은행 계좌개설을 해야 합니다. KEB하나은행은 2003년 두바이에 사무소로 개소했다가 2011년에 아부다비에 지점을 열었습니다. 법인을 대상으로 외환 매입, 운전자금 대출, 시설자금 대출 등 업무를 취급하고 있습니다. 우리은행은 2014년에 국내 은행 최초로 두바이에 지점을 열었습니다. 현지에 진출한 우리 기업에 대한 수출입 업무와 무역금융을 지원하고

있습니다. 신한은행은 2015년 두바이 국제금융센터(DIFC)에 지점을 개소, 신용상품, 투자 에이전트, 예금 등의 업무를 하고 있습니다.

세계 어디를 가더라도 현지에 도착하자마자 가장 먼저 해야 할 일 중 하나가 휴대폰 개통입니다. 여행이나 단기 체류일 경우 한국에서 로밍하면 신경 쓸 필요가 없지만, 장기 체류가 목적이라면 현지에서 휴대폰을 개통하는데, 일반적으로 후불 결제 방식이 유리합니다.

아랍에미리트공항 입국장에는 통신사 대리점, 여행사, 편의점 등이 있어 간단한 업무를 처리할 수 있습니다. 'etisalat', 'du', 'Virgin'의 3개 주요 통신사가 있습니다. etisalat이 가장 큰 통신사이며 다음이 du입니다. 저는 아부다비 공항 도착 후 공항 안에 있는 du 대리점에서 현지 폰을 바로 개통할 수가 있었습니다. 급하지 않다면 시내에서도 쉽게 개통할 수 있습니다. 대부분 쇼핑몰 안에는 통신사 대리점이 있어서 편리하게 이용할 수 있습니다.

우리나라와 아랍에미리트 간에는 운전면허를 상호 인정하고 있어 아랍에미리트 입국 후 별도로 운전면허 취득을 위해 시험을 칠 필요가 없습니다. 아랍에미리트는 걸프(GCC) 국가, 일부 유럽과 북아프리카 등의 운전면허증을 아랍에미리트 운전면허증으로 교체 발급해 줍니다.

운전면허증 유효기간은 10년입니다. 운전면허 취득 절차가 비교적 어렵기 때문에 한국에서 면허증을 취득 후 입국하는 것이 훨씬 유리합니다. 운전면허증을 교체하기 전에 거주비자를 발급받아야 함은 물론입니다.

어린이집과 학교 찾기

저는 아부다비로 출국하기 전부터 아부다비에 있는 학교와 어린이집 (Nursery) 수십 군데를 검색해서 빈자리가 있는지 이메일로 문의했습니다. 인기가 많은 학교는 학생들이 다 차서 대기 명단에 올려놓아야 했습니다. 그런데 저와 가깝게 지내는 한 에티하드항공 기장이자 교육학 박사가 조언해 주더라고요. 가장 좋은 학교는 집 옆에 있는 학교라고.

아부다비에 도착한 직후에는 제가 차가 없어서 택시로 아부다비 전역을 누볐습니다. 택시를 타고 학교와 어린이집을 방문해서 교사와 면담하고 시설도 꼼꼼하게 둘러보았습니다. 학교나 어린이집들이 대부분 스쿨버스를 운행하니까 편리합니다. 저는 살기 좋은 나라의 기준을 등·하교 때 도로에 노란 스쿨버스가 얼마나 많이 다니는지로 삼습니다. 그런 점에서 아랍에미리트는 살기 좋은 나라에 속합니다.

아랍에미리트는 학비가 한국보다는 비싼 편입니다. 학교마다 다르지만 대개 1년에 한화로 2천만 원 정도입니다. 많은 외국인의 근로계약 조건에 자녀 학비까지 포함되어 있습니다. 저 역시 자녀 학비까지 포함되어 있어서 영국계 학교인 랩튼스쿨(Repton School)에 보낼 수 있었습니다.

저희 두 아들은 여전히 아랍에미리트의 삶을 그리워합니다. 그곳에서는 학원에 다니지 않고 놀이터에서 주로 시간을 보냈기 때문일 겁니다. 공부에 대한 압박감이 많이 없어서 편안한 학교생활을 마음껏 누렸을 것입니다. 귀국 후 아이들은 맞벌이 부모를 둔 탓에 방과 후에는 이런저런 학원에서 시간을 보내기 때문에 아랍에미리트를 그리워 할만 합니다.

아랍에미리트 공공기관은 퇴근 시간이 이른 편이어서 제가 퇴근 후에 학교 가서 두 아들을 픽업하는 때가 많았습니다. 저희 아들이 다녔던 학교는 한 반에 교사가 두 명입니다. 한 명은 영국인이고, 보조교사는 영어가 가능한 필리핀인들입니다.

학교에서 하교하는 아이를 기다리는 아빠도 상당히 많습니다. 아빠들이 하교하는 아이들을 기다리는 것도 살기 좋은 나라의 좋은 기준점이 되지 않을까 합니다. 수업이 끝나기를 교실 밖에서 기다릴 때 다른 학부모들과 만나서 인사하고 친해집니다. 학부모의 출신 국가도 다양합니다. 마치 유엔 총회를 방불케 합니다. 저희 아이들이 다녔던 학교에 학생들의 국적이 50여 개국에 달합니다.

두 아들의 초등학교 생활

수업이 끝나면 학부모들은 교실 안으로 들어가서 아이들을 껴안고 토닥토닥해줍니다. 그러고는 담임교사에게 오늘 우리 아이가 즐겁게 학교생활 했는지, 어떤 질문을 했는지 물어보면 교사는 친절하게 답변해 줍니다. 아이가 생활하는 교실뿐만 아니라 게시판, 책상, 의자, 사물함 등을 눈으로 다 볼 수 있습니다. 학교 운영 자체가 교사와 학부모 간 의사소통이 완벽하게 되는 구조입니다.

2018년 1월, 귀국해서 학교 수업이 끝날 무렵 학교에 가니 정문에서 가로막혀 들어갈 수 없었습니다. 외부인은 교내로 들어갈 수 없다는 것이었습니다. '아! 그리운 옛날이여', 한국으로 돌아온 이후 저는 저희 아이들의 담임교사를 단 한 번도 볼 수 없었습니다. 남자 교사인지 여사 교사인지 정도만 알고 있습니다.

2022년 8월, 아이를 전학시키려고 서초구에 있는 한 초등학교에 갔더니 제가 수십 년 전에 다니던 초등학교와 여전히 같은 교실 구조였습니다. 아랍에미리트처럼 언젠가는 학교 건물과 교실 구조가 아이들 중심으로 바뀌리라 희망을 품어 봅니다.

◆ 꾸란은 이렇게 말한다

"어머니는 자녀들을 이년 동안 젖을 먹여야 되나니 이것은 수유를 완전하게 하기를 원하는 자를 위함이니라. 이때 아버지는 아이와 아내의 양식과 의복의 비용을 부담해야 되느니라… 어머니는 그녀의 자녀로 인하여 고생을 해서는 아니 되며,
아버지도 그의 자녀로 인해 고생을 해서는 아니 되나니"

(꾸란 2장 233절)

명소 여행하기

2023년 4월, 영국 BBC는 여성 여행자의 안전, 평등지표 등을 고려해 여성 혼자 여행하기 좋은 나라 5개국을 선정했는데 아랍에미리트도 포함되었습니다. 아랍에미리트는 지역 사회 안전 부문에서 최고 점수를 받았습니다. 제 경험상으로도 여행뿐만 아니라 가족이 거주하기에도 가장 안전한 나라임에 틀림없습니다.

아부다비에서 거주하는 동안 다른 지역도 되도록 많이 가보려고 했습니다. 아랍에미리트는 도로가 잘 되어 있어서 편리하게 이동할 수 있습니다. 아부다비에서 150km가량 떨어진 두바이는 워낙 유명한 곳이라 자주 갔습니다. 가장 멀리 있는 라스알카이마, 푸자이라도 여행했습니다. 라스알카이마 지역으로 가면 산이 장관을 이룹니다. 우리나라처럼 나무가 울창한 산이 아닌 돌산입니다. 푸자이라는 해안이 장관이며, 알 나흐얀 가문의 뿌리인 알아인도 가보지 않을 수 없습니다.

아랍에미리트 영토는 아니지만, 라스알카이마에서 국경을 넘으면 오만의 무산담(Musandam)이 있습니다. 여기도 꼭 한번 가보기를 권유합니다. 해안선이 장관이라서 운전하는 묘미가 환상적입니다. 바다 건너면 바로 이란입니다.

두바이는 이미 국제적인 관광지입니다. 그 밖에도 세계적인 관광 상품이 많습니다. 세계에서 가장 높은 빌딩인 버즈 칼리파, 세계에서 가장 큰 두바이 몰, 세계에서 가장 아름다운 버즈 알 아랍호텔, 인간의 상상력이 총동원된 팜 주메이라 등 이루 헤아릴 수 없을 만큼 많습니다.

저는 지인들에게 사막을 가보라고 권합니다. 사막 호텔도 가볼 만합니다. 사막을 처음 보면 신기하고, 두 번째 보면 아름답고, 세 번째 보면 황홀할 정도입니다. 모래가 밀가루처럼 매우 부드럽습니다. 사막을 가로지르는 낙타를 볼 때면 아랍에미리트의 역사도 함께 생각이 듭니다. 에어컨 없이 이 더위를 어떻게 견뎌냈는지 생각하면 경이롭기까지 합니다.

아랍에미리트 국내도 여행할 때가 많지만, 위치상 유럽 여행하기에도 편리합니다. 아부다비 국제공항과 두바이 국제공항은 세계로 뻗어나가는 관문입니다. 에티하드와 에미레이트 항공사의 서비스 또한 일품입니다. 풍부한 자본을 바탕으로 최신 항공기들로 가득합니다. 안전과 서비스 면에서 세계 정상급입니다. 한국인 승무원도 많아서 더할 나위 없이 편리한 서비스를 받을 수 있습니다.

한국과 아랍에미리트를 오가는 항공편은 만석인 경우가 많습니다. 한국인들이 유럽을 가기 위해 두바이나 아부다비를 경유하는 경우가 많기 때문입니다. 아랍에미리트 측에서는 한국—아랍에미리트 간 비즈니스 좌석을 늘려달라고 요구해오고 있습니다. 아랍에미리트 국민은 한국으로 의료관광도 많이 오고 있습니다. 그런데 비즈니스 좌석이 부족해서 불편을 겪고 있다고 합니다. 양국의 국민이 더욱 쾌적한 여행을 위해서는 항공 분야의 협력이 좀 더 필요해 보입니다.

아랍에미리트에는 두 개의 대형 항공사가 있습니다. 물론 저가 항공사도 있습니다만. 아부다비에 기반을 둔 에티하드항공(Etihad, 아랍어로 '통합'을 의미)이 있으며, 두바이에 기반을 둔 에미레이트항공이 있습니다.

한국과 아랍에미리트를 오가는 직항편은 대한항공, 에티하드항공, 에미리트항공이 있습니다. 인천↔아부다비는 에티하드항공이 취항하고, 인천↔두바이는 대한항공과 에미레이트항공이 취항하고 있습니다. 대한항공의 경우 증가하는 수요 때문에 2015년 4월부터 인천↔두바이 노선을 매일 운항하기 시작했습니다. 대한항공의 경우 코로나 팬데믹으로 인해 운항이 일시

중단되기도 했습니다.

저는 설렘과 희망을 가득 안고 2015년 1월, 아부다비 공항에 도착한 첫날의 기억이 아직도 새록새록 납니다. 해외 출장은 전 세계를 다녀봤지만, 거주하기 위해서 온 아부다비는 느낌이 완전히 달랐습니다. 제 인생에 있어서 미국이나 유럽으로 한 번쯤은 거주 목적으로 갈 것이라는 막연한 상상을 해왔는데, 중동은 정말 예상 밖이었습니다.

대학 시절 좋아했던 로버트 프로스트(Robert Frost)의 시 <가지 않은 길>(The Road not Taken)처럼 중동은 예상 밖의 길이었습니다. 시처럼 가지 않는 길을 택했기 때문에 제 인생도 많이 바뀌게 되었습니다. 중동은 저에게 블루 오션이었습니다.

당시 아부다비로 가는 비행기에는 한국인들로 가득 찼습니다. 마치 제주도 가는 비행기를 탄 느낌이었습니다. 에티하드항공의 좌석은 어느 항공사보다 안락했습니다. 식사는 두 번 제공되었는데 비행기가 이륙한 지 얼마 지나지 않아서 나오고, 착륙하기 전에 한 번 더 나왔습니다. 식사가 국내 항공사와 달라서 중동 생활의 시작은 비행기를 타면서부터라고 해도 과언이 아닐 것입니다. 그런데도 한국인 승무원의 서비스가 제공되어서 안락한 여행이 될 수 있었습니다.

에티하드항공과 에미레이트항공에는 한국인 승무원이 무척 많이 일하고 있어 어떤 항공편을 이용하더라도 한국인 승무원의 서비스를 받을 수 있습니다. 승무원뿐만 아니라 한국인 파일럿도 여럿 근무하고 있습니다. 한국인 승무원 수가 너무 많아져서 몇 년간 한국인을 채용하지 않은 때도 있었다고 합니다. 어떤 한국인 기장의 표현을 빌리자면, 한국인 승무원 한 명이 다른 국적 승무원 세 명보다 일을 잘 처리한다고 합니다.

여가생활 누리기

아랍에미리트는 우리나라 사람들이 골프를 즐기기에 매우 좋은 환경입니다. 한국처럼 한두 시간 운전할 필요도 없습니다. 시내에 골프장이 있고 잔디 상태도 양호한 편입니다. 아부다비와 두바이에서는 매년 PGA 경기가 열릴 정도로 골프장이 세계 최고 수준으로 잘 조성되어 있습니다.

아랍에미리트는 한여름에 기온이 50℃까지 올라가는데, 그래도 골프를 치는 사람들은 한국인이라는 우스갯소리가 있습니다. 사막에서도 골프를 즐기고 열심히 하는 대한민국은 박세리, 최경주, 박인비, 고진영과 같은 세계적인 골프 선수들이 배출할 수밖에 없습니다. 저는 그 좋은 환경에서 골프를 치지 않은 것이 간혹 후회가 들기도 하지만, 나름으로 이유는 단순했습니다. "내가 골프 치러 외국에 간 것이 아니"기 때문이죠.

저는 현지 군인들과 생활했기 때문에 한국 교민들과 어울릴 기회가 적어서 일부러 한인 축구동호회에 가입해서 운동을 같이 했습니다. 매주 1회, 저녁에 운동하는데 외국팀과 친선경기도 하고, 매년 열리는 대사 배 축구대회에도 참가했습니다. 그러나 코로나 이후 체육활동이 많이 줄었다고 합니다.

제가 아부다비에 거주하면서 여가생활 겸 즐겨 한 것이 하나 있는데, 아랍에미리트 전략문제연구소(ECSSR, Emirates Center for Strategic Studies and Research)에서 개최하는 강의를 듣는 것이었습니다. 그 연구소는 세계 주요 인사들이 방문해서 강연하는 곳이기도 합니다. 미국 국무장관, 프랑스 대통령, 아프가니스탄 대통령 등이 강연을 합니다. 정부 연구기관에서는 다양한 분야의 세계적인 석학을 초청해 강연하게 함으로써 국민에게 지식과 교류의 장을 제공합니다.

또 다른 여가생활 중 하나는 전시회 관람이었습니다. 아랍에미리트는 국제 규모의 전시회를 1년 내내 개최합니다. 분야도 상당히 다양합니다. 과거 메카와 메디나에 대상(카라반)들이 몰려들어 물품과 지식을 공유한 것처럼 말입니다.

그중에서 2년마다 아부다비에서 개최하는 IDEX(International Defense Exhibition & Conference)는 세계 3대 방산 전시회 중 하나입니다. 전 세계 최신 무기들이 한자리에 모입니다. 한국의 방산업체도 많이 참여하고 있습니다. 저는 IDEX 기간 하루도 빠짐없이 방문해서 장비 하나하나 꼼꼼하게 둘러보곤 했습니다. 전시회가 종료되면 보고서를 작성해서 같이 근무하던 아랍에미리트 장교들과 공유했습니다. 그러면 상당히 고마워합니다. ADIHEX(Abu Dhabi International Hunting & Equestrian Exhibition) 전시회도 꼭 가볼 만합니다. 한국에서는 사냥이 보편화되어 있지 않아서 보기 힘든 전시회입니다.

두바이 옆에 샤르자라는 곳이 있습니다. 문화를 지향하는 도시에 걸맞게 문화, 역사에 진심인 곳입니다. 샤르자 국제도서전은 매년 가을에 개최하는데 세계적으로 규모가 가장 큰 도서전 중의 하나입니다. 2023년 전시회에서는 한국의 출판업계에서 대거 참여하기도 했습니다. 2024년 2월, 샤르자 문화유산의 날(Sharjah Heritage Days) 행사에는 제주도가 주빈으로 참여하여 많은 호응을 받았습니다.

인생의 황금기라고 말하는 한국 교민들

아랍에미리트는 미국처럼 시민권이나 영주권 제도가 없습니다. 다만, 거주비자를 받아서 살게 되는데 그것도 2~3년마다 갱신해야 합니다. 미국, 캐나다, 뉴질랜드 등과 같이 노후를 여유롭게 지내기 위해 거주하는 외국인은 별로 없습니다. 대부분 일을 하러 오는 사람들입니다. 사회 구조가 그렇습니다.

그래서 대부분 한국 교민은 연령대가 젊은 편입니다. 직업도 대기업 주재원, 건설사, 항공사 기장과 승무원, 교수, 변호사, 의사, 간호사 등 다양합니다. 탁구 코치로 아랍에미리트에 오셔서 30년 가까이 사신 교회 장로님, 한국 육군에서 헬기 정비사로 퇴직하고 아랍에미리트군에서 근무하는 헬기 정비사, 국내 항공사 기장을 하다가 온 에티하드 기장 등은 제가 개인적으로 가까운 분들입니다. 아랍에미리트에 정착한 지 30년 되신 분의 정착기를 듣고 있노라면 시간 가는 줄 모릅니다. 지금까지 인연을 이어온 정비사와 기장은 언제나 저를 응원해주고 계시는 고마운 분들입니다.

아부다비와 두바이에 한글학교가 있는데 매주 주말에 운영되고 있습니다. 세계 어딜 가더라도 한글학교에서 교민과의 교류가 잘 이루어집니다. 한글학교 교사들은 자원봉사 형태로 이루어지는데, 한국에서 교사 생활을 하다가 오신 분들도 있어 때문에 교육에 관한 열의가 뜨거운 편입니다.

아랍에미리트는 저에게도 인생의 황금기였습니다. 그 이유는 이러합니다. 세계 최저 수준의 범죄율, 총기·마약 청정지역, 인종차별이 없고 오히려 한국인이라서 우대 받는 곳, 풍요롭고 여유로운 라이프 스타일, 전세계인들과 함께 살면서 글로벌 시민의 에티켓을 배울 수 있는 곳, 세계의 트렌드를 주도하는 곳, 이 외에도 수없이 매력을 발산하는 곳이 아랍에미리트 입니다.

그래서 블루오션을 찾고자 하는 젊은 사람들이나 미래를 보고 싶은 사람들에게는 아랍에미리트를 가볼 것을 권유합니다.

아부다비와 서울에서의 친목

제 휴대폰에는 아랍에미리트 전우의 전화번호가 많이 저장되어 있습니다. 3년을 꼬박 같이 생활했으니 얼마나 정이 들었겠습니까? 출근하면 식사, 회의, 훈련, 강의, 사후강평 등을 하면서 일과를 보냅니다. 미국, 영국, 호주에서 온 외국인들과도 협업을 많이 했습니다. 밖으로 확연하게 드러나 보이지는 않지만 다른 국적 교관들과 선의의 경쟁을 하지 않을 수 없습니다. 각자 자신의 나라를 대표한다는 마음가짐으로 임하고 있으니 눈에 보이지 않는 경쟁이 치열합니다.

아랍에미리트 정착 초창기 때는 사막에서의 훈련이 힘들었습니다. 뜨거운 태양 아래 서 있기조차 쉽지 않았습니다. 그것도 시간이 지나니까 자연스럽게 해결이 되었습니다. 그때는 잘 몰랐는데 지나고 보니 위험한 훈련들도 꽤 있었더군요. 정말 실전을 방불케 하는 훈련들이었습니다. 특수부대 나온 사람들은 압니다. 힘든 훈련을 해야 전우애가 더 끈끈해진다는 것을.

사막에서 심야 훈련을 할 때는 모닥불 옆에서 마시는 커피가 일품입니다. 하늘에는 별이 무수합니다. 오래전 사막에서 사람들이 별과 달을 보며 이동했겠구나 싶습니다. 그래서 천문학이 발달한 곳도 아랍입니다. 천문학의 발달로 인해 유럽의 항해 기술이 한층 도약했습니다. 이처럼 세계 역사를 바꾸는데 중동이 큰 역할을 한 것입니다.

사막은 은근히 춥습니다. 겨울 새벽에 아부다비 시내 기온이 20℃ 정도 된다면 사막은 그보다 10℃ 정도 더 떨어집니다. 사막에서 밤샘 훈련이 있는 날이면 집에서 가져간 담요를 덮어도 사막의 차가운 공기를 모두 막기에는 역부족이었습니다. 모닥불 옆으로 가지 않을 수 없습니다.

사막으로 가는 길이 매우 위험할 때도 있습니다. 새벽안개 때문입니다.

해가 뜨면 더우므로 해뜨기 전에 훈련하는 경우가 많습니다. 새벽에 아부다비 시내에 안개가 조금 끼어 있다면 긴장하지 않을 수 없습니다. 시내를 빠져나와 사막으로 들어갈수록 안개가 점점 심해집니다. 안개가 심한 정도가 아니라 앞이 전혀 보이지 않아서 앞바퀴 옆에 있는 차선만 보면서 운전해본 적은 처음이었습니다. 갓길에 차를 세울 수도 없습니다. 겨울철 새벽 안개 때문에 항공편도 결항하는 경우가 종종 발생합니다. 한 장교가 그러더군요. 안개가 심할 때는 출근 늦게 해도 된다고. 사람 목숨이 더 중요하다며.

저는 주로 아부다비에서 지냈지만, 두바이, 알아인, 라스알카이마, 푸자이라 등 다른 도시에도 가서 강의하고 훈련했습니다. 여군 대상 훈련도 잊을 수 없는 경험이었습니다. 이슬람 사회는 남녀 구분이 정확한 편인데, 한국인에게 교관 기회를 준 것은 전문성과 신뢰가 있었기에 가능했을 겁니다. 수줍던 여군들도 훈련할 때는 남자 저리 가라 할 정도라서 오히려 제가 배워야 할 정도입니다.

훈련이 끝나면 다시 지고지순한 무슬림 여성으로 변신합니다. 그런가 하면 퇴근하는 도로에서 만난 한 여군의 차량 속도를 저는 도저히 따라잡을 수 없었습니다. 카레이서가 따로 없습니다. 역시 다양한 모습을 지닌 아랍에미리트 여성입니다.

보안이나 이런저런 이유로 3년간의 군 경험을 글로 다 풀어내기는 어렵습니다. 저는 한국에서도 군 복무를 했고, 아랍에미리트에서도 군 복무(?)를 마쳤습니다. 한국인 중에 찾아보기 힘든 유일무이한 경험을 한 것에 대해 큰 자부심을 느낄 뿐입니다. 그래서 저는 기도합니다. 아랍에미리트 전우들에게 알라의 은총이 깃들기를.

서울에서도 아부다비 생활이 재현되는 곳이 있습니다. 매주 금요일 밤, 한남동에 있는 주한아랍에미리트 대사 집 마당의 아랍식 텐트에 사람들이 모입니다. 아랍 국가 대사들을 비롯해 대사관 직원, 무관, 석유회사 간부, 유학생 등 다양한 사람이 옵니다. 아랍에미리트뿐만 아니라 사우디아라비아, 쿠웨이트 등 인접 국가 출신들도 옵니다.

압둘라 주한아랍에미리트 대사는 텐트에서 소통의 장을 마련합니다. 그는 원래 외교관 출신이 아닙니다. 그렇지만 2022년에 아랍에미리트 정부로부터 대사 중에서 유일하게 '최고 대사 상'을 수상했습니다. 외교관 관료 출신이 아니라서 오히려 소통의 장을 더 마련하지 않았나 싶습니다.

텐트에서 남자들끼리 아랍 커피와 차를 마시면서 몇 시간을 함께 보냅니다. 이렇게 건전한 모임이 또 있을까 싶습니다. 제주도가 아름답다, 한국 지하철이 세계 최고다, 한국처럼 안전한 곳이 없다, 전쟁의 폐허를 딛고 이렇게 선진국으로 발전한 국가가 어디 있냐 등 한국살이 이야기로 꽃을 피웁니다. 서울 시내에서 노점상을 하시는 아주머니는 압둘라 대사가 아랍에미리트 출신이라는 것을 알고 '만수르'냐고 물어봤다고 합니다. 그 질문을 듣고 압둘라 대사는 박장대소하지 않을 수 없었다고 합니다. 그러나 때로는 한국 사회가 고쳐야 할 점들도 허심탄회하게 저에게 이야기해 줍니다. 좋은 지적이기 때문에 겸허하게 듣지 않을 수 없습니다.

기도 시간이 되면 아랍인들은 마당에 카펫을 깔고 사우디아라비아 메카(Mecca)를 향해서 기도합니다. 기도하는 사람도 있고, 텐트 안에서 담소를 나누는 사람도 있습니다. 저는 그들을 따라서 기도합니다. 처음에는 옆 사람보고 따라 했습니다. 과연 사람들은 무슨 기도문을 외울까? 이들의 진심이 통해서 기도 약발이 잘 받았으면 합니다.

한남동 텐트 장기 우수 회원으로서 느낀 것이 역시 이들의 문화는 직접 만나고, 소통하는 대면 문화라는 것입니다. 이 점을 잘 이해해야 이들과 교류하고 협력할 수 있습니다. 직접 만나서 악수는 기본, 얼굴을 부비고, 코를 맞대는 인사를 하고, 포옹하면서 서로의 안부, 가족 안부 까지 묻는 것은 그들과 소통하기 위한 매우 중요한 에티켓입니다. 알고 보면 인간미 넘치는 사람들이 바로 아랍인들입니다.

★ 나의 아랍 이야기

2020년 10월, 저는 처음으로 이슬람의 종주국인 사우디아라비아에 가족과 함께 도착했습니다. 공항에 마중 나온 학교 관계자들의 친절함, 지금까지 아랍 사람들의 친절과 관용성은 뜨거운 사막 나라에서 가족 모두 편하게 지내는 데 큰 힘이 되었습니다. 쇼핑몰에서도 저희 아이들을 보면서 '마샬라' 하면서 예뻐해 주고, 장미꽃도 선물로 받는 경험을 하면서, 가족 모두 한국인으로서 뭔가 대우를 더 받는다는 느낌을 받으며 지내고 있습니다.

사우디아라비아에 교수로 가기 전까지 아랍·중동에 대해선 뉴스에서만 보는 것이 거의 전부였기 때문에 오일과 내전, 테러로 알려져 있었습니다. 그러나 막상 사우디에 도착해보니 아랍 사람들의 순수함과 절제, 그리고 하루에 다섯 번의 기도로 몸과 마음을 깨끗하게 하는 그들의 모습을 보면서 제가 알고 있던 중동의 이미지가 많이 바뀌게 되었습니다.

제가 교수로 근무하고 있는 대학교는 22개 아랍 국가가 모여서 만든 아랍 연맹의 안보과학기구로 사우디뿐만 아니라 UAE, 카타르, 쿠웨이트, 바레인 등 많은 아랍 국가 학생들과 관계자들을 만납니다. 저자는 오랜 시간 동안 아랍 국가인 UAE에 근무하고, 그들과 교류하면서 중동/아랍에 대한 경험과 UAE에 관한 이야기, 그리고 이슬람에 관한 이야기를 진솔하게 풀어나가고 있습니다. 한국 사람들은 서양의 시각으로 아랍과 이슬람을 접한 것이 다소 아쉬웠는데 이 책을 통해 더욱 객관적이고 중립적인 시각에서 아랍과 이슬람의 문화와 세계를 접하는 데 매우 유익한 책이라고 생각합니다.

포스트 오일 시대를 대비하는 중동은 기회의 땅입니다. 많은 한국 사람들이 아랍 세계에 와서 공동체 정신으로 교류를 했던 역사와 문화를 공유

하고, 미래 세대에 서로 발전할 수 있는 관계를 계속 쌓아나가도록 함께
하면 좋겠습니다.

김경곤 교수

나이프아랍안보과학대학교(Naif Arab University for Security Sciences)

3. 사막의 기적과 한강의 기적

아랍에미리트는 사막의 기적을 이루었고, 대한민국은 한강의 기적을 이루었다는 점에서 두 나라는 닮은꼴입니다. 아랍에미리트는 석유 자원을 기반으로, 대한민국은 인적자원을 기반으로 기적을 이루었습니다.

주변이 강대국으로 둘러싸여 있는 지정학적 위치도 유사합니다. 아랍에미리트는 큰 위협으로 여기는 이란을 옆에 두고 있고, 우리는 북한을 마주하고 있습니다. 또한 양국은 색깔이 조금 다르지만, 지도자들의 리더십과 성실한 국민이 있습니다.

두 국가는 1980년 6월 외교관계를 수립한 이래 현재 중동 지역 유일의 '특별 전략적 동반자관계'를 맺고 있는 핵심 우방국가가 되었습니다. 양국은 수교 40년을 넘어 앞으로 100년을 어떻게 준비해야 할까요.

우리가 아랍에미리트로부터 무엇을 배워야 할지 생각해 보시길 바랍니다. 분명 그들로부터 배울 점이 많을 테니까요.

아래 내용은 2024년 5월 아랍에미리트 대통령의 국빈 방한 즈음에 제가 아리랑TV와 했던 인터뷰 내용입니다. 우리나라와 아랍에미리트가 어떤 방식으로 더 손을 잡으면 좋을지 힌트를 얻을 수 있기를 바랍니다. <Oasis Village Project>의 경우 순혈주의가 강한 한국에서 아직까지 불가능할지도 모르겠지만 다문화 사회가 자연스럽게 자리 잡게 될 즈음에는 추진해도 좋지 않을까 합니다.

한국과 UAE는 유사한 지정학적 리스크에 직면해 있습니다. 한국은 지난 70년간 북한 리스크 때문에 자주국방을 위한 많은 노력과 발전을 이룩했습니다.

미국의 탈중동 정책 이후, UAE는 특정 국가에 지나치게 의존하지 않는 자주국방이 필요하게 되었습니다. 단순히 무기만 사고파는 관계에서 탈피하여 한국과 UAE는 원천기술을 바탕으로 한 군수산업 개발, 전략적 합동운용 등을 통해 지정학적 리스크를 최소화할 수 있을 것입니다.

UAE는 탈석유 시대 도래를 대비하여 산업 다각화를 추진하고 있습니다. 한국이 잘하는 분야, 즉 반도체, 2차전지, 원전, 자동차, 휴대폰, 게임, 뷰티, 의학, 바이오, 국방, 우주, 항공 등 협력 분야가 무궁무진합니다. 특히 원전은 향후 100년간 협력해야 하는 특징을 가지고 있어 '100년 동맹'으로 불릴 만 합니다. 또한 제조업 기반이 약한 UAE 안에 '한국특별산업단지'를 건설하여 한국 주력 산업의 R&D 센터 혹은 공장을 조성하는 방안을 고려해 볼 필요가 있습니다. UAE는 Made in UAE 제품을 전 세계로 수출하는 산업구조가 필요합니다. 반대로 한국에 'UAE 빌리지'를 조성하는 방안도 고려할 수 있습니다. 이 모든 것들을 총괄하는 컨트롤타워 격인 코리아센터와 같은 기관을 설립하는 방안도 있습니다.

19억 명이 신봉하는 이슬람의 특성은 연대와 관용입니다. 이를 바탕으로 한국과 UAE는 이미 사막을 함께 건너는 동반자를 의미하는 라피크(Rafiq)가 되었습니다. 두 국가는 경쟁보다는 연대해야 양국 모두 국익을 극대화할 수 있습니다. 한국은 19억 명의 시장을 진입하기 위한 첫 관문은 바로 UAE와 손을 잘 잡는 것입니다. 한국의 기술과 인적자원, UAE의 자본·도전정신·국제화가 결합한다면 전 세계에서 가장 모범적인 국가간 연대가 될 것이며, 두 국가 모두 중견·중추 국가로서의 역할도 충실히 할 것입니다. 한국-UAE 연대 모델은 중동 및 동북아시아 역내 평화 정착에도 기여할 것입니다.

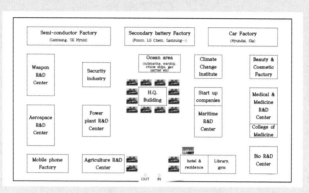

Korea center in UAE 조감도

<Korea Center in UAE>

아부다비와 두바이 사이에 한-UAE 특별경제특구를 만들면 어떨까? 제가 아부다비에 거주할 당시 자동차를 타고 두바이를 오갈 때 늘 들었던 생각이 었습니다.

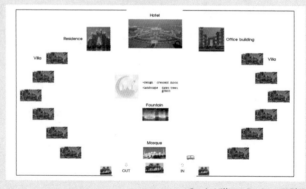

Oasis Village Project 조감도

<Oasis Village Project>

반대로 한국에 아랍 타운을 만들면 어떨까요? 아랍풍의 럭셔리 호텔, 오피스 빌딩, 빌라 및 레지던스, 국제학교, 아랍문화센터, 모스크 등을 건설해 아랍에미리트 국민들의 편의를 제공하고 함께 공존하는데 그 목적이 있습니다.

지도자의 리더십과 여성의 사회 진출

아랍에미리트를 이야기할 때 빼놓을 수 없는 것이 지도자의 리더십입니다. 여러분은 석유와 버즈 칼리파만 생각이 드시나요? 아랍에미리트의 겉모습을 보면 화려할 것이고, 내면을 자세히 들여다보면 지도자의 리더십이 보일 것입니다.

아랍에미리트를 지탱하는 원동력은 석유가 큰 비중을 차지하고 있지만, 오히려 지도자의 리더십이 더 중요한 역할을 해왔는지도 모릅니다. 그들이 걸어온 길을 살펴보면 지도자들은 미래를 정교하게 설계했고, 국부는 국민과 미래를 위해 사용하고, 국민은 지도자를 사랑하고 존경하는 환상적인 최고의 조합을 보이는 국가가 아랍에미리트입니다.

몇 년 전 셰이크 무함마드 빈 자이드 알 나흐얀 왕세제(현 대통령)와 셰이크 무함마드 빈 라시드 알 막툼 두바이 지도자가 전투에서 전사한 군인의 집을 방문해서 가족들을 위로하는 사진을 신문에서 본 적이 있습니다. 그런 언론 보도가 한두 번이 아니었습니다. 국가의 지도자가 전사자 집까지 찾아가서 유족을 위로하는 장면은 저에게는 매우 생소했으며, 큰 교훈을 얻었습니다. '우리도 저런 문화는 수입해도 좋겠다'라는 생각이 들 정도로.

지도자의 리더십을 잘 보여주는 장면입니다. 신문보도를 보고 외국인인 제가 봐도 가슴이 뭉클한데 자국민들은 오죽하겠습니까? 저는 그 사진 한 장을 보고 아랍에미리트 국민이 그들의 지도자를 사랑하고 존경하는 이유 중에 하나라고 생각이 들었습니다. 당시 제가 개인적으로 잘 아는 한국에 계신 높은 분들께 공유한 적이 있습니다. 국민을 향한 낮춤의 리더십을 가지기를 바라면서.

순직한 군인 가족을 위로하는 아랍에미리트의 지도자들

아랍에미리트 지도자들의 리더십은 이슬람의 창시자인 예언자 무함마드의 리더십을 그대로 물려받았습니다. 더 자세한 내용은 이 책의 마지막 장에서 문화인류학 측면에서 다루었습니다. 예언자 무함마드는 적에 대한 관용, 가난하고 버림받은 자에 대해 각별한 애정을 지닌 인물이었습니다.

예언자 무함마드는 특히 전투에서 전사한 동료 가족은 물론, 적들의 가족까지 헌신적으로 보살피기도 했습니다. 이는 이슬람이 견고한 종교 공동체를 이루는 원동력이 되었습니다. 무함마드 스스로 전쟁 피해자들인 사우다, 쿠자이마의 딸 자이납, 움무 살라마와 결혼했고, 그들의 딸린 자식들까지

정성으로 보살폈습니다. 당시 척박한 사막에서 여성과 어린 자식이 홀로 남는다는 것은 곧 죽음을 의미했습니다. 이러한 리더십의 DNA가 오늘날 아랍에미리트 지도자들까지 이어졌다고 볼 수 있습니다.

◆ 꾸란은 이렇게 말한다
"만일 너희가 고아들을 공정하게 대하여 줄 수 없으리라는 생각이 든다면 좋은 여성 중에서 둘 또는 셋 또는 넷과도 결혼해도 좋으니라. 그러나 그녀들에게 공정할 수 없을 것이라는 염려가 된다면 한 여성의 부인만 두라"

(꾸란 4장 3절)

아랍에미리트의 지도자들은 늘 위기의식을 강조합니다. 우리나라의 삼성 그룹 경영진이 최고의 매출을 내면서도 늘 위기라고 언급하는 것과 비슷할지 모르겠습니다. 현재 아랍에미리트는 중동 지역에서 가장 번영을 누리고 있지만, 탈석유 시대 도래 등을 대비하여 미래를 가장 치열하게 준비하고 있습니다. 지도자들은 미래를 향한 비전으로 국가를 경영하고 있습니다. 중동의 산유국 중에서 현실에 안주하지 않고 혁신적인 국가 경영을 지속해오고 곳이 아랍에미리트입니다.

해병은 태어나는 것이 아니라 만들어지는 것이라고 하는 것처럼 리더십도 마찬가지입니다. 특히 지도자들의 리더십은 하루아침에 만들어지지 않습니다. 오랜 훈련이 뒷받침되어야 합니다. 아랍에미리트의 지도자들은 자녀를 리더로 양성하기 위해 어릴 때부터 철저하게 훈련시킵니다. 그들은 국가 정책 결정을 위한 토의 때 어린 자식을 참여시키는 일도 있으며, 해외 순방을 갈 때도 손자·손녀를 대동하기도 합니다. 우리나라 정서로는 상상조차 할 수 없습니다.

아무튼 그들의 자손들은 세계 전역을 돌면서 국제정세를 하나씩 이해하는 좋은 기회를 얻는 셈입니다. 또한 소통 공간인 마즐리스는 아이들에게는 더할 나위 없이 최고의 학교인 셈입니다.

방한 중인 아랍에미리트 왕세제와 손자·손녀들

청소년들의 수학 성적은 한국의 청소년들보다 뒤처질 수 있겠지만, 그들은 더 큰 것에 능하다고 할 수 있습니다. 통합과 포용, 리더십을 어릴 적부터 배우고, 국제 감각까지 가지고 있으며, 토론에도 능합니다. 무엇보다 그들은 미래를 위해 무엇을 해야 할지 알고 있는 것 같습니다. 대학 진학을 위해서 국어, 영어, 수학 중심으로 지식을 습득하는 우리나라 청소년들이 그들과 선의의 경쟁을 잘 해낼 수 있을까요?

아랍에미리트는 다른 이슬람 국가들에 비해 여성의 사회전출을 적극 장려합니다. 두바이 지도자는 남성이 정신 차리지 못하면 여성에게 리더의 자리를 다 뺏길 수 있다는 이야기까지 할 정도입니다. 여성의 사회 진출에 제약이 따르는 일부 이슬람 국가와는 정말 비교될 정도입니다. 2016년 정부가 청년부 장관에 20대 여성을 등용한 적이 있습니다. 이 여성은 세계 최연소 장관으로 기록되었습니다. 이슬람 사회에서 여성은 철저하게 억압되고 차별받을 것이라고 상상하기 쉽지만, 적어도 아랍에미리트에서는 상황이 완전 다릅니다. 한국도 혁신적인 국가로 여기지만 오히려 한국보다 더 혁신적이고 미래지향적인 면이 많이 있습니다.

여성에 관한 인식은 이슬람의 창시자인 예언자 무함마드와도 유사한 측면이 있습니다. 무함마드는 당시 여성들에 대한 지위와 인식을 혁명적으로 개선한 인물입니다. 여성을 하나의 장식물로 여겼던 '무지의 시대'(자힐리야)에 무함마드는 여성을 인격체로 존중할 것을 명했고 여성에 대한 상속도 법제화했습니다. 이슬람 이전 사회에서는 여성이나 어린이에게는 재산을 물려주지 아니한 일부 아랍인들의 관습이 있었습니다.무함마드의 제자들이 이 세상에서 가장 고귀한 존재가 누구냐는 물음에 무함마드는 '어머니'라고 대답할 정도였습니다.

◆ 꾸란은 이렇게 말한다

"부모와 가까운 친척이 남긴 재산은 남자에게도 여자에게도 귀속되나니
남긴 것이 적던 많던 각자에게 합당한 몫이 있으니라"

(꾸란 4장 7절)

"하나님께서 자녀의 상속재산에 관한 말씀을 하셨나니 아들에게는
두 명의 딸에 해당하는 양을 그리고 두 명 이상의 딸만 있을 때는 상속
재산의 삼분의 이를 그리고 단지 한 명의 딸만 있다면 절반이니라...."

(꾸란 4잘 11절)

<셰이크 자이드 전 대통령의 여성에 관한 언급>

"여성은 사회의 절반입니다. 발전을 추구하는 어떤 나라도 여성을 빈곤이나
문맹 상태로 내버려 두어서는 안 됩니다."

"이슬람은 여성들에게 정당한 지위를 부여하고, 그들이 적절한 존중을 받고
모든 분야에서 일할 수 있도록 장려해야 합니다."

"나는 우리나라의 여성들이 선진국 여성들의 역할 모델을 따라가길 바랍니다."

양국은 전략적 동반자를 넘어 '라피크'로

2023년 4월, 수단에서 내전이 발생해 한국교민 수십 명의 안전이 매우 위태로워진 일이 벌어졌습니다. 교민 탈출 작전을 수립하는 과정에서 아랍에미리트의 결정적인 도움이 있었습니다. 아랍에미리트 측에서 탈출 작전을 같이 하자고 먼저 제안을 한 것으로 알려져 있습니다. 아랍에미리트는 수단 정부군과 신속지원군 모두와 연결이 되어 있었기 때문에 가능한 일이었습니다. "Your people are our people." 양국이 탈출작전을 수행하는 과정에서 칼둔 아부다비 행정청장이 대한민국 외교부 장관에게 보낸 문자라고 합니다. "Thank you UAE!"

'라피크'(Rafiq)는 아랍어로 '사막 건너는 먼 길을 함께할 동반자'를 의미합니다. 한국과 아랍에미리트 사이를 라피크라고 표현하는 것이 가장 적절하지 않을까 합니다. 이는 형제라는 의미의 '아크'(Akh)보다 더 우아한 표현이 아닐까 싶습니다. 형제끼리는 재산분쟁 등을 이유로 싸우는 일도 있으니 말입니다. 그러나 라피크끼리는 싸우면 절대 안 됩니다. 사막을 건널 때 싸우면 자칫하면 전부 다 목숨까지 잃을 수 있기 때문입니다. "이러다 다 죽어"

상당수 아랍에미리트 국민은 기본적으로 한국에 대해서 상당히 우호적으로 인식하고 있습니다. 한국인도 아랍에미리트에 대한 인식이 매우 좋은 편입니다. 아랍에미리트에서는 K-Pop, 영화, 드라마, 화장품 등 한국의 문화를 좋아하는 인구가 급격하게 증가해 왔습니다. 특히 젊은이들 사이에서 선풍적인 인기를 끌고 있습니다.

제가 아랍에미리트에서 거주하면서 그들의 우호적인 인식을 그대로 느낄 수 있었습니다. 한국의 역사에 대해 잘 아는 저의 아랍에미리트 친구는 1950년 한국전쟁 이후 폐허에서 다시 쌓아 올린 대한민국을 존경한다고까지 말할 정도입니다. 그 친구의 말은 아랍에미리트도 한국과 마찬가지로 사막에서 시작해 세계 역사에서 이렇게 빠르게 성장한 나라가 없을 정도가 되었다고 합니다. 두 나라를 '한강의 기적', '사막의 기적'이라고 불러도 되지 않을까 합니다. 양국이 비슷한 점입니다.

우리나라 근로자들이 중동에 진출하기 시작한 때는 오일 머니를 바탕으로 한 중동에서 건설 붐이 일면서부터 시작되었습니다. 중동 건설 현장으로 간 이들은 일자리를 찾는 과정에서 아랍에미리트에도 정착하게 되었습니다. 건설 근로자들의 진출에 이어서 진출한 분들이 바로 탁구, 태권도 등의 코치입니다. 이후에는 우리 기업들이 중동에 진출하면서 그 수가 급격하게 늘었습니다. 2000년대 들어서는 항공사, 호텔, 병원 등 서비스, 전문직 종사자들이 대거 진출하기 시작했습니다.

아랍에미리트 진출 한국기업은 170개 정도 된다고 합니다. 현지 투자법인, 지점, 지사 등의 형태로 나왔으며, 그중 약 70개 사가 아부다비에 지사를 운영하고 있습니다. 원전 수주 및 한국기업의 석유화학 플랜트 건설 참여 등으로 2011년 이후 한국 교민 수가 많이 증가했습니다. 그러나 코로나 이후 한국 교민 수가 주춤한 사이 중국인들의 숫자가 급격하게 증가했다고 합니다.

한국은 여러 나라로부터 원유를 수입하고 있는데, 중동에서 수입하는 양이 80%가량 차지합니다. 중동은 우리에게 없어서는 안 될 매우 중요한 에너지 파트너입니다. 우리의 안정적인 에너지원 확보를 위해서도 아랍에미리트는 중요한 국가입니다. 특히 경제적, 정치적으로 매우 안정되어 있어서 대외 변수가 비교적 적기 때문에 우리 에너지 안보에 매우 중요합니다.

한국과 아랍에미리트는 에너지 분야 협력은 물론 문화, 교육, 국방, 방산, 경호, 치안, 보건의료, 우주개발, 농업, 특허 등 다양한 분야에서 협력관계를 구축해 오고 있습니다. 4차 산업혁명 시대를 맞이하여 미래성장산업 분야로 더욱 확대해 나갈 필요가 있습니다. 신재생에너지, 기후변화, 정보통신기술, 인공지능, 우주개발, 자율주행, 로봇, 반도체, 2차 전지 등 많은 분야에서 더 많은 협력이 필요할 것입니다. 미래 먹거리를 찾는 아랍에미리트로서는 한국의 강점 분야(반도체, 휴대폰, 자동차, 2차 전지, 바이오헬스 등) 공장을 유치하는 등 적극적인 확대 정책이 필요할 것으로 보입니다. 공장 건립이 어렵다면 R&D 센터라도 합동으로 설립하는 것이 바람직할 것으로 보입니다. 한국의 기술과 아랍에미리트의 자본·도전정신이 결합한다면 국내외 많은 어려움들을 헤쳐나갈 수 있을 것입니다.

아부다비와 두바이를 운전하면서 오갈 때 늘 생각한 것이 있습니다. 바로 그곳에 '한국산업 특별지역'을 만드는 것입니다. 가로세로 10km 정도의 땅에 한-UAE 합작으로 공장 및 R&D 센터를 만든다면 국제적으로도 부러움을 살 수 있는 비즈니스 협력 모델이 될 것입니다. 이를 추진하기 위해서 아랍에미리트 정부 안에 코리아 센터를 설립하는 방안도 좋을 것으로 생각이 듭니다.

양국이 '원유수출(UAE)-기술수출(한국)'이라는 단순구조에서 벗어나 교류 협력 범위를 다변화하고 강화해 호혜적 발전을 더욱 추구해야 할 것입니다. 양국의 공동 프로젝트는 미래세대의 요구에 맞춰 향후 수십 년 동안 계속될 수 있고, 제3국에서 공동 프로젝트도 함께 할 수 있을 것입니다.

아랍에미리트는 우리의 대북정책을 적극적으로 지지해 주는 국가입니다. 2010년 천안함 피격 및 연평도 포격 시 아랍에미리트 정부는 대북 비난 성명 발표, 북한의 핵실험 및 미사일 발사에 대한 비난 성명을 발표한 바 있습니다. UN의 대북 제재에 동참하겠다는 결의를 발표하는 등 우리 입장을 적극 지지해오고 있습니다.

아랍에미리트 내 여러 개의 북한 식당, 1,200~1,300여 명에 달하는 북한 근로자들은 북한의 핵실험 이후 대북 제재와 맞물려 아랍에미리트에서 철수한 상태입니다. 북한 근로자들이 벌어들이는 수입은 북한 정부 입장에서는 사막의 단비 같은 존재였을 것입니다.

아랍에미리트 정부는 개혁, 혁신 정책을 추진하면서 한국을 아시아의 핵심 협력국 중 하나로 인식하고 있습니다. 한국이 시행하는 교육, 행정, 전자정부, 특허 등 많은 정책에 대해서 벤치마킹할 정도로 높이 평가합니다.

2012년, 아랍에미리트 왕세제실 주관으로 대학생 15명이 한 달간 한국에서 단기 연수를 한 적이 있었습니다. 해외 단기연수 프로그램이 끝난 후에 왕세제는 대학생들을 초청한 자리에서 한국과 관련해 언급했습니다.

"당신들을 한국으로 보낸 이유를 알고 있는가? 아랍에미리트의 석유가스는 언젠가는 고갈될 것이다. 자원이 고갈되면 사막에 낙타 타던 시절로 다시 돌아갈 것인가? 세상에 우리처럼 한 가지 자원만으로 성공을 이룬 국가가 있다. 바로 한국이다. 한국에는 부존자원이 없다. 있는 자원이라고는 인적자원밖에 없다. 한국은 인적자원을 최대한 활용하여 경제발전을 이룩한 위대한 국가이다. 그래서 여러분이 한국을 경험하게 해주고 싶었다. 왜냐하면 여러분은 이 나라를 이끌어 갈 소중한 인적자원이기 때문이다."

오늘날 양국의 활발한 교류협력 덕분에 압둘라 세이프 알 누아이미(Abdulla Saif Al Nuaimi) 주한아랍에미리트 대사는 2022년 3월 아랍에미리트 총리로부터 '최고의 대사 상'(Best Ambassador Award)을 단독 수상한 적이 있습니다. 아랍에미리트 정부에서도 한국과의 관계를 얼마나 중요하게 여기는지 보여주는 대목입니다.

더구나 압둘라 주한아랍에미리트 대사는 정통 외교관 출신이 아니어서 더욱 주목받았습니다. 그는 7년 넘게 주한 대사를 역임하면서 양국이 추진 중인 여러 프로젝트를 안정적으로 관리해 나가고 있습니다. 임기만 채우고 떠나는 대사가 아닌 그는 진정으로 한국을 사랑하는 몇 안 되는 훌륭한 외교관입니다. 그는 2022년 10월에 제주도로부터 '명예제주도민'도 받은 한국인인 셈입니다.

'최고의 대사 상'을 수상한 압둘라 주한 아랍에미리트 대사

원전건설과 인력양성 협력

한국과 아랍에미리트는 1980년에 수교한 이래 긴밀하게 협력해 왔고 지금은 거의 형제의 나라가 되었습니다. 이렇게 가까워진 배경에는 원전 수출이 있습니다. 2008년 한국이 아랍에미리트와 원전 수출계약을 체결한 이후 양국의 관계는 2018년 '특별전략적 동반자관계'로 격상됐습니다.

아랍에미리트의 원자력발전소 건설 수주는 전통직 원전 강국인 프랑스의 아레바, 일본의 도시바와 치열한 경합을 벌였습니다. 아랍에미리트는 한국형 최신 모델을 앞세운 한전컨소시엄의 손을 들어주었습니다. 아부다비에서 300여 km 떨어진 바라카(아랍어로 '축복'을 의미) 지역에 건설하는 원전 공사가 최종 완료가 되면 여기에서 생산되는 전기는 아랍에미리트 전체 전력 수요의 약 25%를 충당하게 됩니다. 원전 건설은 아랍에미리트에 중요한 프로젝트이기 때문에 한국의 원전 수출은 양국 간에 중요한 의미를 지니는 것은 당연합니다.

원전 건설은 일회성 공사로 끝나지 않는다는 것도 중요합니다. 건설 이후에도 운전, 폐기 등 100년 가까이 걸리는 장기 프로젝트입니다. 원전 관련 기술 인력의 양성도 지속해서 협력하는 구조로 되어 있습니다. 아부다비에 있는 칼리파 공과대학(KUSTAR)에 원자력공학과가 신설되어서 우리나라의 카이스트(KAIST) 교수들이 파견돼 학생들을 가르치고 있습니다.

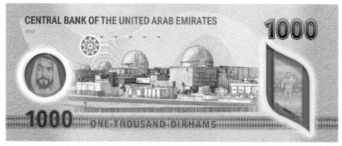

2023년, 아랍에미리트 중앙은행은 건국을 기념하여 1,000AED(약 34만원) 화폐를 새롭게 발행했습니다. 건국의 아버지 (고)자이드 대통령의 초상, 바라카 원전과 최초 우주비행사 모습이 들어가 있습니다.

군사·치안·경호안전 협력

아크부대로 더 잘 알려진 'UAE군사훈련협력단'이 아랍에미리트의 땅을 밟은 것은 2011년 1월이었습니다. 아크는 아랍어로 '형제'를 의미합니다. 2005년, 아랍에미리트가 한국에 국방무관실을 설치하면서 한국과 본격적인 교류가 시작되었습니다. 아랍에미리트는 우리 군의 교육훈련체계를 벤치마킹해 자국군의 수준을 높이고, 국방체계를 선진화하기 위해 2010년 8월 우리 군의 파병을 요청했습니다. 정부는 국회 동의를 얻어 2011년 1월 아크부대 1진 130여 명을 파병했습니다.

아크부대는 한국군의 우수한 특수전 능력을 아랍에미리트군에 전수하면서도 우리 군의 전투력에도 큰 도움이 되고 있다고 합니다. 한국에서 경험할 수 없는 환경에서의 연합 및 특수 작전 능력을 경험할 수 있기 때문입니다. 아울러 아랍에미리트군의 장비를 운용해 봄으로써 장비 운용 능력도 함께 배양되고 있습니다. 일방적으로 주는 관계가 아닌 우리도 배우는 관계가 된 것입니다.

군사협력에 있어서 방산분야 협력은 매우 중요합니다. 한 국가가 특정 강대국 무기에만 의존할 경우 장점도 있겠지만 분명히 단점도 많이 있습니다. 동일한 무기를 운용할 경우 연합작전에는 매우 유리한 측면이 있습니다. 하지만 자국의 국방기술 없이 특정 국가의 방산기술에 전적으로 의존하게 된다면 훗날 더 큰 비용을 초래할 수 있기 때문입니다.

아랍에미리트도 우리나라와 마찬가지로 지정학적 위치 등을 고려했을 때 일정 수준 이상의 국방력 유지는 필수입니다. 그래서 여러 우방국들과 국방협력이 반드시 필요하며, 특히 방산분야에 대해서 한국과의 협력이 양국 이익에 부합하는 일일 것입니다. 기술력을 자랑하는 국방과학연구소(ADD)와 같은 기관과의 협력도 좋은 사례일 것입니다. 자본과 기술력이 만나서 무기개발을 공동으로 한다면 좋은 협력모델이 될 것입니다. 이 또한 바라카 원전협력과 마찬가지로 향후 100년 사업이 될 수 있을 것입니다.

아랍에미리트는 치안 분야에서 미국, 영국, 프랑스 등 다양한 국가와 협력관계를 구축해오고 있습니다. 아랍에미리트와 한국 간 치안 분야 협력은 2016년부터 추진되었습니다. 초창기에는 집회 시위 진압 분야에서 시작이 되었습니다. '아랍의 봄' 이후 바레인 등에서 일어난 내부소요 사태에 대비하기 위한 것으로 짐작합니다. 지금은 과학수사 등 다양한 분야로 확장되고 있습니다.

경호안전 분야에서도 양국은 많은 진전을 이루었습니다. 2010년부터 아랍에미리트 대통령경호사령부 요원들은 당시 대통령경호실 경호안전교육원에서 교육훈련을 받기 시작했습니다. 여성 요원들도 한국으로 보내기 시작했습니다.

2015년부터 한국의 대통령경호처 교관 요원들이 아랍에미리트의 대통령경호사령부(PSG, Presidential Special Guard)에 파견되어 교관 임무를 수행했습니다. 실제 교관 파견은 그 이전부터 양 경호기관 간 활발한 교류협력의 결과였습니다. 이미 2010년부터 아랍에미리트 대통령경호사령부 경호 요원들은 한국의 대통령경호처 경호안전교육원에서 국제경호 과정을 이수해오고 있었습니다.

대통령경호처 경호안전교육원의 국제경호 과정이 아랍에미리트를 시작으로 걸프(GCC) 국가들 사이에서 입소문을 타면서 쿠웨이트 왕실경호청(Amiri Guard Authority) 경호 요원들도 한국에서 교육을 이수한 바 있습니다. 그 밖에 사우디아라비아 등 여러 국가가 한국과의 경호교류를 추진하는 것으로 알려져 있습니다.

보건의료 협력

국가의 중요한 정책 중 하나가 보건의료 분야입니다. 국민건강보다 중요한 것이 어디 있겠습니까? 아랍인들의 건강 수준이 매우 높은 편은 아닙니다. 한국인들만큼 건강검진에 대한 개념이 부족한 편이어서 아프면 병원을 찾아가는 식입니다. 한국인들에게 발병률이 높은 질병이 있는 것처럼 아랍에미리트 국민에게도 비슷한 질병들이 있습니다. 아랍인은 비만, 당뇨, 고혈압 등 성인병 발병률이 다소 높은 편이라고 볼 수 있습니다.

아랍에미리트를 포함한 걸프 국가 국민은 치료를 위해서 해외로 나가는 경우가 많습니다. 그렇다 보니 해외 유수의 병원 유치, 중증 환자에 대한 해외 진료 지원 등이 정부의 주요 정책이 되었습니다. 그래서 세계적인 수준의 경쟁력을 갖춘 한국 의료 시장을 찾는 중동 환자들이 계속 증가해 왔습니다. 물론 코로나 팬데믹 때문에 환자 수는 일시적으로 감소세를 보이기도 했습니다.

2011년 11월, 아부다비 보건청 의장 일행이 방한하여 서울대학교병원, 삼성의료원, 아산병원, 서울성모병원과 환자 송출에 관한 계약을 체결하였습니다. 이후에는 세브란스병원, 이화여대 부속병원 등 네 개 병원이 송출 적격 병원으로 추가되었습니다.

구분	2013	2014	2015	2016	2017	2018	2019	2021
UAE 환자	1,151	2,633	2,946	3,562	3,384	3,034	4,089	794
UAE 국비환자	350	808	639	718	848	848	1,079	154
중동 환자	3,515	5,485	6,101	7,261	7,238	7,238	8,963	1,949

아랍에미리트 의료관광 국내 입국 환자 수
* 출처 : 2022 아랍에미리트 개황, 외교부

코로나 팬데믹 이전인 2019년 기준으로 우리나라에서 아랍에미리트 환자는 약 4천 명으로 전체 중동 환자 약 9천 명 중에 46%를 차지하였습니다. 환자 1인당 평균 의료비 지출은 약 3,600만 원 수준으로 외국 환자 중에서 가장 높습니다. 한국 의료의 우수성을 인식한 아랍에미리트 사람들이 한국으로 의료관광이 활발했으나 코로나 이후 다소 주춤한 상태입니다. 외국인 입국 시 한국의 엄격한 방역 절차 때문에 많은 중동 환자가 한국보다 방역이 느슨한 다른 국가로 발길을 돌렸다는 말도 외국인들 사이에서 있었습니다.

보건의료 협력 분야에서 서울대학교 병원의 셰이크 칼리파 전문병원(SKSH, Sheikh Khalifa Specialty Hospital) 위탁운영을 빼놓을 수가 없습니다. 2014년, 서울대학교병원은 라스알카이마에 있는 셰이크 칼리파 전문병원의 위탁운영권을 획득했습니다. 병원의 전문성이 널리 홍보가 되면서 라스알카이마뿐만 아니라 두바이, 아부다비, 심지어 이웃 국가에서도 환자들이 찾고 있다고 합니다. 또 하나 재미있는 것은 한국 의료진의 자녀들이 라스알카이마 현지 학교에 진학하면서 현지 학교 학업 수준이 상당히 올라갔다고 합니다.

★ 나의 아랍에미리트 이야기

The UAE from Desert to Mars, is a remarkable book written by Choi Changhoon which beautifully covers the UAE's journey from the desert to Mars and how the country stood with the key developed nations by completing Hope Probe Mars Mission in February 2021.

I loved reading this book as it covers a couple of important topics in detail and has never been reported before.

The book gives an in-depth overview of Islam, a religion of mercy, and its teaching about peace, brotherhood and equal rights for men and women. The book also touches upon various topics related to the beauty of Islam.

It also spotlighted the UAE's and Middle East's politics and economy. The facts mentioned in the book are excellent. The author also talks about his experience with Islamic society in the UAE. I highly recommend reading this book and gaining much knowledge.

Kamal Vachani
Group Director & Partner
Al Maya Group
Dubai, United Arab Emirates

2부

신비로움이 가득한 아랍에미리트

1. 아랍에미리트의 탄생과 성장

아랍에미리트 리더십 초상화

아래 초상화는 저의 첫째 아들이 중학교 2학년 때 그린 작품들입니다. 당시 압둘라 주한아랍에미리트 대사는 압둘라 외교장관에게 초상화를 소개할 정도로 인기가 많았습니다. 2024년 SETEC에서 개최된 서울아트페어에 전시되기도 했습니다. 저의 어린 두 아들은 아랍에미리트에 대한 끊임없는 관심과 애정을 보여주었고, 그 공로를 인정받아 두 아들은 주한아랍에미리트대사로부터 감사장을 받기도 했습니다.

자이드 초대 대통령 초상화

압둘라 주한아랍에미리트 대사께 초상화를 전달하는 두 아들

칼리파 전 대통령

무함마드 대통령

칼리드 왕세자

두바이 통치자

아랍에미리트의 연대기

사람들은 아라비아반도 하면 사막을 먼저 떠 올릴 텐데 아랍에미리트의 라스알카이마, 알아인 지역만 가도 높은 산들을 볼 수가 있습니다.

아라비아반도 동남쪽에는 해발 3,000m에 달하는 산맥이 자리 잡고 있습니다. 하자르(Hajar; 돌, 바위를 의미)와 도파르(Dhofar) 등의 산맥이 있는데 오늘날 오만 일대입니다. 높은 산맥으로 인해 오랫동안 인도양의 고온 다습한 몬순이 막혀 산맥 반대편에 있는 아라비안반도 내륙 대부분 지역에 고온 건조한 사막이 형성된 것으로 보고 있습니다.

아랍에미리트 지역에 사람이 언제부터 살기 시작했는지는 정확하지 않지만, 최초의 인류가 등장한 것은 기원전 5,500년경인 것으로 추정됩니다. 기원전 2,500년경부터 일부 오아시스 지역을 중심으로 정착촌이 형성되기 시작하여 기원전 300년경부터 본격적으로 마을이 형성된 것으로 보고 있습니다.

오늘날 아랍에미리트의 에미리트 중 라스알카이마. 움알콰인, 푸자이라에서는 사산 페르시아(Sassanian Persia, 페르시아 제국의 한 왕조)의 도자기, 동전 등의 유물이 발견되었으며, 240년에 사산 페르시아가 아라비아 동부 지역 전체를 점령했습니다.

아랍에미리트는 1971년에 건국되었습니다. 1971년 이전에는 아랍에미리트는 국가로는 존재하지 않았다는 의미입니다. 지역을 설명할 때 이해를 돕기 위해 편의상 아랍에미리트라고 기술하겠습니다. 이라크, 사우디아라비아, 시리아, 레바논 등도 마찬가지입니다. 이라크, 시리아 등 이름만 들으면 오래된 국가일 것 같은데, 20세기 들어 신생 독립한 나라들입니다. 즉 그 이전에는 '국가'라는 형태로는 존재하지 않았던 곳입니다.

① 630년, 이슬람의 전파

630년에 예언자 무함마드가 파견한 특사에 의해 아랍에미리트 지역에 이슬람이 전파되었습니다. 632년 예언자 무함마드 타계 이후, 칼리프(후계자) 선출에 대한 논란이 있었고, 아부 바크르(Abu Bakr)가 1대 칼리프로 선출된 이후 일부 부족들이 이슬람 공동체를 이탈하는 움직임도 발생했습니다. 아랍에미리트 지역에서도 '릿다 운동'(Ridda Wars, 632~634년)이라는 반이슬람 운동이 격렬하게 발생했습니다. 아랍어로 '릿다'는 자기가 신봉한 종교를 등지고 신앙생활을 져버리는 행위를 뜻하는 '배교'를 의미합니다.

반이슬람 운동은 곧 진압되었습니다. 이는 아라비아반도를 재통일하고 이슬람 움마(공동체)가 대제국으로 팽창하는 발판이 되었습니다. 아랍에미리트 지역에서는 1대 칼리프 아부 바크르가 오늘날 샤르자 지역에서 대대적인 반란 진압을 주도했는데, 반란 진압 과정에서 1만 명 이상의 사망자가 발생했다고 합니다.

② 중개무역 발달과 서구 열강의 침략

사막에서 유목 생활을 하는 베두인(Bedouin)은 아라비아반도를 무대로 살아왔습니다. 베두인은 도시가 아닌 곳에 사는 사람을 가리키며, 일반적으로 아랍계의 유목민을 의미합니다. 그들은 부족을 형성하여 오아시스가 있는 지역을 중심으로 거주했습니다.

어떤 부족은 두바이, 라스알카이마 등 해변에 살면서 인도계 상인들의 무역을 지원하면서 삶을 영위했습니다. 아랍에미리트의 가장 위쪽에 있는 라스알카이마 지역은 지리적 이점을 이용하여 인도양을 통한 유럽 및 아시아 간 중개무역이 발달했습니다. 중개무역 덕분에 라스알카이마 지역은 주요 항구이자 진주 산업의 중심지로 역할을 해왔습니다.

16세기 들어 유럽의 해상 진출이 활발해지면서 포르투갈, 영국, 네덜란드 등 서구 열강들은 아랍에미리트까지 진출했습니다. 그중 가장 먼저 진출한 나라는 포르투갈이었습니다. 포르투갈은 걸프 지역을 두고 오스만 투르크 제국과 대립하기도 했습니다. 포르투갈은 걸프 지역으로 진출하여 라스알카이마, 오늘날 오만의 수도인 무스카트 등 아라비아반도 동남 지역에 있는 주요 항구를 점령했습니다.

포르투갈에 이어서 진출한 나라는 네덜란드와 영국이었습니다. 영국은 1720년대에 걸프 지역에 동인도 회사를 세웠습니다. 동인도 회사는 영국·네덜란드·프랑스 등이 자국에서 동양에 대한 무역권을 부여받아 동인도에 설립한 무역회사입니다. 그중 영국이 동인도 회사를 설립한 뒤부터는 자국 상인의 안전과 이익을 위해 아랍에미리트 일대에 본격적인 관심을 두기 시작했습니다.

1722년, 이란의 사파비드(Safavid) 왕조가 멸망하고 1724년에는 오만의 야리바(Yariba) 왕조가 몰락하면서 아라비아반도는 극심한 혼란에 빠집니다. 이 혼란한 시기를 틈타서 영국은 아라비아반도에서 영향력을 확대하여 200년 동안 패권을 장악했습니다.

1818년, 영국은 아부다비, 두바이, 라스알카이마 등의 지도자들과 영구 해상평화조약을 체결합니다. 그리고는 이 지역을 '걸프 지역 영국보호령 휴전 국가연합'(The Trucial States)으로 명명합니다. 초기에 이 조약들은 매년 갱신하는 방식을 취했고, 1843년부터는 10년 단위로 조약이 체결되었습니다.

영구해상평화조약은 당연히 영국에게 일방적으로 유리한 내용이었습니다. 조약에 따르면 각 에미리트는 대형 선박 건조 및 해안선에 요새를 구축할 수 없고, 영국의 승인 없이는 다른 국가와 독립적인 관계도 맺지 못하도록 규정했습니다. 이로써 이들 지역은 철저히 영국의 지배 아래 놓이게 됩니다. 하지만 영국은 이들 에미리트의 내부 문제에 대해서는 적극적으로 개입하지 않았습니다.

이러한 주변 정세에 에미리트 내부에서는 어떤 일이 있었을까요? 1855년, 셰이크 자이드 빈 칼리파 알 나흐얀(Sheikh Zayed bin Khalifa Al Nahyan)이 20세의 젊은 나이로 바니 야스(Bani Yas) 부족의 셰이크(지도자)로 선출되고 1909년까지 무려 54년간 통치합니다. 바니 야스 부족은 현재의 아랍에미리트와 사우디아라비아 국경 지역에 있는 리와(Liwa)라는 오아시스 지역에 살던 사람들입니다. 이들이 아부다비와 두바이로 건너가 정착하면서 오늘날 아부다비와 두바이로 명맥을 유지합니다.

셰이크 자이드 빈 칼리파는 전임 지도자로부터 물려받은 여러 불평등한 조약 때문에 당시 영국 관료들과 여러 차례 충돌이 있었습니다. 영국 지배 아래에 있었기 때문에 충돌하는 것은 현명한 해결책이 되지 못했을 겁니다. 그래서 시간이 흐르면서 그는 영국을 배척하기보다 우호적 관계를 구축하여 많은 것을 얻을 수 있다는 것을 깨닫게 됩니다. 영국 관료들 역시 그의 정치적 수완을 존중하기 시작했고, 영국의 후임 정무 공사들도 에미리트들과 상호 존중하는 관계를 수립하게 됩니다.

영국이 그 일대에 대해 독자적인 영향력을 행사하다가 19세기 말 프랑스·독일·러시아 등 다른 유럽 국가도 아라비아반도로 진출하기 시작합니다. 영국은 걸프 지역에서의 독점적 영향력 행사를 위해 1892년 보호령 귀속 조치를 단행합니다. 즉, 1892년 3월 6일, 각 에미리트는 영국과 배타 협정(Exclusive Agreement)을 체결하고 영국의 보호령으로 들어갑니다. 이 조약에는 영국을 제외한 어떤 국가와의 서신 왕래도 금지하고, 영국의 허락 없이는 그 누구에게도 자신의 영토에 외지인을 거주하게 할 수 없으며, 영국 정부를 제외한 그 누구에게도 자신의 영토 일부를 할양, 매각, 담보 등을 할 수 없다는 내용이 포함되어 있습니다.

시간이 흐를수록 영국은 제국주의적 태도를 본격적으로 드러냅니다. 각 에미리트에 요구 수준을 꾸준히 높이고, 에미리트 지도자들에 대한 압박 수위도 한층 높이게 됩니다. 쿠웨이트, 카타르, 바레인을 포함하는 다른 걸프 국가들도 1853년 영국과 보호조약을 맺어 영국의 보호지역이 되었습니다. 이들 국가는 1916년 5월 영국과 프랑스 간의 비밀 협정인 사이크스-피코 협정(Sykes-Picot Agreement)에 의해 영국 위임통치 지역으로 편입됩니다. 그 이후 쿠웨이트는 1961년 6월에 독립하고, 바레인은 1971년 8월, 아랍에미리트와 카타르는 1971년 12월에 각각 독립했습니다.

③ 아부다비와 두바이의 뿌리, 바니 야스 부족

아부다비와 두바이 사람들은 오늘날 아랍에미리트와 사우디아라비아 국경 지역에 있는 리와(Liwa)라는 오아시스 지역을 중심으로 살던 바니 야스 부족 출신입니다. 당시 바니 야스 부족 연합을 이룬 가문 중에 알 팔라히(Al Falahi)와 알 팔라시(Al Falasi)가 있었습니다. 1790년경 알 팔라히 가문은 리와에서 아부다비 해안지역으로 근거지를 옮겼습니다. 아부다비 섬 인근 에서 민물 지하수가 발견되었기 때문이죠. 알 팔라히 가문의 한 갈래인 알 나흐얀(Al Nahyan) 가문은 아부다비에서 부족국가를 수립합니다. 이것이 훗날 아부다비 에미리트로 발전하게 됩니다. 알 나흐얀 가문은 지금까지 아부다비 지도자 가문이자 아랍에미리트 대통령 가문이 되었습니다.

바니 야스 부족의 또 다른 가문인 알 팔라시는 1833년에 바니 야스 동맹 에서 이탈하여 두바이 지역에 정착해 오늘날 두바이의 통치 가문인 알 막툼 (Al Maktoum) 가문을 세우게 됩니다. 이것이 오늘날 두바이의 뿌리입니다.

알 막툼 가문은 아부다비의 알 나흐얀과 마찬가지로 지금까지 두바이의 지도자 가문입니다.

바니 야스 부족은 견고하면서도 변화를 수용하고, 개방적이었습니다. 새롭게 참여한 동맹 세력과 지지 세력은 상호이익, 결혼을 통한 혈연 등의 끈으로 이너 서클에 들어오게 했습니다. 바니 야스 부족도 '아싸비야'라고 하는 연대의식, '움마'라고 하는 공동체 등 아랍의 특성을 고스란히 가지고 있습니다.

당시 바니 야스 부족 내에서 지도자는 알 니흐얀 가계에서 배출된다는 광범위한 약속이 존재했습니다. 오늘날 아부다비의 통치 가문인 알 나흐얀 가문은 당시에도 통치 능력을 인정받은 셈입니다. 과거 바니 야스 부족의 지도자 알 팔라히는 자기 아들 나흐얀에게 자리를 계승시켰습니다. 이때부터 나흐얀의 후손은 전통적으로 바니 야스 부족의 지도자를 배출하는 것으로 여겨졌습니다. 알 나흐얀 가계가 신으로부터 특별한 지위를 받은 후손도 아니었고, 사회적 지위가 탁월한 가계도 아니었습니다. 하지만 당시 부족민들은 알 나흐얀 가계를 유능하고 명예로운 사람들로 여겼다고 합니다.

유능하고 명예로운 지도자를 뽑는 것은 사막 유목민에게는 매우 중요한 문제입니다. 생존과 직결되어 있어서죠. 사막에서 지도자를 잘못 뽑았다간 망하는 것은 한순간입니다. 지도자의 리더십과 부족 전체의 생존이 직결되어 있기 때문입니다.

④ 진주 산업의 쇠퇴와 석유 발견

아랍에미리트는 1958년 석유가 발견되기 전까지는 진주(Pearl) 산업과 어업의 비중이 컸습니다. 19세기와 20세기 초까지 아랍에미리트에서는 진주 산업이 크게 발달하여 인도와 유럽에 수출까지 했습니다. 그러나 1920년대 큰 시련이 닥칩니다. 1920년대 세계 대공황과 일본의 인공 진주 양식 성공으로 아랍에미리트의 진주 산업은 큰 타격을 받게 됩니다.

2019년 10월, 영국 일간지 가디언은 아랍에미리트에서 세계에서 가장 오래된 것으로 추정되는 진주가 발견돼 일반에 공개한다고 보도한 바 있습니다. 방사성 탄소 연대 측정 결과 진주가 발견된 지층은 기원전 5,800~5,600년에 형성된 것으로 보고 있습니다. 16세기 베네치아의 보석거래상 역시 아부다비 해안에 있는 섬에 진주가 많았다는 것을 언급한 바 있다고 아랍에미리트 문화부가 밝혔습니다.

진주 산업 이외에 다른 큰 산업이 없었던 아랍에미리트에서는 석유 발견에 대한 기대가 고조되었습니다. 아부다비, 두바이, 샤르자 등의 지도자들은 BP, Shell, Total 등 메이저 석유회사들과 유전 공동개발에 합의하고 협력을 모색합니다. 그러다 기적과 같은 일이 일어납니다. 1958년 아부다비에서 석유가 발견된 것입니다.

아랍에미리트는 석유 발견 4년 후인 1962년부터 본격적으로 아부다비산 석유를 수출했으며, 석유 발견 9년 만인 1967년에 석유수출기구(OPEC, Organization of the Petroleum Exporting Countries)에 가입해 명실상부한 산유국 반열에 오릅니다. 그리고 1969년에는 두바이산 석유를 수출하기 시작했습니다.

아랍에미리트는 석유와 천연가스로 벌어들인 막대한 오일 머니는 사회 인프라 확충, 교육, 보건 등에 집중적으로 투자되었으며, 산업 전반에 걸쳐 혁명적인 변화를 경험합니다. 그 결과 1960년대 8~10만 명에 불과하던 인구가 급격하게 증가했습니다. 오늘날 작지만 강한 국가로 변모한 아랍에미리트의 성장 배경에는 석유 뿐만 아니라 지도자들의 리더십과 비전이 있었습니다.

헌법에 따라 각 에미리트에 속한 천연자원은 연방 정부가 관여하지 않고 각 에미리트의 공적 자산으로 귀속되어 있습니다. 연방 정부는 석유 제품 가격고시, 통계 관리 등 제한적인 역할을 수행할 뿐입니다. 연방 헌법 23조에 아래와 같이 명시가 되어 있습니다.

"The natural resources and wealth in each Emirates shall be considered to be the public property of that Emirate." (각 에미리트의 천연자원과 부는 해당 에미리트의 공적 자산으로 간주한다.)

1988년, 아부다비 최고석유위원회(SPC, Supreme Petroleum Council)가 설립되었습니다. 아랍에미리트 대통령이자 아부디비 지도자가 의장을 맡고, 위원회에 알 나흐얀 가문의 주요 인사들이 다수 참여하고 있습니다.

⑤ 영국 철수 후 독립연방국가로 전환

2차 세계대전 이후 세계 각지에서 탈식민지화 바람이 거세기 불었습니다. 그 무렵 중동에서도 아랍 민족주의, 이슬람 부흥운동이 일어났습니다. 탈식민지화와 아랍 민족주의의 부흥에 힘입어 아부다비를 중심으로 에미리트 연합을 구상했습니다. 1952년에는 영국 정부 주도하에 7개 부족 지도자로 구성된 '걸프 지역 영국 보호령연합위원회'를 설립함으로써 연합국가 건국이 태동하기 시작했습니다.

1964년, 영국에 노동당 정권이 들어섰습니다. 영국 정부는 국가재정을 국내 분야에 주로 투입하는 등 제국주의적 태도가 서서히 약화하고 있었습니다. 1960년대 중반부터 영국 경제가 악화하였고, 국방예산 지출에 대한 감축 가능성도 점차 커지는 상황이었습니다. 1966년 2월 발표된 영국 국방백서는 '수에즈 동부지역'에서 영국 기지를 철수하면 잠재적 비용 절감 효과가 기대된다는 분석까지 나왔습니다. 영국을 둘러싼 대내외 상황이 아랍에미리트와 맺은 조약 탈퇴로 점차 기울어지고 있었습니다.

1968년 1월, 결국 영국 정부는 에미리트 지도자들에게 1971년 말까지 맺은 기존 모든 조약에서 손을 떼고 그동안 부담한 각종 책임에서 완전히 철수하겠다는 의사를 통보합니다. 1970년 6월, 영국에서는 다시 보수당 정권이 들어섰지만 예정된 일정에 따라 아랍 만에서 자국 군대를 철수하기로 최종 못을 박게 됩니다.

영국의 갑작스러운 철군 결정으로 안보 환경에 악영향으로 미칠 우려가 컸습니다. 아부다비 에미리트의 경우 사우디아라비아, 카타르, 오만과 심하지는 않았지만 영토 분쟁도 겪고 있었습니다. 하지만 아부다비 에미리트를 중심으로 각 에미리트는 영국 철군 후 자신들이 마주할 운명을 직시해야만 했습니다. 위기를 곧 기회로 바꾸어야 할 기회가 다가온 것입니다.

결국 1971년 12월 2일, 라스알카이마를 제외한 6개 에미리트로 구성된 '아랍에미리트연합국'(UAE, United Arab Emirates)이 창설됩니다. 얼마 되지 않아 라스알카이마는 1972년 2월 10일 아랍에미리트에 합류했습니다.

처음에는 카타르와 바레인도 연합국가 창설에 협상을 벌였습니다. 하지만 협상에서 중도 탈퇴하여 카타르와 바레인은 각각의 독립 국가를 선포하게 됩니다.

통합의 리더십, (고)자이드 대통령

① 이슬람 리더십의 근원, 관용과 통합

"Wealth is not money and oil. Wealth lies in peace and it is worthless if not dedicated to serve the people."
-(고)자이드 초대 대통령

기독교와 불교의 정신이 각각 사랑, 자비라면 이슬람의 기본 정신은 관용과 통합이라고 할 수 있습니다. 제가 경험한 바로 국가정책뿐만 아니라 국민의 일상생활에서도 지금까지 이어져 내려오고 있는 소중한 가치입니다.

이슬람은 탄생한 지 거의 100년 만에 프랑스까지 진출했습니다. 이렇게 빠른 속도로 성장한 종교는 역사상 찾아보기 힘들 정도입니다. 이슬람이 성공할 수 있었던 배경에는 조세 정책, 화합과 평등을 내세운 내치 시스템, 소수민족 포용 정책 등 훌륭한 통치기술이 있었습니다. 그중에 관용성(Tolerance)을 빼놓을 수 없습니다. 관용성은 이슬람문화의 가장 큰 특징 중 하나입니다. 무슬림은 유럽을 정복하는 과정에서도 이교도의 종교를 인정하고 그들의 종교 활동까지 보장했습니다. 당시로서는 그 어떤 곳에서도 선보인 적 없던 파격적인 조치였습니다.

통합 역시 빼놓을 수 없는 이슬람의 특징입니다. 이슬람문화가 급속하게 팽창할 수 있었던 배경에는 통합이 있습니다. 이슬람은 정복을 통해 중앙아시아, 동남아시아, 유럽까지 방대한 지역을 통합했습니다. 먼저 군사적, 정치적 권력으로 통합하고, 이슬람교를 매개로 하나로 묶어 놓았습니다. 오늘날까지 중동의 22개 아랍 국가가 이슬람을 매개로 세계 최대 단일문화권을 이루고 있습니다. 이러한 통합의 정신은 이슬람문화에 고스란히 남아 있습니다.

이슬람의 관용과 통합을 보여주는 역사적인 사건이 있습니다. 십자군전쟁 때 유럽의 십자군은 1099년 예루살렘을 정복한 후 예루살렘에 살고 있던 무슬림과 유대인을 모조리 학살합니다. 심지어 임산부도 살아남을 수 없었습니다. 그 후 1187년, 이슬람의 살라딘 장군(쿠르드족 출신)이 다시 예루살렘을 되찾았습니다. 이때 예루살렘에 있던 사람들은 90여 년 전에 어떤 일이 벌어졌는지 알고 있었으므로 살아남을 거라고는 상상하지도 못했을 겁니다.

예루살렘 지역을 되찾은 살라딘 장군은 어떤 결정을 했을까요? 장군은 90여 년 전에 일어났던 일에 보복하지 않았던 겁니다. 대신 선택지를 주었습니다. 함께 살 사람은 여기에 남고, 그렇지 않으면 떠날 것을 명합니다. 3일간의 유예기간을 주었습니다. 성문을 열어 두고 약간의 세금을 제외한 재산도 가지고 떠나게 해주었습니다. 그때 떠난 사람도 있지만, 잔류한 사람도 적지 않았습니다. 그때 떠나지 않고 잔류한 유대인과 기독교인의 후손이 지금도 중동에서 살아가고 있습니다. 유럽의 기독교가 의문의 1패를 한 셈입니다.

아랍에미리트를 건국한 자이드 대통령 역시 통합을 중요하게 여겼습니다. 수시로 '통합', '통일'이라는 단어를 구사해왔습니다. 당시 시대상을 극복하고 연방국가를 만드는 데 통합이 중요하다고 판단한 것입니다. 과거 사막 생활을 할 때도 통합이 중요했고, 지금도 마찬가지입니다. 통합은 생존과 직결되어 있습니다.

아랍에미리트의 아버지라고 불리는 고(故) 자이드 대통령
이름은 Sheikh Zayed bin Sultan Al Nahyan 입니다.

2020 두바이 엑스포 아랍에미리트 파빌리온에 적혀 있는 글귀도 통합에 관한 것입니다. "Unity is the way to strength, honor and the common good."

1966년 8월 6일, 아부다비 에미리트의 지도자 자리에 오른 셰이크 자이드가 권좌에 오르자마자 시행한 첫 시책 역시 관용과 통합이었습니다. 사람들의 예상과는 다른 행보였습니다. 아부다비 주민들은 셰이크 자이드가 대규모 경제적, 사회저 프로젝트를 추진할 것으로 기대했습니다. 하지만 그는 사람들이 예상하지 못한 두 가지 일을 추진했습니다.

지도자로서 그의 첫 시책은 아부다비 에미리트와 카타르 에미리트 간 여러 세대에 걸친 노골적인 적대감을 종식하는 일이었습니다. 30년 만에 카타르 지도자가 아부다비 에미리트를 방문했고, 셰이크 자이드 역시 카타르를 답방합니다. 두 지도자의 상호 방문을 계기로 상호 간 영토 분쟁은 대화와 협상을 통해 해결되어야 한다는 점을 확실히 보여주었습니다.

그 다음, 셰이크 자이드는 전임 통치자이자 그의 형인 셰이크 샤크부트(Sheikh Shakhbut) 치하에서 조국을 떠난 사람들의 귀국을 허용했습니다. 귀국을 희망하지 않는 사람에 대해서도 언제든지 원할 때 귀국할 수 있도록 화해의 손길을 먼저 내밀었습니다.

일곱 개의 에미리트로 구성된 아랍에미리트는 에미리트 간의 통합을 매우 중시합니다. 통합은 건국 이후 지금까지 이어져 온 가치입니다. 1971년 연합국가를 구성할 때도 그랬지만 지금도 통합을 중시합니다. 아랍에미리트가 펼치는 각 종 정책들을 봐도 알 수 있습니다. 아랍어로 '에티하드'(Etihad)는 통합을 의미하는데, 우리에게 잘 알려진 에티하드항공사(인천과 아부다비 간 직항로 운행)는 통합이라는 의미를 내포하고 있습니다.

사막이라는 척박한 자연환경에서 생존해 온 이들은 자유와 독립을 중시했지만, 생존에 꼭 필요한 상호 협력하는 습관을 발전시켜 나갔습니다. 그 과정에서 만장일치의 문화가 자리잡은 것으로 보입니다. 생존을 위해서라면 함께 집단을 형성했고, 특정 리더를 존경하는 경우라면 그의 리더십을 기꺼이 수용했습니다. 그래서 오늘날까지 생존해 온 것입니다.

해변 지역에서 살던 일부 바니 야스 부족은 어부로 살면서 자신들의 가축을 다른 동맹 부족에게 돌보도록 맡기기도 했을 정도였습니다. 이 정도면 파격적인 협력적 관계가 아닐 수 없습니다. 바니 야스 부족 동맹체제의 상호 의존적 성격은 이들이 가진 통합이 상당히 유연했음을 알 수 있습니다. 배척하기보다는 가족 집단에 추가하고 동맹을 결성하고 크고 강력한 집단 이루기 등을 했습니다. 움마(공동체)와 아싸비야(연대의식)가 생겨난 배경이기도 합니다.

사막처럼 거친 환경에서 적대 세력을 가능하면 적게 만드는 것이 지혜로운 처사였을 것입니다. 이들을 둘러싼 자연환경이 무척이나 척박했지만, 아랍 베두인족은 이러한 환경에 맞는 특별한 미덕을 스스로 만들어 나갔습니다. 그것이 오늘날까지 이어져 '사막의 기적'을 만든 것입니다.

◆ 꾸란은 이렇게 말한다
"부유할 때나 어려울 때를 가리지 않고 자선을 베풀며 화내지 아니하며 사람들에게 관용과 자비를 베푸는 자는 하나님의 사랑을 받을 것이니라"
(꾸란 3장 134절)

② 형 셰이크 샤크부트와 동생 셰이크 자이드(1966~2006년 재위)

1855년부터 1909년까지 무려 54년간 아부다비 지역을 통치했던 지도자는 셰이크 자이드 빈 칼리파 알 나흐얀(Sheikh Zayed bin Khalifa Al Nahyan)입니다. 나흐얀 가문이고, 칼리파의 아들 자이드라는 의미입니다.

그에게는 '위대한 자이드'(the Great Zayed)라는 별도의 타이틀도 따라붙습니다. 그 뒤를 이어 그의 아들인 셰이크 술탄(Sheikh Sultan)이 통치했습니다. 또 그의 뒤를 이은 사람이 동생인 셰이크 샤크부트입니다. 그는 1928년부터 1966년까지 아부다비 지역을 통치하게 됩니다.

셰이크 샤크부트가 권력을 승계한 이후 아부다비는 경제적으로는 불안정했지만, 정치적으로는 상대적 안정기를 경험하게 됩니다. 그러나 1950년대 후반부터 1960년대 초반까지 아부나비에 서로 대립하는 두 개의 중심이 출현합니다. 형제의 난까지는 아니지만, 형제간의 문제가 생깁니다. 바로 셰이크 샤크부트의 소극주의와 셰이크 자이드의 실천주의입니다.

만일 이 둘이 아부다비에 함께 살았다면 분쟁이 발생했을 수도 있었습니다. 대개 가까이 있으면 부딪히는 법이니까 그렇습니다. 하지만 이들은 서로 멀리 떨어진 지역에 거주했기 때문에 표면적으로 부딪히지 않았습니다. 원교근공의 원리가 작동하는 셈입니다. 특히 사막이라는 환경에서는 물의 확보가 생존과 직결되기 때문에 가까운 부족과는 동맹 관계를 맺지 않고서는 늘 긴장 관계의 연속입니다.

셰이크 샤크부트는 원래 조심하는 성격이었다고 합니다. 모든 것이 물거품처럼 사라지던 세계 대공황 시절을 경험했기 때문에 매사에 더욱 신중을 기한 것으로 보입니다. 그의 보수적 태도와 변화에 대한 우려가 커지자 그는 점차 방향성조차 상실했습니다. 심지어 셰이크 샤크부트는 아부다비의 사회적, 경제적 발전을 진전시키기에 충분할 만큼의 대규모 재원 배분을 계속해서 반대했습니다.

1962년 11월 5일, 셰이크 자이드는 영국 정무 주재관 보우스테(Hugh Boustead) 대령과 한 시간 동안 접견을 했습니다. 둘의 대화에서 셰이크 자이드는 그의 형이자 통치자 셰이크 샤크부트에 대해 비판하기도 했습니다.

심지어 그의 통치가 더 지속하면 아부다비 에미리트의 발전은 불가능하다고 말할 정도였습니다. 셰이크 자이드는 셰이크 샤크부트가 에미리트의 발전에 완전히 역행하는 방향으로 결심을 굳혔고, 개혁을 실행할 생각조차 없다고까지 생각했습니다. 셰이크 자이드는 셰이크 샤크부트의 경제 정책들이 외국 기업을 내쫓을 것이라고 우려했습니다. 당시 투자와 혁신은 아부다비의 발전을 위해 매우 중요했던 시기였습니다.

시간이 지날수록 아부다비의 상황은 엄중한 시점에 도달했다는 인식이 팽배해 졌습니다. 그러던 1966년 봄, 셰이크 샤크부트는 요르단을 방문했습니다. 이 방문을 계기로 그가 정책을 변화시킬 수 있을까 하는 일말의 기대가 있었습니다. 요르단의 발전상을 보고 아부다비가 벤치마킹할 것이 무엇인지 깨닫길 바라는 사람들의 소망이 있었습니다. 하지만 셰이크 샤크부트의 요르단 방문 결과는 오히려 더 나쁜 결과를 낳았고 사람들은 크게 실망했습니다.

아부다비는 발전은커녕 정체하게 되면서 새로운 통치자의 등장이 불가피해 졌습니다. 1966년 여름, 셰이크 샤크부트가 반드시 퇴임해야 한다는 목소리가 통치 가계 내부에서 나오게 됩니다. 그를 승계할 인물로는 그의 동생 셰이크 자이드가 거론되는 상황이었습니다. 그러나 형의 리더십에 불만을 품고 있던 셰이크 자이드였지만 승계에 관해서는 반대했습니다. 그는 아랍의 전통인 명예를 존중하는 차원에서 셰이크 샤크부트를 돕겠다고 맹세했습니다. 여기에서 명예가 아랍전통에 얼마나 뿌리 내리고 있는지 알 수 있습니다.

하지만, 통치 가계 내의 만장일치와 권유, 아부다비를 둘러싼 대내외 환경 등을 고려했을 때 셰이크 자이드는 통치자 지위를 승계할 수밖에 없었습니다. 마침 셰이크 샤크부트는 그를 둘러싼 싸늘한 여론을 감지했습니다. 그래서 그는 즉시 아부다비 에미리트를 떠나는 것에 동의하기에 이르렀습니다. 1966년 8월 6일, 셰이크 자이드는 통치자 자리를 승계했고, 아부다비 주민들은 그를 열렬히 환호했습니다.

전임 통치자가 된 셰이크 샤크부트는 영국 공군기를 타고 38년 동안 통치했던 아부다비를 떠나 바레인으로 향했습니다. 그가 바레인에 도착했을 때 바레인 통치자 이사 빈 살만(Isa bin Salman)이 영접했습니다. 이사 빈 살만은 아부다비의 통치 가문과 친분이 깊었기 때문입니다. 고국을 떠난 셰이크 샤크부트는 바레인, 영국, 레바논, 이란에서 체류하면서 고국으로 돌아갈 날을 고대하고 있었습니다. 아랍에미리트가 정치적으로 안정이 된 후 그는 마침내 고국으로 돌아올 수 있었습니다. 이후 그는 고향인 알아인(Al Ain)에서 편안하게 여생을 마쳤습니다.

③ 고(故) 자이드 대통령의 비전과 리더십

아랍인의 기원은 거칠고 척박한 사막에서 시작되었습니다. 당시 사막의 삶은 어땠을까요? 우리가 상상하기조차 어려운 악조건이었습니다. 지구온난화로 세계 곳곳이 폭염으로 난리법석입니다. 한여름 사막에 가보시면 숨이 머질 정도입니다.그래서 사막 유목민의 삶은 하루하루가 생존과 직결되어 있습니다. 사막의 자연환경은 아랍인들에게 거칠고 자립적인 성격을 부여했습니다.

그 자립심이 원동력이 됐을까요? 아랍 세계는 이슬람을 바탕으로 유럽까지 빛의 속도로 정복할 수 있었습니다. 프랑스까지 가는데 100년 정도밖에 걸리지 않았습니다. 그리고 통치기술뿐만 아니라 과학기술, 학문, 문화 등 많은 분야에서 엄청난 성과를 이룰 수 있었습니다. 그 성과들이 유럽으로 흘러 들어가 대항해 시대, 르네상스, 산업혁명으로 이어졌다고 해도 과언이 아닙니다. 셰이크 자이드가 성장한 기반도 바로 이런 아랍 부족이었습니다.

1968년 11월, 주사우디아라비아 미국 총영사 딘스모어는 아부다비의 젊고 새로운 통치자 셰이크 자이드와 만났습니다. 만남 이후 자이드에 대한 평가는 이러했습니다. "셰이크 자이드는 유능하고, 강하고, 정치적 명민함이 뛰어나고, 무엇보다도 정직한 사막 출신의 아랍인이다."

딘스모아보다 한 세기 전인 1863년, 한 영국 외교관이 아랍 지역 방문 후기를 한 잡지에 기고했는데, 그 내용은 이랬습니다. "만약 여러분이 이곳 아랍인들을 직접 만나게 된다면 그들이 과거에 어떻게 영광을 누릴 수 있었는지 이해할 것이다. 그들이 과거의 명성을 되찾을 수 있는 자질이 있다는 것을 알게 될 것이다."

아랍에미리트를 건국한 자이드 대통령의 조부(Sheikh Zayed the Great 라고도 불림)는 바니 야스 출신으로 베두인 부족과의 통일을 성공적으로 이끈 분입니다. 사막을 배경으로 살아가는 베두인 부족은 이질적이고 분열적인 기질이 강하기 때문에 통합이 쉽지 않은 작업이었습니다.

자이드 대통령의 조부가 사망한 후 바니 야스의 정치 체제는 큰 혼란과 폭력이 발생하기도 했습니다. 그래서 셰이크 자이드가 현실 정치에 참여하게 됐을 때 그는 각 분파의 이해관계를 조율하고 혼란과 폭력을 종식하기 위해 평화, 화해, 통합을 최고의 목표로 설정하게 된 것입니다.

1928년부터 1966년까지 아부다비를 통치한 통치자이자 자이드 대통령의 형인 셰이크 샤크부트는 40년 가까이 평화 정착과 주민들에게 혜택을 주는 정책에 심혈을 기울였습니다. 그러나 그는 현대성과 진보에는 미온적이었습니다. 동생 셰이크 자이드는 형과는 반대로 아랍 지역에 퍼져가고 있던 현대성과 진보를 거역할 수 없는 시대적 흐름으로 인식했습니다. 셰이크 자이드의 형이자 전임자가 새로운 시대적 흐름을 보수적으로 접근했다면, 셰이크 자이드는 이러한 물결을 새로운 기회로 받아들였습니다.

1966년 8월 6일 통치자 자리를 승계한 당일부터 셰이크 자이드가 마주한

곤경은 변화와 진보를 통해 새로운 사회를 건설하고자 하는 열망에서 기인한 것이었습니다. 전임 통치자 셰이크 샤크부트는 아부다비 에미리트에 거의 40년 가까이 평화를 지속시켰습니다. 그렇지만 주민들은 신임 통치자 셰이크 자이드에게 더 많은 것을 기대했습니다. 셰이크 자이드는 통치자 지위 승계를 자신이 구상하던 원칙들을 현실 정책에 반영하고 이 지역의 통일이라는 비전을 구현할 기회로 판단하게 됩니다.

1968년 1월, 영국 정부는 아부다비를 포함한 다른 에미리트 통치자들에게 1971년 말까지 에미리트들과 맺은 기존 모든 조약에서 손을 떼고, 완전히 철수하겠다는 의사를 통보했습니다. 영국의 철수는 분명 갑작스러운 결정이었지만, 이 지역의 통치자들은 신속하게 자국 주민의 안전과 이익을 위해 상호 협력할 필요성에 집중하기 시작했습니다. 에미리트 간에 통합하지 않으면 어려운 대내외 정치·안보 환경을 잘 헤쳐 나가기 어려웠을 겁니다.

셰이크 자이드는 오늘날 두바이 통치자 가문인 셰이크 라시드와 각각의 에미리트를 하나로 통일하려고 한 발짝씩 나아갔습니다. 통일 과정의 중요한 첫걸음으로 에미리트들의 뼈대가 될 수 있는 합의가 통치자 셰이크 자이드와 두바이 통치자 셰이크 라시드 사이에서 체결되었습니다. 1968년 2월 18일, 이 두 통치자는 통일에 합의했습니다. 이 양자 간 합의에는 외교, 국방, 치안, 의료 등에 대한 공통 접근을 통해 하나의 연방국을 건설한다는 내용이 담겨 있었습니다. 1968년 3월 20일, 셰이크 자이드는 아부다비의 발전 전략을 상세히 기술한 '5개년 계획'을 공식 발표했습니다.

처음에는 카타르와 바레인도 포함한 통일을 고려했습니다. 영국 역시 바레인, 카타르를 포함한 연방국가 건설을 희망했습니다. 하지만, 아랍 세계는 각자 처한 상황이 천차만별이었고, 7개 에미리트 역시 이해관계가 너무 다양하고 복잡해서 연방 창설에 실패할 가능성이 클 것으로 영국은 예상했습니다. 카타르와 바레인은 지리적으로도 아랍에미리트로부터 조금 떨어져 있어서 더 어려웠을 겁니다.

시간이 갈수록 카타르와 바레인은 자국 이익만을 고집하고 있었습니다. 9개 에미리트 모두 참여하는 연방 창설 전망은 불가능해지고 있었던 겁니다. 결국 1971년 8월 14일, 바레인은 주권을 가진 독립 국가임을 선언했고, 9월 1일에 카타르가 그 뒤를 따랐습니다.

불과 몇 년 전만 해도 영국 관료들은 이 지역에 정치적, 경제적 하부 구조가 부족해서 통일 작업이 어려울 것이라는 예상했습니다. 하지만, 셰이크 자이드가 등장한 후 정치 판도가 급격하게 변해갔고, 영국 관료들의 예상이 틀렸다는 것이 증명되기 시작했습니다.

1971년 6월 18일, 아부다비, 두바이, 샤르자, 아즈만, 움알콰인, 푸자이라의 6개 에미리트는 최종 합의를 도출했습니다. 그리고 당일 통치자 여섯 명 모두 공동합의문에 서명을 마쳤습니다. 공동합의문에는 다음과 같은 선언이 포함되어 있습니다.

"아랍인들의 소망을 담아 아부다비, 두바이, 샤르자, 아즈만, 움알콰인, 푸자이라, 이렇게 6개 에미리트는 아랍에미리트라는 이름의 연방 창설을 결의했다. 오늘 우리는 아랍에미리트 임시 헌법에 사인을 마쳤다. 이렇게 좋은 소식을 위대한 아랍인들에게 전하면서 우리가 창설하기로 한 연방이 당면한 조건 때문에 잠시 참여를 보류한 이웃 에미리트 주민들까지도 포함할 연방의 뼈대가 될 수 있도록 알라신께 기도하는 바이다."

그러나 샤르자 지역에서 예기치 못한 복병이 발생했습니다. 통일 선언 발표 두 달도 채 되지 않아서 샤르자에서 쿠데타가 발생하게 된 것입니다. 쿠데타를 주도한 세력은 전 샤르자 통치자였던 Sheikh Saqr였습니다. 자이드 대통령의 명을 받은 셰이크 무함마드(현 두바이 통치자)는 강단 있는 협상 끝에 쿠데타 세력을 직접 체포하기까지 했습니다. 쿠데타가 실패로 막을 내린 뒤 자이드 대통령은 셰이크 무함마드에게 대추야자와 커피를 건네면서 "무함마드, 당신 때문에 해결이 되었소"라고 격려했습니다.

1971년 12월, 뉴욕의 유엔본부 건물 앞에는 아랍에미리트의 국기가 게양 됐습니다. 두바이의 알 자마이라 궁전에도 새로운 깃발 하나가 처음으로 게양 되었습니다. 적색, 녹색, 백색, 흑색 이 네 색채는 전통적으로 아랍에미리트 창설에 참여한 각 에미리트와 과거 역사를 상징하는 것이었습니다. 적색은 과거 역사 에서 흘린 피를 의미하고, 녹색은 풍요로운 국토, 백색은 청정함, 그리고 흑색은 과거 전쟁을 의미합니다.

그해 11월까지만 해도 라스알카이마 에미리트가 연방에 참여할 것으로 기대됐으나, 최종적으로 1971년 12월 2일, 6개 에미리트만으로 아랍에미리 트가 건국되었습니다. 1971년 건국 이후에도 셰이크 자이드는 연방 밖에 머물 겠다는 라스알카이마의 결정을 허용했고, 합류하라는 그 어떤 압박도 가하지 않았습니다.

그러나 얼마 지나지 않아 라스알카이마도 연방에 참여했습니다. 1972년 2월 10일, 라스알카이마는 있는 그대로의 임시 헌법을 수용하고 아랍에미리 트에 가입하게 된 것입니다. 라스알카이마가 아랍에미리트에 합류하자 그 누구 보다도 기뻐한 사람이 바로 셰이크 자이드였습니다. 최고위원회는 만장일치로 라스알카이마 연방 가입을 승인했고, 이로써 아랍에미리트는 완전한 형태를 갖춰지게 되었습니다. 이로써 7개 에미리트 모두 참여하는 연방을 희망했던 셰이크 자이드의 소망은 결실을 보았습니다.

유엔본부 내 아랍에미리트 좌석, 저자가 유엔본부 출장 때 직접 촬영

피터슨(J.E. Peterson)은 1988년 그의 저서에서 다음과 같이 기록했습니다. "아랍의 모든 통일 시도는 모두 참담한 실패로 끝났다. 아랍에미리트의 통일 구상은 공허한 정치적 수사에 머무르는 것이 아니라 진정한 통일을 위한 시도였다는 점에서 다른 시도들과 달랐다." 그는 아랍에미리트의 통일을 "아랍 세계에서 가장 성공적인 통일"이라고 표현했습니다.

오늘날 아랍에미리트의 모습을 보아도 1971년 통일은 매우 성공적이었다고 할 수 있습니다. 오늘날 대내외적으로 많은 도전을 받고 있지만, 지구상에서 정치적으로나 경제적으로나 가장 안정된 국가를 영위하고 있습니다.

1971년 아랍에미리트의 건국은 중동 역사에서 최고의 사건이라고 할 만합니다. 지난 50년 가까이 세계사에서 가장 눈부시게 발전한 아랍에미리트는 내부 분열 조짐도 없이 순조롭게 진행되고 있어 많은 국가에 시사점을 주고 있습니다. 건국 당시 평화적인 수단으로 연방국을 건국했고, 지도자들은 지금까지 국민에게서 전폭적인 지지를 받고 있습니다. 현재 중동에서 가장 평화롭게 경제적인 부를 누리고 있습니다.

아랍에미리트는 탈석유 시대를 대비하여 미래를 가장 치열하게 준비하고 있습니다. 사막이 국토 대부분을 차지하고 있는 척박한 자연환경을 극복하고 '한강의 기적'에 버금가는 '사막의 기적'을 이룬 나라입니다. 단순히 석유 자원만으로 발전을 이룬 나라가 아닙니다. 지구상에 자원이 풍부하지만, 빈국으로 살아가는 국가가 많습니다. 자원의 저주입니다. 풍부한 자원만으로 정치가 안정되고 경제발전이 자동으로 이어지는 것은 아니기 때문입니다.

초대 대통령인 자이드 대통령의 리더십과 비전 아래 아랍에미리트는 정치, 경제적으로 괄목할 만한 성장을 이룩했습니다. 자이드 대통령 이후 칼리파 대통령, 셰이크 무함마드 빈 자이드 알 나흐얀 아랍에미리트 왕세제 (2022년 5월 대통령 취임), 셰이크 무함마드 빈 라시드 알 막툼 총리 등은 여전히 국가발전과 포스트 오일시대를 대비하여 치열하게 국가를 설계하고 있습니다.

그들의 성공 요인 중 하나는 국부의 혜택이 국민에게 돌아가도록 했기 때문일 것입니다. 미래를 치열하게 준비하고 있어서 앞으로가 더 기대되는 곳이라고 하겠습니다. 그래서 미래를 보고 싶다면 아랍에미리트의 행보를 지켜보지 않을 수 없습니다.

인생을 사는 사람과 인생을 나누어 주는 사람이 있다면 자이드 대통령은 후자였습니다. 자이드 대통령은 아랍에미리트와 국민들에게 생명력을 불어넣은 지도자였습니다. 그 생명력 덕분에 번영과 평화를 누리는 아랍에미리트 국민들 가슴 속에 영원히 살아 숨 쉴 것입니다.

"I will give everything I have and invest
all my powers for this nation and this land."
-Zayed bin Sultan Al Nahyan-

안정적이고 높은 수준의 정치력

① 한 가족이 된 7개의 에미리트

12월 2일은 아랍에미리트가 연방국가로서 탄생한 건국기념일(National Day)입니다. 매년 건국기념일은 아랍에미리트 전역이 축제의 장으로 변합니다. 국기와 통치자들 얼굴로 치장한 차량이 시내 도로를 누비는 날입니다. 에미라티(Emirati)라고 하는 아랍에미리트 자국민뿐만 아니라 외국인들까지 가세해 경적을 울리고 눈꽃 같은 스프레이를 뿌려대면서 운전합니다. 그야말로 축제가 따로 없을 정도입니다. 그런 모습을 직접 보면 건국기념일이 그들에게 어떤 의미를 주는지 짐작할 수 있습니다.

아랍에미리트는 연방국가 수립 후 각 에미리트(Emirate)는 독자성을 유지하면서도 강한 결속력을 유지하고 있습니다. 에미리트 지도자들로 구성된 최고 의사결정기구인 연방최고회의(Federal Supreme Council)는 1996년 5월 아부다비를 수도로 확정했습니다.

대통령, 국무총리 등이 존재하지만, 7개 에미리트는 각자의 지도자를 가지고 있습니다. 국방, 외교 등은 국가에서 관장하며, 기타 예산, 치안, 경제개발, 행정 등은 각 에미리트에서 독자적인 결정권을 행사하고 있습니다. 이러한 체제는 지난 50년간 상호존중과 협력을 통해 훌륭하게 작동해 오고 있습니다.

하지만, 각 에미리트 간 빈부 격차가 뚜렷한 편입니다. 우리에게 잘 알려진 에미리트는 아부다비와 두바이 정도입니다. 라스알카이마, 푸자이라 등 다른 에미리트는 부존자원과 산업기반이 아부다비와 두바이에 비해서는 빈약한 편입니다. 아직 개발이 많이 되지 못한 곳들도 많습니다. 에미리티 사이에서도 아부다비나 두바이 출신들은 푸자이라 출신 사람에게 시골에서 왔다고 장남 삼아 놀리기도 합니다. 우리나라에서 서울 사람과 시골 사람으로 구분하는 것과 비슷한 느낌입니다.

아랍에미리트 전체 석유 매장량의 94%가량 차지해 석유 수입이 풍부한 아부다비가 나머지 에미리트를 지원하고 있으며, 적절한 수익 안배를 통해 전체 연방의 화합을 유지하고 있습니다. 예를 들어 셰이크 칼리파 전문병원(SKSH, Sheikh Khalifa Specialty Hospital)을 아부다비나 두바이가 아닌 비교적 낙후된 라스알카이마에서 운영하고 있습니다. 이 병원은 서울대병원에서 위탁운영하고 있으며, 최고의 병원이라고 입소문이 나 있습니다.

아랍에미리트는 안정된 정치 환경을 기반으로 막대한 오일 머니를 기간 산업 개발에 집중한 결과, 1990년대 후반부터는 중동 및 북아프리카(Middle East and North Africa)의 경제·금융·관광·교통의 메카로 발돋움하게 되었습니다.

② 새로운 리더십의 탄생

1971년 아랍에미리트를 건국한 자이드 대통령이 2004년에 타계한 이후, 그의 장남인 칼리파가 2004년 1월 대통령직을 승계했습니다. 관례상 아부다비 통치자가 대통령직을, 두바이의 통치자가 부통령 겸 총리가 됩니다.

하지만 칼리파 대통령은 건강이 좋지 못했습니다. 그는 1987년 뇌졸중 수술을 하고 2014년 1월 뇌졸중이 재발하여 공식 활동이 전무한 편이었습니다. 그래서 칼리파 대통령의 이복동생인 무함마드 왕세제가 2014년부터 사실상 국정을 주도해오고 있었습니다. 무함마드 왕세제의 공식 직함은 His Highness Sheikh Mohammed bin Zayed Al Nahyan, Crown Prince of Abu Dhabi and Deputy Supreme Commander of the UAE Armed Forces(셰이크 모하메드 빈 자이드 알 나흐얀, 아부다비 왕세자 겸 UAE군 부총사령관)입니다.

칼리파 대통령 서거 직후 주한아랍에미리트대사관에서 조문한 두 아들과 주한 대사

2022년 5월 13일, 칼리파 대통령이 73세를 일기로 타계했습니다. 무함마드 왕세제가 바로 대통령 자리에 올랐습니다. 칼리파 대통령이 타계하고 하루 만에 연방최고회의에서 만장일치로 새로운 대통령을 선출한 것입니다. 모든 에미리트 통치자는 새 대통령에 대한 충성을 맹세했습니다. 이는 아랍에미리트 내부 통치권이 얼마나 안정적인지를 보여주는 대목입니다. 현지인들에게 문의해본 결과 대통령 자리를 공석으로 두고, 향후 연방최고회의에서 나온 결과에 따라 결정될 수도 있다는 의견도 있었습니다. 그 기간을 예측할 수 없다고도 했습니다.

참고로 연방최고회의에서는 중요 현안에 대한 의사결정 방식은 다수결입니다. 아부다비와 두바이 통치자들만이 각각 거부권을 보유하고 있습니다. 부통령 겸 두바이 통치자인 무함마드 빈 라시드 알 막툼은 "우리는 무함마드 왕세제의 대통령 선출을 축하하고 충성을 맹세한다. 앞으로 이 나라가 신의 뜻에 따라 영광의 길로 나아가기를 바란다."라고 밝혔습니다.

2023년 3월, 대통령의 장남인 Sheikh Khaled bin Zayed Al Nahyan이

왕세자로 책봉되었습니다. Sheikh Khaled와 오랜 대화를 해본 적이 있었는데 온화한 품성과 함께 지도자로서의 리더십을 느낄 수 있었습니다. 대통령의 동생이자 우리에게도 잘 알려진 Sheikh Mansour bin Zayed Al Nahyan은 부통령으로 임명되었습니다. 장남 왕세자 책봉은 중앙집권체제와 수직통치를 강화하는 데 유리한 측면이 있습니다.

③ 젊어진 내각, 20대 여성장관 탄생

1971년 아랍에미리트가 수립될 때 18개 부처로 출발했습니다. 그동안 여러 번의 개각을 통해 오늘날까지 이어져 왔습니다. 2022년 현재 17개 부처 장관과 특임장관 10명, 국무장관 5명으로 구성되어 있습니다. 각 에미리트 간 권력 구조에 따라 각료는 배분되는 형태입니다.

2016년 2월, 12대 내각이 출범했습니다. 내각의 평균연령은 38세였고, 전체 29명 중에 여성 각료가 8명이나 되었습니다. 여성 비율은 한국보다 높은 수준입니다. 역대 가장 젊고 여성 친화적인 내각을 구성한 것이 큰 특징이었습니다. 내각은 교육, 인적자원, 행복, 기후변화 등 미래지향적 가치를 표방했습니다.

2016년 2월, 아랍에미리트는 포스트 오일시대 인재 육성과 변화 대응을 위해 관용부 장관(Minister of State for Tolerance)을 신설했습니다. 또한 행복부, 청년 및 미래 담당 특임장관직도 신설했습니다. 행복 담당 특임장관, 관용 담당 특임장관은 모두 여성으로 기용했는데, 22세의 젊은 인사를 청소년 담당 특임장관으로 임명하는 파격적인 인사를 단행하기도 했습니다.

많은 사람이 이슬람 국가들의 만성적인 문제가 낮은 여성의 인권, 낮은 교육 수준이라고 지적하곤 합니다. 하지만, 아랍에미리트는 정반대의 길을 걷고 있습니다. 정부 직원의 65% 이상이 여성이고, 리더 직책의 30% 이상을 여성이 맡고 있습니다.

여성의 사회 진출이 상대적으로 제한된 중동 이슬람권에서 아랍에미리트는 파격적입니다. 실제 제 경험을 보더라도 많은 여성 공무원이 일하는 것을 옆에서 지켜봐 왔습니다. 아랍에미리트 총리이자 두바이 통치자인 셰이크 무함마드의 어록을 보면 여성의 사회 참여율을 잘 보여줍니다. "나는 이전부터 분명하게 말해 왔다. 남자들이여, 여자들에게 이 나라의 리더 자리를 모두 빼앗기지 않도록 조심하라." 아랍에미리트 여성들이 얼마나 성장하고 있는지를 잘 보여줍니다.

아랍에미리트는 일찍이 여성의 사회 참여에 제한을 두지 않았습니다. 특히 '아랍의 봄' 이후 젊은이들의 부쩍 높아진 욕구를 반영한 조치였다고 보입니다. 아랍의 봄은 아랍 국가의 전체 인구 중 절반 이상을 차지하는 젊은이들의 열망에 효과적으로 대응하지 못해서 발생한 측면도 있기 때문입니다. 젊은이들의 꿈과 야망을 실현하기 위한 기회가 부족해서 아랍의 봄이 촉발되었다는 분석도 있습니다. 아랍에미리트는 젊은 세대가 국가의 미래라고 인식하고 있어서 젊은 세대에게 장관이라는 중책을 맡긴 것으로 보입니다.

④ 아랍에미리트 지도자와 국민은 연인관계

아랍에미리트 인구의 10%가 조금 넘는 자국민은 높은 수준의 생활을 영위하고 있고 통치자와 정부 정책에 대해 높은 신뢰와 충성을 보이고 있습니다. 공공기관·도로·건물·호텔·학교 등 도시 곳곳에 통치자들의 사진과 국기가 설치되어 있습니다. 무엇보다도 개인 휴대전화나 SNS의 바탕화면이 통치자들로 도배되어 있을 정도입니다. 이는 같은 아랍권이지만 다른 국가 국민과는 조금 다릅니다. 이는 아랍에미리트 자국민들이 그들의 지도자들을 어떻게 생각하는지 잘 보여줍니다.

2015년 3월, 아랍에미리트는 사우디아라비아 등과 함께 예멘 내전에 참전

했습니다. 내전이 한창이던 그해 9월, 아랍에미리트군 수십 명이 한꺼번에 사망하는 사건이 있었습니다. 당시 저와 함께 근무하던 군인들도 파병되었기 때문에 저에게도 남의 일 같지 않았습니다. 사고 발생 직후 아랍에미리트 정부는 사흘간 애도의 기간을 선포했습니다. 당시 온 국민이 슬픔에 잠겼습니다. 저는 현지 라디오를 들으면서 운전하곤 했는데, 거의 일주일 내내 추모곡이 흘러나왔습니다.

전사자 유해가 아랍에미리트에 도착했을 때 왕세제 등 통치자들은 공항까지 나가서 그들을 맞이했습니다. 그뿐만 아니라, 통치자들은 전사자의 가정까지 직접 방문해 남은 가족을 위로하는 등 국민과의 격의 없는 스킨십을 이어 나갔습니다. 제가 그 기사를 신문에서 본 뒤 지도자들의 리더십에 관한 생각이 많이 들었습니다. 지도자들의 이런 행보가 국민으로부터 사랑과 신뢰를 받는 이유 중 하나입니다.

2010년, 튀니지에서 촉발된 민주화 운동인 '아랍의 봄' 이후 튀니지, 이집트, 리비아, 예멘 등 여러 장기 집권 정권들이 줄줄이 무너졌습니다. 아랍의 봄이 중동 전역을 휩쓸 때 아랍에미리트는 높은 수준의 경제력과 안정적인 정치·치안 상황으로 인해 여전히 안정적으로 유지되고 있습니다.

안정적인 정치 환경을 바탕으로 미래를 위한 준비에도 박차를 가하고 있습니다. 2020년을 '새로운 50년 준비의 해'로 선포하여 향후 50년을 위한 국가 전략을 수립했습니다. 미래 50년 프로젝트를 위한 주요 원칙으로는 다음과 같습니다.

1) 역동적인 경제 시스템을 구축, 글로벌 경제 환경 조성에 기여
2) 미래 성장 동력을 인적자원으로 삼아 교육 시스템 발전 및 인재 육성
3) 인접 국가와의 선린 관계를 통해 안정적인 환경 조성

4) 미래 경제 분야로 디지털, 기술, 과학에 두고 과감한 투자

5) 전통적으로 추구하는 가치인 개방과 관용에 기초하면서 법치주의와
   인권 보호, 타문화 존중 등의 가치 중시

6) 정치적 분쟁을 평화롭고 조화롭게 교섭과 대화로 해결

오일 경제 탈피를 통한 경제 다각화

① 원유의 발견

석유는 세계를 움직이는 필수 에너지원입니다. 석유 없는 세상을 상상조차 할 수 없습니다. 석유(石油)는 단어의 의미 그대로 '바위에 있는 기름'이라는 뜻입니다. 영어로도 비슷합니다. 석유를 의미하는 'Petroleum'은 Petra(바위), oleum(기름)의 합성어입니다.

지구상에서 석유가 가장 먼저 발견된 곳은 중동이 아닌 미국이었습니다. 1859년 펜실베니아 타이터스빌 지하 수십 미터 갱내에 고여 있던 검은 액체를 발견되었습니다. 그것이 최초의 석유 발견인 미국 펜실베니아 타이터스빌 드레이크(Drakes) 유정입니다. 그 후 세계의 주요 에너지원이 점차 석유로 바뀌었습니다.

이란과 이라크에서는 1908년에 석유가 발견되었는데, 영국이 석유 독점권을 가졌습니다. 1927년, 이라크 키르쿠크(Kirkuk)에서도 유전이 발견되었으며, 1933년 바레인에서, 아랍에미리트에서는 이들보다 한 참 늦은 1958년에야 발견되었고 1962년부터 수출하기 시작했습니다. 석유에 대한 재미있는 이야기는 다음 장에서 자세하게 나옵니다.

원유 매장량 1위 국가는 어디일까요? 아마 사우디아라비아라고 대답하는 사람이 많을 것입니다. 하지만 단일 국가로는 남미의 베네수엘라가 원유 매장량 1위 국가입니다. 지역으로 따져 봤을 때는 중동 지역이 부동의 1위를 차지하고 있습니다. 중동 지역은 2019년 기준 전 세계 원유 매장량의 약 48%를 보유하고 있습니다.

중동 산유국들은 막대한 원유 매장량을 바탕으로 석유 등 천연자원에 의존하는 경제구조로 되어 있습니다. 석유 부문이 차지하는 비중이 대체로 절반이

넘습니다. 하지만, 중동 산유국 중에서는 아랍에미리트가 석유 의존도가 가장 낮은 편으로 2020년 기준 업종별 GDP 비중 중에 원유, 가스 채굴이 17% 가량을 차지했습니다.

<주요 국가별 원유 매장량>

(단위 : 억 배럴)

순위	국가명	매장량	비중
	전체	17.324	100.0%
1	베네수엘라	3,038	17.5 %
2	사우디아라비아	2,975	17.2 %
8	아랍에미리트	978	5.6 %

* 출처: BP Statistical Review of World Energy 2021

세계 3대 원유는 중동 두바이유, 영국 브렌트유, 미국 서부 텍사스유입니다. 석유의 구분은 미국석유협회(API, American Petroleum Institute)가 제정한 원유의 비중을 나타내는 기준인 API 비중에 따른 것입니다. API 30도 이하를 중질원유(sour crude), API 34도 이상을 경질원유(sweet crude)로 분류합니다. 중질원유는 중유 및 공업연료 생산에 쓰이고, 경질원유는 휘발유 등 고급 석유 제품 생산에 적합해서 서로 가격 차이가 있습니다.

원유 성분 중 황 함유량이 1% 이하인 것을 저유황, 2%가 넘는 것을 고유황으로 다시 분류됩니다. 황 함유량이 많을수록 정제과정이 복잡해져서 경질유 및 저유황일수록 가격이 높게 형성됩니다. 중동 대부분 국가의 원유는 중질유, 고유황이기 때문에 다른 원유에 비해 조금 낮은 가격에 거래되고 있습니다.

<세계 3대 석유의 주요 특징>

유 종	생산지	API 비중	황 함유(%)	품 질
두바이유	중동	32.0	1.86	중질유, 고유황
브렌트유	유럽	38.3	0.37	경질유, 저유황
텍사스유	미국	38~40	0.24	경질유, 저유황

두바이유는 영국의 북해산 브렌트유, 미국의 서부 텍사스유와 함께 세계 3대 유종으로 꼽힙니다. 두바이유는 두바이에서만 생산되는 원유가 아니라 아랍에미리트 전체에서 생산되는 원유를 말합니다. 실제로 아부다비의 석유 생산량이 아랍에미리트의 94%가량을 차지하고 있습니다.

그런데 왜 두바이유라고 부를까요? 아마 두 가지를 추측할 수 있을 겁니다. 첫 번째는 두바이가 가지고 있는 상징성 때문입니다. 두 번째는 두바이는 중동 내에서 거의 유일하게 시장 원리에 의해 원유 가격을 결정하도록 하고 있습니다. 그래서 중동산 원유 중 두바이유만이 국제 거래의 지표가 되는 기준 유종 자격을 갖추고 있다고 합니다.

최고석유위원회(SPC, Supreme Petroleum Council)가 아부다비의 석유·가스 관련 정책을 총괄하는 기관입니다. 아부다비 최고 석유위원회의 위원장은 대통령입니다. 위원은 14명으로 구성되어 있는데, 우리에게도 잘 알려진 만수르 부총리(Sheikh Mansour bin Zayed Al Nahyan)와 칼둔 (Khaldoon Khalifa Al Mubarak) 아부다비 행정청장이 위원으로 활동하고 있습니다.

아부다비 석유 수입금의 분배는 최고석유위원회와 아부다비 투자청 (ADIA, Abu Dhabi Investment Authority)에서 결정합니다. 실질적인 석유 산업을 관장하는 기관은 아부다비 석유공사(ADNOC, Abu Dhabi National Oil Company)로 정부가 100% 지분을 소유하고 있습니다. ADNOC의 주요 자회사로는 ADNOC Onshore(육상 유전), ADNOC Offshore(해상 유전) 등이 있습니다. 아부다비 시내를 운전하다 보면 가장 많이 볼 수 있는 간판이 ADNOC이기도 합니다.

② 유가는 왜 달라질까?

원유가 세계 경제에 미치는 영향이 거의 절대적이어서 원유 가격에 따라 세계 경제가 울고 웃습니다. 우리나라처럼 원유를 절대적으로 수입에 의존하는 나라도 매우 민감한 문제이지만 아랍에미리트와 같은 수출국도 민감한 문제일 수밖에 없습니다.

원유 가격은 아랍에미리트의 경제와도 관련이 깊어서 간단히 살펴보도록 하겠습니다. 원유 가격에 영향을 미치는 요인은 다양합니다. 기본적인 요인은 세계 경기 둔화, 무역 분쟁, 원유의 과잉 공급, 미국의 경제제재(대이란, 대중국, 대러시아 등), 중동 지역 지정학적 이슈, 미국 달러화 가치 변동 등입니다.

• 국제 유가는 세계 원유 수요에 따라 가장 큰 영향을 받습니다. 수요와 공급, 너무나 당연한 이야기입니다. 경제성장이 높을수록 수요가 높아져 유가는 일반적으로 상승하게 됩니다. 반면 금융위기, 경제성장 둔화 시에는 수요가 감소하기 때문에 원유 가격이 내려가게 됩니다. 특히 최대 원유 소비 지역인 아시아의 경제성장 여부에 따라 유가 변동성이 있는 편입니다. 최대 시장 중 하나인 중국의 경제성장과 관련이 깊을 수밖에 없습니다.

• 미국과 중국 간 무역 분쟁은 수출기업의 생산량, 교역량이 감소하기 때문에 일반적으로 원유 수요 감소 요인으로 작용하고 있습니다. 미국 트럼프 대통령 때 본격적인 미·중 무역 분쟁이 가속화되기 시작했고, 반도체 분쟁 등으로 지금까지 이어져 오고 있습니다.

• 원유시장 공급량에 따라서도 유가는 변동합니다. 최대 산유국 중 하나인 미국의 원유 생산량과 미국 셰일 가스의 생산량과도 관련이 있습니다. 석유 수출기구(OPEC, 2022년 현재 13개국으로 구성)에서는 감산과 증산을 결정 하게 되는데 OPEC의 결정에 따라서도 유가는 출렁이게 됩니다. 석유 가격이 상승하여 인플레이션으로 이어지자 2022년 7월, 바이든 미국 대통령은 사우

디아라비아를 전격 방문해 원유 증산 등을 논의한 것으로 알려져 있습니다.

• 2015년, 이란 핵 합의에 따라 미국을 포함한 서방 국가들의 대이란 경제 제재 해제가 합의되었습니다. 그러나 2018년, 트럼프 정권이 들어서자 미국은 이란과의 핵 합의를 포기하고 경제제재를 재개했습니다. 미국은 한국 등 8개 국가에 대해 이란산 원유 수입을 허용하기도 했으나, 2019년 5월 이후 이란산 원유 거래가 전면 제한되었습니다. 이란산 원유 공급에 차질이 발생하자 원유 거래가격은 급등했습니다.

또한 2022년 2월, 러시아가 전격적으로 우크라이나를 침공했습니다. 국제 사회의 지속적인 압박에도 불구하고 러시아는 지상 전력까지 투입했습니다. 미국을 중심으로 한 국제사회는 러시아에 대해 고강도 경제제재로 맞대응했습니다. 미국이 러시아산 원유 수출 제재를 했을 때 국제유가가 가파르게 치솟기도 했습니다. 2022년 1월 초 브렌트유는 배럴당 82달러 수준이었으나, 올해 2월 러시아의 우크라이나 침공 이후 급등해 3월 6일에는 장중 한때 140달러에 근접하기도 했습니다. 불과 2주 만에 70% 넘게 폭등한 셈입니다.

• 중동의 지정학적 리스크도 원유 거래가격에 영향을 끼칩니다. 이란의 지원을 받는 것으로 알려진 후티 반군이 예멘 정부군을 지원하는 사우디아라비아, 아랍에미리트를 간헐적으로 공격을 해왔습니다. 2019년 9월, 후티 반군이 사우디아라비아의 유전시설에 드론 공격을 감행했을 당시 국제 유가가 일시적으로 20% 이상 급등한 적도 있었습니다.

• 원유 결제 통화는 미국 달러입니다. 일반적으로 미국이 기준금리를 인상하면 국제유가는 하락하고, 미국이 기준금리를 인하하면 국제유가는 상대적으로 상승하게 됩니다.

③ 세계 상위권의 경제지수

아랍에미리트는 기본적으로 개방적 시장경제 체제를 유지하고 있습니다. 중동이라는 지정학적 위치임에도 불구하고 정치, 경제적으로 매우 안정되어 있어서 더 돋보입니다.

친기업적 환경, 양질의 인프라 덕분에 세계경제포럼(WEF, World Economic Forum)의 2019년 국가 경쟁력은 전 세계 140개국 중에서 종합순위 25위입니다. 거시경제 안정성(1위), ICT 채택률(2위) 등 주요 지표들이 최상위권에 포진해 있습니다. 그리고 2022년 국제경영개발대학원(IMD, International Institute for Management Development) 국가경쟁력 순위 12위입니다. 참고로 우리나라는 27위입니다. IMD 국가경쟁력은 경제성과, 정부 효율성, 기업 효율성, 인프라 구축 등 4개 부문의 333개 지표의 점수를 종합 평가한 순위입니다. 각국 정부에서 정책 수립을 하거나 투자가들의 투자를 위한 자료로 다양한 분야에서 널리 활용되고 있는 지표입니다. '2023년 글로벌 소프트 파워 지수'에서는 세계 10위를 차지했습니다. 영국 컨설팅 업체 브랜드 파이낸스는 친근감·명성·기업환경·국제관계 등 12개 항목에 걸쳐 각 국에 대한 세계인의 인식을 조사해 2020년부터 글로벌 소프트 파워 지수를 발표하고 있습니다. 지표가 모든 것을 다 말해주지는 않지만, 아랍에미리트가 얼마나 국가 운영을 잘하는지 알 수 있습니다.

아부다비는 아랍에미리트의 석유·가스 생산량의 94%가량을 보유하고 있으며, 자국민만을 계산하면 1인당 GDP가 약 20만 달러에 이를 정도로 경제적으로 호황을 누리고 있습니다. 두바이의 석유·가스 생산량은 우리가 생각하는 것만큼 높지 않습니다. 그래서 두바이는 일찍이 관광, 금융, 교통, 부동산 개발 등에 힘을 쏟아 부어왔습니다. 외자 유치를 통한 각종 대규모 부동산 개발사업은 여전히 진행 중입니다. 두바이는 경쟁이라도 하듯이 세계

'최초', '최고', '최대'를 지향해오고 있습니다. 그러나 아부다비와 두바이를 제외한 나머지 에미리트는 부존자원과 산업기반이 빈약하여 개발이 상대적으로 덜 된 상태입니다.

아랍에미리트는 GDP의 상당 부분을 석유·가스에 의존해 왔습니다. 그 의존도를 획기적으로 줄이기 위해서 경제 다변화 정책을 추진하고 있습니다. 정부는 오일이 고갈하는 '포스트 오일 시대'의 도래에 대비해 비석유 부문 산업을 육성하는 등 장기 프로젝트 추진을 위해 노력하고 있습니다. 비석유 육성 부문은 관광, 의료, 항공, 금융, 교육, 도시개발 등입니다. 비석유 부문에서도 세계 최고를 향해 달려가고 있습니다. 이를 위해 자유경제특구(Free Zone)를 여러 군데 만들어 미래 첨단 산업을 유치하려는 노력을 벌이고 있습니다. 앞에서도 언급했지만 이러한 경제특구에 한-UAE 공동으로 산업시설이 건설되어서 양국이 오래도록 함께 번영하기를 바랄 뿐입니다.

아랍에미리트 자국민과 대화를 나누다 보면 석유가 언젠가는 고갈되리라는 것을 대부분 인식하고 있습니다. 현재 생산량을 기준으로 할 때 가채연수는 전문가마다 견해가 다르지만 100년에서 짧게는 50년 정도로 봅니다.

④ 자국민 고용 촉진을 위한 경제체질 개선

국가마다 저마다의 경제적 특징을 가지고 있습니다. 우리나라의 경우, 수출이 차지하는 비중이 높은 대외 의존형 경제, 대기업 주도 경제, 높은 자영업 비율 등과 같은 특징이 있습니다. 마찬가지로 아랍에미리트도 고유의 특징이 있습니다. 그중 하나가 외국 인력에 대한 의존도가 높다는 것입니다. 외국인의 경우 취업을 전제로 거주비자 발급이 이루어집니다. 실직하면 당연히 본국으로 돌아가야 하고요. 외국인 노동인구가 전체 인구의 80~90%가량임을 감안할 때 외국인 대량 유출사태가 발생하면 노동시장은 대혼란이 불가피해 보입니다.

외국인의 수가 절대적으로 많고 자국민 인구수가 적기 때문에 자국민 우선 정책을 펼치고 있습니다. 당연한 조치입니다. 정부는 외국인 인력 규모를 경제발전을 위해 필요한 최소한의 범위 이내로 유지하고, 민간부문의 내국인 고용 확대 정책을 추진해오고 있습니다. 이를 위해 2013년을 '고용 자국화의 해'(Year of Emiratization)로 정하기도 했습니다.

2016년부터 외국계 기업들에도 자국민 채용을 의무화 했습니다. 한국의 ○○은행 아부다비 사무소의 경우 소장과 직원 두 명이 근무하는 소규모 은행이지만, 아랍에미리트 중앙은행은 ○○은행 아부다비 사무소에 대한 감사에서 자국민 한 명 채용을 권고하였다고 합니다.

2021년 9월, 정부는 자국민 양성을 위한 13개 프로젝트를 발표했습니다. 모든 민간 기업은 향후 5년 이내에 전 직원의 10%를 아랍에미리트 국적자로 채용해야 하며, 목표 달성을 위해 매년 2% 증가율을 보여야 한다는 내용입니다.

아랍에미리트 자국민들은 대체로 공무원, 공공분야, 사업, 관리직 등 분야에서 종사하며, 외국인들이 오히려 의사, 간호사, 교사, 조종사, 엔지니어 등 전문 분야에 종사하는 경우가 있습니다. 자국민들은 민간 분야보다 정부 등 공공분야 취업률이 상당히 높은 편입니다. 이런 문제점을 인식한 아랍에미리트는 자국민 교육에 많은 예산을 투자하고 있습니다.

경제 비전문가인 제가 아랍에미리트의 경제에 대해 제안한다면 다음과 같습니다.

- 자국민의 의료, 항공, 기술, 에너지, 우주 등 전문직 분야 육성
- 민간 분야 집중 육성
- 반도체·휴대폰·전자·가전·조선·자동차·화장품·바이오·헬스케어 등 제조업 육성

제가 아랍에미리트 사람들과 경제에 관해 이야기할 때 늘 주장하는 것들입니다. 한국이 강점이 있는 분야인 반도체, 휴대폰, 자동차, 2차 전지, 항공, 가전제품, 바이오, 헬스케어 등에서 협력해 아랍에미리트의 경제특구에 공장이나 R&D센터를 지으면 좋겠다고 자주 이야기합니다. 현지인들도 대부분 공감하는 내용입니다.

아부다비와 두바이를 오갈 때 광활한 공터를 보면서 들던 생각입니다. 한국은 아랍에미리트를 물류거점으로 만들고, 아랍에미리트는 첨단기술을 장려한다면 양국 국익에 부합하리라 봅니다. 공장이 현실적으로 어렵다면 연구소를 설립하는 것도 좋은 대안이 될 것입니다. 대기업의 공장이나 연구소 유치도 좋은 방안이지만, 한국의 스타트업들이 아랍에미리트의 자본을 활용하는 방안도 고려해볼 만합니다. 수출-수입이라는 단순한 관계를 뛰어넘어서 사막을 함께 건너는 '라피크' 관계가 되어야 할 것입니다.

반대로 이런 생각도 자주 듭니다. 많은 아랍에미리트 사람들이 외교업무, 비즈니스, 여행이나 병원 진료를 위해 한국을 방문합니다. 그러나 음식, 숙소, 언어, 문화 때문에 곤란을 겪는 경우가 꽤 있습니다. 한국인들이 한국 국력도 강하고 하니까 서울 정도는 국제적인 도시라고 생각합니다만 외국인들도 같은 생각일까요? 적어도 제가 많은 외국인들에게 들은 바로는 아직 갈 길이 먼 것 같습니다.

그래서 고민하게 된 것입니다. 그 중에 하나가 서울 시내에 아랍 커뮤니티를 세우면 어떨까 하는 것입니다. 엄청난 예산이 들기 때문에 아랍에미리트 국부펀드의 투자가 필요할 겁니다. 아랍풍의 호텔뿐만 아니라 장기 거주용 레지던스, 유학생용 원룸, 오피스빌딩, 아랍국가 외교관용 빌라, 모스크, 할랄푸드 식당 등으로 구성할 수 있을 것입니다. 한국인들과 소통하기 위한 아랍문화센터 또한 필요하겠죠. 아랍어에 관심 있는 한국인들은 아랍문화센터에서 아랍어도 배울 수 있을 것입니다. 아랍에미리트 청년들도 고용해서 자국민 일자리 창출에도 좋은 본보기가 될 것입니다. 아랍에미리트 커뮤니티가 생긴다면 양국은 한층 더 가까워질 것입니다. 여러분들 생각은 어떤지 궁금합니다.

⑤ 아랍에미리트, "너는 다 계획이 있구나"

아랍에미리트의 경제가 늘 호황이었던 것은 아닙니다. 두바이가 경제적으로 한때 어려웠던 적도 있었습니다. 과감하고 개혁적인 경제성장을 이룩한 두바이의 경우 2009년 당시 모라토리엄(채무지급유예)을 선언한 바 있습니다. 그래서 두바이에 있는 세계에서 가장 높은 빌딩인 버즈 칼리파는 완공식 직전 건물 명칭이 '버즈 두바이'에서 '버즈 칼리파'로 변경되기도 했습니다. 아부다비에서 200억 달러 자금을 지원해 대통령의 이름인 칼리파를 따서 건물 이름을 변경했습니다. 당시 두바이 사람들의 상실감이 컸다고 합니다. 그 결과인지 아부다비는 두바이의 금융위기 이후 더욱 실질적인 주도권을 행사해오고 있는 것 같습니다.

아랍에미리트의 또 다른 경제위기는 유가 하락이었습니다. 2008년 세계 금융위기의 여파로 위기를 겪은 바 있으나, 이후 고유가로 인해 견고한 성장세를 유지해 오고 있었습니다. 하지만, 유가 하락으로 인해 대규모 정리해고, 부가가치세(VAT, Value Added Tax) 도입 등 경제체질을 개선하지 않을 수 없었습니다. 정부는 2018년 1월 1일부터 부가가치세를 도입하여 세수 확보에 박차를 가하고 있습니다. 당시 아랍에미리트와 사우디아라비아 두 나라가 부가세를 도입했습니다.

유가 하락으로 인해 경제침체가 이어오다 2016년 경부터 많은 공공 및 민간 분야에서 대규모 정리해고를 단행하기도 했습니다. ADNOC(아부다비

석유공사, 1971년 아랍에미리트 건국과 함께 설립되었으며, 아부다비 정부에서 100% 소유), 에티하드항공(아부다비 정부에서 100% 소유), 에미레이트항공(두바이 정부에서 100% 소유) 등 아랍에미리트의 대표적인 기업에서도 많은 직원이 일자리를 잃었습니다. 당시 아랍에미리트에 근무하는 많은 외국인도 고용불안을 피부로 직접 느꼈습니다. 하루아침에 일자리를 잃은 저의 외국인 친구도 여럿 있었습니다. 그때 해외에서 직장을 구하고 유지하는 것이 쉬운 일이 아니라는 것을 절실히 느꼈습니다.

그럼에도 불구하고 아랍에미리트는 역동적이라는 느낌을 받습니다. 그리고 모든 것이 계획하에 진행된다는 느낌을 받습니다. 각종 장기계획을 필요한 시점에 발표하면서 국가의 방향을 설계하고 있습니다. 그 프로젝트들이 그때그때 발표되는 것이 아니었습니다. 도시계획을 봐도 계획적으로 설계했다는 강한 느낌을 받습니다. 그러니 도시의 미관이 아름다울 수밖에 없습니다. 반면 우리는 어떤가요? 갑자기 도로가 생기고, 아파트가 생겨서 도시의 미관뿐만 아니라 도시 경쟁력 또한 갈아먹는 것은 아닌지 모르겠습니다.

아랍에미리트가 추진하는 중요한 몇 가지 정책을 살펴보겠습니다.
• 아부다비 경제비전 2030(Abu Dhabi Economic Vision 2030)
2008년 11월, 아부다비 정부는 석유·가스 부문의 의존도를 줄이는 탈석유 경제 다변화 전략 촉진을 위한 '아부다비 경제비전 2030'을 발표했습니다. 이 비전은 경제 특성이 아부다비와 비슷하고 성공적인 경제발전 모델을 가진 노르웨이, 아일랜드, 뉴질랜드를 벤치마킹했습니다.

• 아랍에미리트 비전 2021(UAE Vision 2021)
2010년, 보건, 지식경제, 공공안전 및 사법체계, 사회 통합, 지속가능 환경

인프라, 교육 시스템 등 6개 부문의 세계적 수준의 경쟁력 강화를 목표로
하고 있습니다.

• 두바이 플랜 2021(Dubai Plan 2021)
2014년, 두바이 정부는 '두바이 전략 2015'의 성공 이후, 국제사회에서의
입지 강화 및 세계의 중심으로 발돋움하기 위한 '두바이 플랜 2021'을 발표했
습니다. 두바이의 미래 비전으로 산업 다각화, 인프라 및 의료, 교육 시스템
확충 등을 추진하는 계획입니다. 산업 다각화를 위한 지속 가능성, 투명성,
기업가 정신, 혁신, 창의성 등을 발전시키는 것을 목표로 하고 있습니다. 그중
주요 프로젝트에는 2020 두바이 엑스포와 알 막툼 국제공항 확장 프로젝트가
있습니다.

• 두바이 산업전략 2030(Industrial Strategy 2030)
2016년, 항공, 해양, 금속, 제약 및 의료장비, 식품, 기계장비 등 6개 산업
부문의 제조업 경제개발 전략입니다. 제조업 총생산량 및 부가가치 증대,
친환경 제조업 육성, 이슬람 제조업 허브를 목표로 하고 있습니다.

• 새로운 50년 준비의 해(Towards The Next 50)
2020년, 건국 50주년(2021년 12월)을 맞이하며 2020년을 '새로운 50년
준비의 해'로 선포하고 분야별 개혁 조치 및 미래 전략 수립을 추진했습니다.
2021년 9월 이후 미래 50년 프로젝트들을 순차적으로 발표하고 있습니다.

• 2050 탄소중립 선언
2021년, 파리 협약에 따른 온실가스 감축 목표 달성을 위하고, 아울러 기후

변화 대응 및 탈석유 시대 도래를 대비하기 위해 추진하고 있습니다. 아랍에미리트는 산유국 및 중동 아프리카 지역에서 처음으로 2050 탄소중립을 선언했으며, 2023년 제28차 유엔기후변화협약 당사국총회(COP28)를 개최할 예정입니다.

• 아부다비 산업전략(Abu Dhabi Industrial Strategy)
2022년 7월, 아부다비 집행위원회 의장은 중동 지역 내 가장 경쟁력 있는 산업 허브로서 아부다비의 입지를 강화하기 위해 수립했습니다. 아부다비 정부는 2031년까지 6개의 변혁적 프로그램에 100억 AED(약 3조 5,500억 원)을 투자해 재정 접근성 향상과 비즈니스 운영 용이성을 확보하고, 해외직접투자를 유치할 방침입니다. 이러한 투자를 통해 아부다비의 제조업 분야를 현재보다 두 배 이상 규모로 성장시킬 계획입니다.

평화와 협력 기조의 외교·안보·국방 정책

① 평화적 외교와 군의 통합

석유의 발견은 산업이 변변치 않았던 당시 아랍에미리트에 기적과 같은 일이었습니다. 그래서 아랍에미리트는 건국 초기부터 자국의 귀중한 자원을 방어하지 않을 수 없었습니다. 일차적으로 직면한 위험은 내부보다는 외부로부터의 위협이었습니다. 신설 아랍에미리트연방의 독립국 지위에 대한 도전은 유럽이나 구소련과 같이 멀리 떨어진 외국뿐만 아니라 이웃 강대국들로부터도 존재했습니다. 주변 강대국들은 저마다 갓 출범한 아랍에미리트에 자국의 영향력 확대를 꾀하고 있었습니다.

주변 국가들의 도전은 아랍에미리트 내부 결속을 방해하며 국내외 상황을 복잡하게 만들었습니다. 그뿐만 아니라, 국가 체제 정비와 연방 강화에도 걸림돌로 작용했습니다. 왜냐하면 그 당시만 해도 아랍에미리트는 자국을 방어할 수 있을 정도의 국방력을 충분히 갖추지 못했기 때문입니다.

1972년 12월, 외교정책은 연방 창설 이후 첫 건국일에 채택되어 오늘날까지 외교의 근간이 되고 있습니다. 지정학적 특성을 고려한 아랍에미리트가 어떤 외교정책을 수립했는지 궁금한 부분입니다. 외교정책의 네 가지 목표는 아래와 같은데 평화와 협력을 강조하고 있습니다.

첫째, 이웃 국가들과 선린관계를 유지한다.
둘째, 예비적, 기본적 아랍 협정, 그리고 아랍 세계에 대한 책임에 의거해 발생 가능한 분쟁을 평화적인 수단을 통해 원만하게 해결한다.
셋째, 모든 분야에 있어 이슬람 국가 사이의 협력과 결속을 강화한다.
넷째, 안전, 평화, 진보를 위해 세계 모든 국가와 협력을 유지한다.

셰이크 자이드는 아부다비의 지도자가 되기 전부터 국방의 중요성을 인식했습니다. 그는 아부다비를 지킬 국방력뿐만 아니라 향후 증대될 자국의 자산을 잘 관리할 수 있는 국방력까지 보유하기를 원했습니다. 그는 일정한 국방력 없이는 그 어떤 국가도 주권을 지킬 수 없다는 것을 누구보다 잘 알고 있었기 때문입니다. 특히 중동 지정학적 특성상 일정 수준의 국방력은 필수입니다.

국방력의 중요성이 증대되어 가면서 군사력 증강에 집중하기 시작했습니다. 1970년이 되자 아부다비 에미리트 방위군은 장갑차, 대포도 도입했습니다. 셰이크 자이드는 공중전 수행과 지상전 지원에 운용이 가능한 영국산 호커 헌터(Hawker Hunter, 쿠웨이트, 오만 등 다른 중동 국가들도 도입) 전투기를 도입했습니다. 그뿐만 아니라, 그는 프랑스 정부와 최신 미라주(Mirage) 전투기 도입 문제에 대해 협상을 벌이기도 했습니다.

국방에서 가장 중요한 것이 통합 작전입니다. 육군, 해군, 공군이 따로 논다면 이거야말로 오합지졸일 것입니다. 장비뿐만 아니라 지휘체계 또한 단일화되어야 군사작전이 원활하게 이루어지므로 국방력 통합체계를 구축하기에 이릅니다. 1971년 아랍에미리트가 창설된 후 셰이크 자이드는 기존 병력의 지휘 및 통제 체계와 군사 장비를 하나로 통합하는 것이 중요하다고 판단해 건국 직후부터 군 통합작업을 지속해서 추진했습니다.

1976년 5월 6일, 최고 국방위원회(Supreme Defence Council)는 셰이크 자이드가 주재한 자리에서 아랍에미리트 전체를 대표해 마침내 각 에미리트의 군대를 단일한 군대 구조로 통합한다고 발표하고, 이후 각 에미리트의 군대를 하나로 통합했습니다.

② 오늘날 대외정책 기조

아랍에미리트는 막대한 석유 수입을 바탕으로 주변 중동·아랍 국가들에 대한 경제지원을 통해 이슬람권 국가들과 우호적인 관계를 유지해 오고 있습니다. 아랍에미리트는 유엔 등에 기부금을 가장 많이 내는 국가 중 하나로 알려져 있습니다. 유엔뿐만 아니라 도움의 손길이 필요로 하는 곳에 활발한 기부활동을 진행해오고 있습니다. 특히 아랍 및 이슬람 국가에 대한 원조가 전체의 약 85% 이상을 차지하고 있습니다.

아랍에미리트 정부의 여성지원정책을 설명하고 있는 압둘라 주한아랍에미리트대사.
"UAE의 대외원조정책은 여성문제를 우선과제로 삼고 있다"

특히 아랍연맹(Arab League) 및 이슬람협력기구(Organization of Islamic Cooperation)와의 밀접한 협력관계를 유지해 오고 있습니다. 그중 걸프협력회의(Gulf Cooperation Council) 회원국과는 형제라는 인식하에 공동 협력체제 강화를 꾀하고 있습니다.

걸프협력회의(GCC)는 1979년 이란의 이슬람혁명, 1980년 이란-이라크 전쟁을 계기로 걸프 지역의 정치·안보 등 전반적으로 공동 대응하기 위해 1981년 5월에 창설됐습니다. GCC 여섯 개국 아랍에미리트, 사우디아라비아, 쿠웨이트, 바레인, 오만, 카타르 중 어느 한 국가에 대한 침략도 전 회원국에 대한 침략으로 간주한다는 원칙 아래 군사 공동 조직인 걸프방위군(Peninsula Shield Force)도 결성했습니다.

아랍에미리트는 2011년 바레인에서 소요사태가 일어났을 때 진압을 위한 경찰 병력 파견에 동참한 바 있습니다. 바레인의 통치 왕실은 수니파인 반면, 국민 다수는 시아파로 구성되어 있습니다. '아랍의 봄' 여파로 시아파의 반정부 시위가 발생했으나 바레인 정부는 확산을 사전에 막기 위해 강경 진압했으며, 사우디아라비아, 아랍에미리트 등 수니파 동맹국들은 파병을 통해 수니파 정권을 지원한 바 있습니다. 그 이후부터 일부 왕정 국가들은 반정부 시위에 대해 진압 등 대비책을 모색해 오고 있습니다.

2017년 6월, 사우디아라비아·아랍에미리트·이집트·바레인 등 4개국이 카타르와 단교사태가 발생한 적이 있습니다. 단교사태로 항공 노선이 끊기면서 상호방문도 어렵게 되었습니다. 결국 2021년 1월 GCC 정상회의에서 '알 울라'(Al Ula) 선언을 통해 단교사태가 막을 내렸습니다. 하지만, 걸프협력회의 결속력은 큰 타격을 받을 수밖에 없었습니다. 최근 일련의 사태를 종합해 보면 GCC의 결속력은 예전만 못하다는 평가가 있는 것도 사실입니다. 무엇보다 국익이 가장 우선시되기 때문입니다. 국교 복원에도 불구하고 카타르와의 잠재적 갈등 소지는 여전히 존재하고 있는 것으로 알려져 있습니다.

아랍에미리트는 비동맹 중립노선을 표방하면서 외세로부터 정치적 그리고 경제적으로 독립을 유지해 오고 있습니다. 어느 한 편에 서 있지 않지만, 무력에 의한 점령을 반대하고, 주권 독립을 존중, 국내문제에 대해서는 불간섭을 원칙으로 하고 있습니다.

비동맹 중립노선을 표방하지만, 중동 산유국 중에서 대표적인 친미 국가로 분류됩니다. 그러나 아랍에미리트는 지나친 대미 의존에 대해서도 경계하는 것 같습니다. 특정한 강대국에 대해 의존도가 지나치게 높으면 나중에 값비싼

대가를 지불해야 할 수도 있기 때문입니다. 역사적으로 중동 국가들은 강대국에 의한 부침이 심했기 때문에 아랍에미리트는 이를 정확하게 인식하고 있을 겁니다.

그래서 아랍에미리트는 대체로 친미·친서방 노선을 유지하면서도 외교 다변화를 위해 노력하고 있습니다. 특히 미국의 탈중동 정책 기조에 따라 안보 다변화를 추진 중입니다. 아랍에미리트는 국익 우선의 실리 외교를 추진하고 있어 미국을 포함해 영국, 프랑스, 호주, 한국 등과 군사 및 안보 협력을 강화해오고 있습니다. 아랍에미리트는 자국 안보를 위해서 1994년에 미국, 1995년에는 프랑스와 방위조약을 체결한 바 있습니다.

2008년 1월, 사르코지 프랑스 대통령은 아랍에미리트를 방문하여 프랑스 부대 주둔 협약에 서명했습니다. 2009년 5월에는 아부다비 자이드 항구 내 프랑스 해군기지 개소식에 참석하기도 했습니다. 언론에 따르면 아랍에미리트는 이란의 반대와 비난에도 불구하고 프랑스군의 주둔을 허용, 향후 50년간 사용권을 프랑스에 제공했습니다.

2017년, 아랍에미리트는 캐나다와 국방협력 합의안에 서명했습니다. 그 합의안에는 훈련지원 증대, 상호 방위 협약, 지역 안전보장 강화 대책 등이 포함되어 있었습니다.

아랍에미리트는 기본적으로 이란을 잠재적 위협 요인으로 인식해 왔습니다. 이란의 이슬람혁명(1979년), 이란·이라크 전쟁(1980~1988년), 섬 영유권 분쟁, 이란의 핵 개발 등과 함께 이란의 안보 위협은 현실화하여 왔습니다.

특히, 영유권 분쟁 대상은 대툰브(Greater Tunb), 소툰브(Lesser Tunb), 아부 무사(Abu Musa)의 세 개 섬입니다. 1971년 이래 이란이 이들 섬을 점령하고 군사훈련을 실시하고 있습니다. 이에 대해 아랍에미리트는 완전한 주권 회복을 주장하고 있습니다. 아부 무사 섬은 걸프(Gulf)의 관문인 호르

무즈 해역을 통제할 수 있는 전략 요충지에 있기 때문입니다.

지리적으로 이란과 매우 인접해 있어 안보 불안은 가중될 수밖에 없었습니다. 아랍에미리트는 이란의 위협에 대응하기 위해 국방 강화 및 주요 동맹국과의 안보 협력을 강화해오고 있습니다. 하지만 두바이에만 40만 명의 이란인이 거주하고 있으며, 양국은 주요 교역 파트너이자 최대 수출시장이라서 양국 간 협력이 불가피하기도 합니다.

2014년, 아랍에미리트는 중동 정세 악화 등 안보 위협에 대비하기 위해 징병제를 도입했습니다. 카타르(2013년 11월)에 이어 걸프 회원국(GCC) 내두 번째로 징병제를 도입한 것입니다. 아랍에미리트는 2014년 9월부터 18~30세남성 국민을 대상으로 군 복무 의무제도를 시행하고 있는데, 자국민들은 의무군 복무에 대해 대체로 호의적으로 인식하고 있습니다.

저도 그들과 함께 교육을 수십 차례 해봤는데 군대에 끌려온다는 느낌은 받지 못했습니다. 자발적으로 교육에 임하는 그들의 모습을 보면서 안보에 대한 국민의 열망을 느낄 수 있었습니다. 주한아랍에미리트 대사관에 근무하는 외교관들도 예비군 훈련 때문에 본국으로 돌아가는 것을 보면서 이들의 안보관을 확인할 수 있었습니다.

아랍에미리트의 국립현충원인 Wahat al Karama('존엄의 오아시스'를 의미)입니다.
1971년 이래 국가를 위해 순직한 유공자(군인, 경찰, 외교관, 민간인)들을 추모하기 위해
2016년 개관하였습니다. 현충원 뒤에 그랜드 모스크가 보입니다. (저자 촬영)

보훈에 대한 아랍에미리트 지도자들의 어록

"We stand in reverence to our Heroes who have given their lives, as we stand in solidarity with their families and vow to provide for them and their children."

-Khalifa bin Zayed Al Nahyan-

"The sacrifices of our Heroes will not go to waste, and their deeds will forever be etched in the memory of the nation."

-Mohamed bin Zayed Al Nahyan-

"The precious blood of our Heroes permeates this land and scents it with the glory of their sacrifices."

-Mohammed bin Rashid Al Maktoum-

③ 미국의 탈 중동과 아브라함 협정

최근 수십 년 동안 미국은 중동에 절대적인 영향력을 행사해 왔습니다. 석유 에너지의 절대적인 확보, 냉전체제 속에서 친미 국가 수립, 이스라엘의 안보 보장 등 미국의 국익을 위한 조치였습니다. 국제관계에서 국익보다 우선되는 일이 없기 때문입니다.

최근 중동에서는 정치, 경제, 안보적으로 새로운 변화가 조금씩 감지되고 있습니다. 중동 석유에 대한 의존도가 현격히 낮아진 덕분에 미국은 중동에서 서서히 발을 빼고 있습니다. 석유 외에 다른 이유도 있습니다. 2001년 9·11

테러 이후 대테러 작전을 명분으로 미국은 아프가니스탄과 이라크에 들어갔습니다. 수많은 사상자와 천문학적 예산을 쏟아부었지만, 평화 정착은커녕 레반트(Levant) 일대가 더욱 불안정해 졌습니다. 레반트(Levant) 지역은 걸프 지역 북서쪽 지역에 있으며, '해가 뜨는 곳'을 의미합니다. 아랍어로는 샴(Sham, 북쪽을 의미)이라고도 합니다. 시리아·이라크·레바논·요르단 등이 레반트 지역에 있습니다.

아프가니스탄도 2021년에 다시 탈레반이 정권을 잡았습니다. 미국 국민들은 "우리 젊은 장병들이 왜 아프가니스탄, 이라크에서 목숨을 잃어야" 하는지 의문을 제기했습니다. 이에 미국은 서서히 중동에서 발을 빼고 있습니다. 오바마 미국 대통령이 그것을 간파한 것입니다.

미국이 빠져나간 그 공백을 러시아, 중국이 메꾸려고 하고 있습니다. 미국이 중동에서 완전히 발을 뺀다면 러시아와 중국이 중동과 가까워질 수 있습니다. 세계적인 산유국 러시아와 사우디아라비아가 세계 최대 석유 소비국 중국과 손을 잡게 된다면 미국의 에너지 안보에 큰 차질이 생길 수가 있습니다. 그래서 미국은 예상하지 못한 놀라운 외교정책을 추진하고 있습니다. 이스라엘을 앞세워 아랍 산유국들과 관계 개선을 모색하는 것입니다. 이는 중동 평화 측면에서도 도움이 될 것입니다.

전통적인 친미 국가인 이스라엘은 주변 아랍 국가들과 여러 차례 전쟁은 물론 적대적 정책을 추진해 왔습니다. 그런 이스라엘이 주변 아랍 국가들과 차례로 수교를 맺기 시작한 것입니다. 아랍에미리트는 이스라엘과 2020년에 '아브라함 협정'(Abraham Accord)을 체결하여 국교를 정상화 했습니다. 이 협정의 이름은 이슬람교·기독교·유대교 공동 조상인 아브라함에서 이름을 따왔습니다.

이 협정으로 아랍에미리트는 이스라엘과 평화 협정을 맺은 아랍 국가 중 이집트(1979년), 요르단(1994년)에 이은 세 번째 국가가 되었고, 아라비아반도 국가 중에서는 처음으로 맺게 되었습니다. 하지만 아랍에미리트는 중동 평화와 관련하여 팔레스타인 측의 입장을 지지하며, 중동 문제에 대한 미국의 공정한 개입을 촉구하고 있습니다.

아브라함 협정을 계기로 경제·방산·보건·관광·기후·교육 분야에서 양국 간 교류가 활발하게 진행되고 있습니다. 양국 교역이 눈에 띄게 늘자 2022년 5월에는 자유무역협정(FTA)까지 체결했습니다. 아랍에미리트와 이스라엘이 급속도로 가까워진 데에는 '반이란'이라는 공통분모도 작용했다는 분석도 있습니다. 이러한 점에서 사우디아라비아와 이스라엘간 정식 수교도 예상이 되는 대목입니다.

아브라함 협정 서명식에 앞서 기념촬영(아랍에미리트 외교장관과 이스라엘 외교장관)

2023년 3월 10일, 수니파의 종주국 사우디아라비아와 시아파의 맹주 이란은 오랜 앙숙 관계를 종식하는 국교 복원에 합의했습니다. 두 달 안에 대사관을 다시 열기로 했습니다. 유엔을 비롯한 국제사회는 대부분 긍정적인 평가를 하고 있습니다. 아랍에미리트 압둘라 외교장관은 "안정과 번영을 위한 중요한 발걸음"이라고 평가했습니다. 두 나라의 전격적인 합의는 역내 긴장을 완화하고 아랍권의 정치·경제·안보 안정에 크게 기여할 수 있기 때문입니다.

물과 기름 같던 두 나라는 시진핑 국가주석의 3연임이 확정된 날 베이징에서 관계 정상화에 합의한 점도 매우 흥미롭습니다. 미국의 탈 중동 정책과 중국의 영향력 강화라는 최근의 국제질서를 보여주는 대표적인 사건이라고 할 수 있습니다. 그 동안 중동에서 균형자 역할을 해온 미국은 당혹감을 감출 수 없게 되었습니다. 미국은 잠시 한 눈을 파는 사이 의문의 1패를 당한 셈입니다.

그동안 두 손으로 미국의 손을 잡아 온 사우디아라비아는 한 손을 빼서 중국과 이란의 손을 잡은 모양새입니다. 사우디아라비아는 이란에 대한 경제 지원 등 협력 강화를 통해 '비전 2030'에 더욱 매진할 것으로 보입니다. 이란은 오랜 경제 제재에 시달려 돌파구가 필요한 상황에서 경제난에서 벗어날 수 있는 발판을 마련한 셈입니다. 더불어 중국은 정치 경제적 실리를 모두 챙길 수 있게 되었습니다. 보다 안정적인 석유의 확보와 중국의 일대일로 구상에 새로운 동력을 마련했다고 볼 수 있습니다.

실리를 챙기게 된 중국이 중동에서의 역할을 훌륭하게 해낼 수 있을지는 앞으로 관심 있게 지켜볼 일입니다. 그리고 중동의 파워게임이 어떻게 전개될지 눈 여겨 봐야 할 것입니다. 이스라엘·팔레스타인 분쟁, 이란의 핵문제, 시리아·예멘·리비아 내전, 테러 등 산적한 현안들이 기다리고 있기 때문입니다.

미국의 탈 중동 정책, 러시아와 중국의 중동에 대한 영향력 강화, 이란의 부상, 이스라엘과 아랍 국가 간 수교 등 중동의 역학관계가 빠르게 변하고 있습니다. 이처럼 중동은 지구촌에서 가장 역동적으로 진화하고 있는 곳입니다. 이 모든 현상을 '수니-시아'의 종파적 갈등, 이슬람, 석유 등 단편적으로만 바라봐서는 곤란합니다. 특히 이슬람의 렌즈로만 아랍 세계를 바라본다면 정확한 진단이 어렵습니다. 국제관계에서 이슬람의 종교적 연대, 수니-시아 종파적 이해보다는 국익이 최우선시되고 있습니다. 국익 우선주의는 국제 정치의 가장 기본 원칙이라 할 수 있습니다.

④ 카타르와 단교, 그리고 '알 울라 선언'

아랍에미리트, 사우디아라비아 등 이슬람 수니파 국가들은 폭력적 극단주의의 본류라고 생각하는 무슬림형제단(Muslim Brotherhood)과 시아파 무장 정파 헤즈볼라 등을 카타르가 지원했다는 이유 등으로 2017년 6월 카타르와 국교를 단절했습니다. 카타르의 무슬림형제단 비호 여부를 둘러싸고 아랍에미리트, 사우디아라비아, 바레인의 3개국은 2014년 3월 카타르 주재 대사를 소환하는 등 외교 갈등으로 비화했었습니다.

아랍에미리트, 사우디아라비아 등이 카타르에 대해 좋지 않은 감정을 가진 또 다른 이유는 알자지라방송 때문으로도 알려져 있습니다. 알자지라(Aljazeera)는 아랍어로 '섬'을 의미하며 아라비아반도를 가리킵니다. 카타르에 본사가 있는 알자지라방송은 중동의 장기집권 왕정 국가들에 대해 악의적인 보도, 테러 선동 등을 이유로 주변 국가들로부터 비난을 받아온 터였습니다.

아랍에미리트와 카타르의 단교는 형제라는 의식이 강했던 걸프협력회의(GCC)의 결속력이 약화하였다는 평가가 있기도 합니다. 4년에 가까운 단교 기간 중 상호 방문이 불가하여 많은 친인척이 쿠웨이트, 튀르키예와 같은 곳에서 상봉하기도 했습니다. 아랍 사람들의 이야기를 들어보면, 많은 걸프 국가 국민은 서로 친인척 관계로 이어져 있는 경우가 많아서 상당히 불편을 겪었다고 합니다. 저도 당시 카타르 여행을 계획했다가 포기한 적이 있었습니다.

다행히 2021년 1월, 걸프협력회의 정상회의에서 '알울라 선언'을 통해 단교 사태가 해소되었습니다. 알울라(Al Ula)는 사우디아라비아 북부에 있는 지역의 지명입니다. 당시 셰이크 사바(2006~2020년 재위) 쿠웨이트 국왕이 노령임에도 불구하고 주변 국가들을 방문하면서 기디르 단교사태를 해결하기 위해서 중간에서 큰 노력을 기울였습니다. 사바 국왕이 '중동의 중재자' 역할을 한 셈입니다.

우리나라 외교부에서는 논평을 통해 "걸프협력회의 정상회의에서 참가국들이 걸프 및 아랍의 연대와 협력을 강화하기로 하는 '알 울라 선언'을 발표하고, 물자와 인력의 자유로운 이동을 재개하기로 한 것을 환영한다"고 밝힌 바 있습니다. 이어 "걸프 지역의 분쟁 해결과 통합을 위한 쿠웨이트 정부의 중재 노력을 높이 평가한다"며 "한국 정부는 중동 지역의 평화와 안정을 위해 GCC 회원국을 포함한 걸프 및 아랍 국가 그리고 관련국들과 지속 협력해 나갈 것"이라고 덧붙였습니다.

⑤ 대테러 정책, 헤다야센터와 사왑센터의 설립

중동의 지정학적 환경에 비하면 아랍에미리트는 테러 활동이 전무할 만큼 안전한 곳입니다. 그렇지만 주변국의 안보 상황을 고려하면 대테러 활동을 게을리할 수 없습니다. 아랍에미리트는 국제사회와 공조하여 대테러 활동에 심혈을 기울여왔습니다.

그중 하나가 바로 헤다야센터(Hedayah Center)와 사왑센터(Sawab Center)의 설립입니다. 헤다야는 아랍어로 'guidance'(안내)를 의미하고,

사왑은 'right path'(올바른 길)을 의미합니다. '안내'와 '올바른 길'을 의미하는 것처럼 아랍에미리트는 물리적인 대테러 활동보다는 테러 예방에 중점을 두고 있는 것을 짐작할 수 있습니다.

헤다야센터는 2011년 미국이 주도한 글로벌대테러포럼 출범을 계기로 2012년에 아부다비에 설립된 폭력적 극단주의에 대응하기 위한 기관입니다. 중동, 아프리카 등 테러가 빈번한 지역에 있는 취약계층에 대한 직업교육, 사회 적응훈련 등을 지원함으로써 테러 발생을 근본적으로 차단하기 위함입니다.

2015년에 설립된 사왑센터는 온라인상에서 테러 대응 활동을 목적으로 미국과 공동으로 작업해오고 있습니다.

<헤다야센터에서 운영하는 프로그램>
- The ISIS Files: Understanding how ISIS indoctrinated children
- An integrated strategic communications approach in Tunisia and Tajikistan
- Supporting Youth and Children affected by Violent Extremism
- Countering Violent Extremism Through Communications in Kosovo and Kyrgyzstan
- Using Digital Platforms to Prevent and Counter Violent Extremist Propaganda
- The Reshaping of the Terrorist and Extremist Landscape in a Post Pandemic World
- Countering Extremism and Violent Extremism in the Middle East and North Africa
- Supporting Families to Counter Violent Extremism
- Preventing Violent Extremism through Education in Uganda and South Sudan
- Community Policing

⑥ 아랍에미리트와 예멘 내전

언론 보도에 따르면, 2015년 9월, 아랍에미리트 자국 군인 수십 명이 예멘 내전에서 전사하는 사건이 발생했습니다. 창군 이후 가장 많은 사상자가 발생해 정부는 이날을 국가 애도의 날로 지정했습니다. 라디오에서는 종일 추모 방송이 흘러나왔습니다. 공공기관, 군부대에서도 조기가 게양되는 등 나라 전체가 슬픔에 빠졌던 기억이 지금까지 생생합니다. 당시 출근을 위해 캠프로 들어오는데 엄숙한 느낌이 확 밀려들었습니다. 조기도 게양되어 있어서 무슨 큰일이 일어났나 생각하고 있었는데, 동료로부터 자세한 내막을 알게 되었습니다. 그 이후로 파병 전 교육훈련에 더욱 신경을 썼고, 장교들과 여러 차례 작전 회의를 갖기도 했습니다.

예멘은 1918년 오스만 투르크 제국으로부터 독립한 후 북예멘(예멘아랍공화국)과 남예멘(예멘인민민주공화국)의 두 국가로 분단되었습니다. 이후 통일을 위한 수많은 노력 끝에 1990년에 단일 국가가 되었습니다. 하지만 '아랍의 봄' 등의 영향으로 33년간 장기 집권한 살레(Saleh) 대통령이 축출되고 하디(Hadi) 부통령이 대통령 자리에 올랐습니다. 이번에는 예멘 북부 출신의 시아파 후티 세력은 살레 전 대통령 측과 연대해서 하디 대통령의 퇴진을 요구해왔습니다.

2015년 3월, 하디 대통령은 후티 반군과 테러 조직으로부터 예멘 보호를 국제사회에 요청했습니다. 사우디아라비아, 아랍에미리트를 주축으로 한 아랍 연합군은 후티 반군 축출과 하디 정권 회복을 목적으로 후티 반군에 대한 공습을 단행했습니다. 아랍에미리트는 전투기를 비롯해 지상군이 참전하였습니다. 이 공습에는 미국도 지원했습니다.

시아파 후티 반군의 배후로 이란이 지목되고 있어 종파 간 충돌이 당시 중동 전체로 확산할 우려도 제기되었습니다. 시아파 맹주 이란은 수니파 국가들의 군사작전이 침략행위라고 비난했습니다. 2018년 12월, 유엔 예멘 특사가 중재해서 하디 정부와 후티 반군 간 평화회담이 개최되었습니다. 평화회담 결과로 하디 정부와 후티 반군 간 정전 등 일부 진전이 있었으나, 예멘의 상황은 여전히 안개 속입니다. 결국 아랍에미리트는 2019년 5월경 예멘 내전에 참전 중인 자국의 주력 부대를 철수시킨 것으로 알려져 있습니다.

2021년 3월, 예멘의 후티 반군은 사우디아라비아 국영 석유업체인 아람코의 시설에 드론 공격을 했고, 같은 날 사우디아라비아 서부 얀부항의 LNG 저장시설, 발전소, 담수시설도 예멘 반군의 공격을 받은 것으로 알려져 있습니다. 2022년 1월, 후티 반군은 아부다비에 대해 드론 공격을 감행해 석유 시설에서 일하던 근로자 3명이 사망한 것으로 알려져 있습니다. 당시 대한민국의 대통령이 아랍에미리트를 방문 중이었습니다.

⑦ 반러시아 대열에 주저하는 중동·아랍 세계?

2022년 2월, 러시아는 국제사회의 예상을 뒤엎고 전격적으로 우크라이나를 침공했습니다. 우크라이나에 친서방 정권이 들어선 이후 러시아 영향력에서 벗어나 서방 국가들과 협력하고 특히 나토(NATO) 가입을 추진한 것에 대해 러시아가 빌미 삼아 침공한 것입니다.

러시아의 침공은 국제사회에서 공분을 불러일으켰습니다. 전쟁 명분이 부족했고, 민간인 학살 정황이 곳곳에서 포착 되었습니다. 우크라이나를 침공한 러시아에 국제사회가 고강도 경제제재를 이어 나갔습니다. 미국과 영국, 독일 등을 비롯한 서구 국가들과 미국의 아시아 동맹국들이 우크라이나 사태에 대해 러시아를 강력하게 비난하고 있는 가운데 중동의 주요 국가들은 이에 적극 가담하지 않는 듯한 자세를 취해 눈길을 끌었습니다.

아랍 세계는 러시아 편을 드는 분위기까지 있다는 진단이 나오기도 했습니다. 프랑스 일간지 르 몽드는 '걸프 국가들의 미묘한 중립'이라는 제목의 기사에서 "서구 국가들이 러시아를 외교적으로 고립시키려 노력하고 있지만, 미국과 가까운 국가들로 분류되는 걸프 지역 강국 사우디아라비아와 아랍에미리트는 우크라이나 사태와 관련 중립적이고 모호한 태도를 유지하고 있다"고 보도했습니다. 사우디아라비아는 UN 총회 결의안을 찬성했지만, 아랍에미리트는 기권표를 던진 겁니다. 아랍에미리트 외교 담당 특임장관인 안와르 가르가쉬는 기권표에 대해서 "우크라이나 사태에서 한쪽 편을 드는 것은 더욱 많은 폭력을 낳을 수 있다"고 사유를 밝혔습니다.

걸프 국가들은 "미국을 자극하지 않으면서 동시에 러시아를 화나게 하지 않는다"는 입장에서 비롯된 것으로 분석됩니다. 이는 미국의 전통적 우방국들이나 유럽 국가들의 입장과는 사뭇 다릅니다.

아랍에미리트의 중립 입장이 미국 정부의 중동 안보 관련 조치에 대한 불만에서 비롯됐을 수도 있다는 주장도 있습니다. 바이든 행정부는 아랍에미리트와 갈등을 겪는 예멘 후티 반군을 미국의 테러단체 목록에서 제외했습니다. 또한 후티 반군이 아랍에미리트와 사우디아라비아를 향해 미사일을 발사했을 때, 미국은 이를 심각히 여기지 않은 것으로 알려져 있습니다. 반면 러시아는 아랍에미리트가 제출한 '후티 반군 지도자에 대한 무기금수 확대' UN 결의안에 찬성표를 던진 바 있습니다.

사우디아라비아 역시 그동안의 행보와는 다르게 러시아의 우크라이나 침공 이후 신중한 자세를 유지하고 있는 것으로 보입니다. 사우디아라비아는 러시아와 공동의 에너지 이해관계를 갖고 있습니다. 우크라이나 사태로 인해 국제 유가가 급등하자 미국은 사우디아라비아를 상대로 석유 생산을 늘리라고 압력을 가했지만, 사우디아라비아는 적극적으로 동의하지 않았습니다. 대신 사우디아라비아는 미국이 중동에서 발을 뺀 이후부터 러시아와의 관계 개선을 위해 막대한 투자를 단행하기도 했습니다.

미국의 탈 중동 정책으로 인해 장기적으로 보면 걸프 국가들은 더 많은 전략적 자율성을 추구할 수 있습니다. 또한 서구 국가들에 대한 의존도를 계속 줄여나가게 될 가능성이 커지고 있습니다. 일반적으로 중동 사람들은 맥도날드와 코카콜라를 좋아하면서도 미국의 국익 우선주의에는 거부감을 보이는 것이 사실입니다. 정부는 친미 국가이지만 국민 중에는 반미도 있습니다.

냉전 이후 거의 미국이 거의 유일한 패권국이 되면서 전 세계를 홀로 지배하고 점점 오만해졌다는 인식이 있는 것 같습니다. 아랍 사람 중에 '미국에 반대하는 게 우리에게 좋은 것'이라고 말하는 사람도 적지 않습니다. 아랍 사람들은 미국의 이중 잣대에 대해서도 불만을 품고 있습니다. 그동안 미국은 많은 사안에 있어서 모든 국가가 국제법을 준수해야 한다고 말하지만, 이스라엘은 늘 예외로 두었기 때문입니다. 많은 사람이 미국을 위선적이라고 말하는 이유입니다.

⑧ 북한과의 관계

아랍에미리트는 북한과 수교를 맺고 있으나 상호 대사관은 없습니다. 주쿠웨이트북한대사가 아랍에미리트까지 겸임하고 있습니다. 2017년 9월에 쿠웨이트가 자국 주재 북한대사를 추방한 적도 있습니다.

북한은 2006년 10월부터 2017년 9월까지 풍계리 핵 실험장에서 모두 여섯 차례 핵실험을 실시한 바 있습니다. 그리고 2023년 현재 국제사회에서는 7차 핵실험 가능성에 대해 우려를 나타내고 있는 상황입니다. 북한 지휘부에서 결심만 하면 언제든지 핵실험은 가능한 것으로 국제사회에서는 판단하고 있습니다.

2017년 9월, 마지막 핵실험 이후에 국제사회의 대북 규탄이 이어졌고, 그해

10월 아랍에미리트 외무부는 "국제사회의 노력에 동참하고자 북한과의 외교 관계를 중단한다"는 성명을 발표했습니다. 북한 사람들의 신규 입국 비자 발급 및 북한 기업의 아랍에미리트 내 사업 허가증 발급을 중단했습니다.

그 이후에도 북한의 해외 자금줄로 운영되어 온 북한 식당은 아랍에미리트 내에서 정상 영업을 지속해 왔고, 북한 근로자들도 추방 없이 그대로 운영되었습니다. 그러나 UN 안보리 결의에 따라 2019년 12월경 아랍에미리트 내에 있는 북한 식당 네 군데가 모두 문을 닫았고, 1,200~1,300명가량으로 알려진 북한 근로자도 철수한 것으로 알려졌습니다.

아랍에미리트는 우리 정부의 대북정책을 지지하고 있습니다. 2010년 천안함 피격, 연평도 포격 시 이에 발맞추어 아랍에미리트 정부는 대북 비난 성명 발표, 북한의 핵실험 및 미사일 발사에 대한 비난 성명을 발표한 바 있습니다. UN의 대북 제재에 동참하겠다는 결의를 발표하는 등 아크(형제)답게 그동안 우리 정부의 입장을 적극 지지하고 있습니다. 우리로서는 고마운 일이 아닐 수 없습니다.

세계 포용과 자국민 배려의 사회·문화·교육

① 사막, 똘똘 뭉쳐야 살아남을 수 있다

아랍 베두인족은 사막이라는 척박한 환경에서 살아남기 위해 오랫동안 그들만의 독특한 생존법을 터득했습니다. 배척하기보다는 흡수하고, 통합하고, 가족 집단이나 동맹으로 결성하고, 크고 강력한 집단을 이루면서 살아온 것입니다. '아싸비야'라는 연대의식, '움마'라는 공동체가 그런 것들입니다.

'아싸비야'와 '움마'가 잘 작동되지 못하면 사막에서는 생존할 수 없었을지도 모릅니다. 사막에서 살아남기 위한 문화인류학적 선택이었을 겁니다. 그들에게 통합은 생존과 직결되는 중요한 가치로 오늘날까지 그 DNA가 자리 잡고 있습니다.

그들에게 통합 못지않게 중요한 것이 명예입니다. 그래서 체면과 품위도 중시합니다. 만일 부족사회 안에서 어떤 한 개인이 명예를 잃게 되면 사회적 사망 선고를 받은 것과 마찬가지라고 할 정도입니다. 현재까지도 이런 의식은 고스란히 남아 있는 것으로 보입니다.

손님을 대할 때 보면 잘 느낄 수 있습니다. 아랍에미리트 국민은 손님을 대할 때도 손님에 대한 명예를 상당히 존중해 줍니다. 손님을 환대해 주는 것은 세계 최고 수준입니다. 그들도 조상으로부터 통합과 명예의 DNA를 그대로 물려받았다고 할 수 있습니다.

또한 그들의 국민성과 기질은 우리와 비슷하게 대체로 순박하고 사교적이며 정이 많습니다. 그리고 느긋하여 서두르지 않는 편입니다. "조급하게 굴지 말라"는 꾸란의 계율에 따라 일을 서두르는 것을 믿음이 없는 사람의 경박한 행위로 간주하는 경향도 있습니다만, 신속하게 일 처리하는 것을 선호하는 문화도 공존하고 있습니다. 빨리빨리 문화에 익숙한 우리가 비즈니스 세계에서 그들을 만나면 절대 쉽지 않은 상대이기 때문에 서로 상대방의 문화를 잘 이해할 필요가 있습니다.

　아랍에미리트 인구는 외국인이 약 90%를 차지하고 있습니다. 그렇지만 내분 없이 가장 훌륭하게 통합정책을 이어나가고 있습니다. 다문화사회로 가고 있는 우리나라가 반드시 배워야할 점들이 많습니다. 아랍에미리트의 사회 통합 모델을 면밀히 연구해 볼 필요가 있어 보입니다.

② 한국처럼 가족을 중요시

　아랍에미리트는 여느 이슬람 국가와 비슷하게 비교적 가부장적인 사회이고, 가족을 중시하는 성향이 강한 편입니다. 그들은 친·인척간 우애와 협력을 중요시합니다. 혈연·가족관계를 중요하게 여겨 혼인할 때 개인의 성격·능력도 보지만 가계·혈통도 중요한 고려 요소로 작용하는 경우가 많습니다.

　한 아랍에미리트 여성은 한국으로 여행을 무척 가고 싶은데, 부모의 허락이 없어서 혼자서는 여행을 하기 어렵다고 합니다. 한국 여행을 할 수 있는 방법이 있긴 있습니다. 부모가 잘 아는 가족이 한국 여행을 갈 때 동행한다면 허락해 준다고 합니다. 딸을 둔 부모로서 걱정하는 것은 당연합니다. 그런데도 한국에 아랍 여성 혼자 유학하거나 일하는 사람들이 있습니다.

(좌) 집에서도 남자는 남자끼리, 여자는 여자끼리 식사하는 경우가 많습니다.
(우) 한 지붕 아래 부모, 형제들끼리 사는 경우가 많습니다.
결혼한 형제들도 같이 사는 경우가 많아서 자국민들은 대체로 큰 집에 거주합니다.

남성은 이슬람 율법에 따라 네 명의 부인을 둘 수 있습니다. 중요한 점은 네 명의 부인을 두더라도 모두에게 절대적으로 공평하게 대해야 한다는 것입니다. 여러 명의 부인을 두기 위해서는 경제적으로도 여유가 있어야 가능한 일이기도 합니다.

　이 점이 흥미로우면서도 서구사회에서 의문을 제기하는 부분입니다. 네 명의 부인을 둘 수 있는 배경도 앞에서 언급했듯이 사막에서 기원했다고 볼 수 있습니다. 이슬람을 창시한 예언자 무함마드는 전사한 동료들의 가족들까지 극진히 돌봤습니다. 심지어 전사한 부하의 부인을 자기 부인으로 삼기도 했는데, 사막에서는 건장한 남자 없이 여자 혼자 살아남기 불가능한 여건이었습니다. 잠자리를 위한 상대가 아니었던 것입니다.

　이슬람 이전의 암흑시대 또는 무지의 시대로 불리어 졌던 시대에는 아내의 숫자에 대한 제한이 없는 일부다처제였습니다. 이슬람 시대가 도래하면서 특별한 사회적 환경과 조건하에서만 네 명의 부인으로 제한되었습니다. 남자가 아무리 최선을 다한다 할지라도 완전한 공평성은 유지하기 어렵기 때문에 일부일처여야 한다는 것이 꾸란의 가르침입니다.

　최근 들어서는 일부일처제가 대세로 자리 잡아가고 있는 것 같습니다. 예전에는 미혼 남녀가 얼굴도 모른 채 결혼했다고 합니다. 이제는 남녀 간 교제도 비교적 자유로워졌습니다. 우리에게도 얼굴도 모른 채 부모들끼리 협의해서 결혼하던 호랑이 담배 피던 시절이 있었습니다.

　자국민 남녀가 결혼하면 정부에서 보조금과 집을 제공합니다. 반면, 자국민이 외국인과 결혼하면 정부 보조금을 받을 수 없다고 합니다.

　가족을 중요시하는 것은 그들의 이름에서도 알 수 있습니다. 물론 다른 아랍권에서도 비슷합니다. 본인 이름에 가문, 아버지의 이름이 함께 들어가 있습니다. 별도의 신원조회가 필요 없을 정도입니다. 이름만 봐도 어떤 가문 출신인지, 어떤 사람인지 알 수 있습니다. 한 개인이 크게 잘못한 일을 하게 되면 말 그대로 가문의 먹칠이 될 수 있을 정도입니다.

> ◆ 꾸란은 이렇게 말한다
> *"주님께서 명을 내리셨노라. 주님 외에는 아무 것도 경배하지 말며 부모에게 효도하라. 부모 중에 한 분 또는 두 사람 모두가 나이가 들었을 때 그들을 멸시하거나 대꾸하지 말고 고운 말을 해야 되니라. 그리고 부모에게 공손하고 날개를 낮추며 겸손하고 기도하라. 주여 이 두 분에게 은혜를 베풀어 주소서. 이 두 분은 어려서부터 저를 양육하여 주셨습니다."*
>
> *(꾸란 17장 23~24절)*

③ 교육

교육은 아랍에미리트가 가장 중요하게 여기는 가치이자 국가 정책입니다. 아랍에미리트 인구는 1960년대 8~10만 명에 불과했으나, 2023년 현재 약 950만 명이 되었습니다. 전 세계에서 모여든 사람들로 가득 차 있습니다. 산유국 대열에 합류하면서 국가 경제가 급성장했고 인구 역시 폭발적으로 증가했습니다. 현지에서 보통 로컬 혹은 에미라티라고 불리는 토착 아랍에미리트 사람은 약 100만 명밖에 되지 않으며, 대부분 외국인으로 구성되어 있습니다. 그래서인지 학교에 가보면 유엔 총회 같은 느낌이 들 때가 많습니다. 그만큼 다양한 국적으로 이루어져 있습니다.

학교마다 사정은 조금 다르겠지만 제 아이가 다녔던 영국계 학교인 랩튼 학교(Repton School)에는 약 50개국에서 온 학생들로 이루어져 있었습니다. 자식이 어릴 때부터 다양한 인종과 섞여 공부하고 놀 수 있다는 것은 참 좋은 경험입니다. 아랍에미리트는 글로벌 시민으로 살아갈 수 있는 에티켓을 기르는데 매우 좋은 환경입니다.

아랍에미리트에서 오랫동안 거주한 한 교민한테서 들은 이야기입니다. 본인의 자녀가 아랍에미리트에서 공부한 덕분에 성인이 되어서 통역할 때 미국에서 공부한 사람보다 훨씬 잘한다는 겁니다. 어릴 적부터 학교에서 미국·영국·동남아·아랍 등 다양한 국적의 영어에 익숙했기 때문입니다. 아랍어를 전공하는 한국 대학생들이 아랍어 연수를 잘 하지 않는 곳이 아랍에미리트입니다. 아랍어보다는 영어를 쓸 일이 더 많기 때문입니다. 슈퍼마켓에서 계산해도 아랍어 쓸 일이 별로 없습니다. 주로 동남아시아 직원들이 계산대에서 일하기 때문입니다.

아랍에미리트는 건국 당시부터 교육을 '진정한 의미의 부'(real wealth)로 상당히 중요하게 여깁니다. 석유 수출을 통해 축적된 국부를 바탕으로 교육 부문에 집중적으로 투자하고 있습니다. 전체 정부 예산의 17~20%를 공공 및 교육에 투입하고 있을 정도입니다. 문맹률은 약 6%로 중동 지역 최저 수준이며, 고등학교까지 의무·무상 교육입니다. 해외 대학교를 진학할 때도 교육비와 생활비를 보조해줍니다.

아랍에미리트에는 Khalifa University, United Arab Emirates University, Abu Dhabi University, Higher Colleges of Technology 등의 자국 대학뿐만 아니라 뉴욕대학교, 소르본대학교 등 해외 유수의 명문 대학들의 해외 캠퍼스도 있습니다.

혜택이 좋은 대학교 하나 소개해 드릴까요? 제 지인의 자녀들이 많이 다닌 대학교입니다. NYUAD(New York University Abu Dhabi, 뉴욕대학교 아부다비 캠퍼스)입니다. NYUAD는 전 세계 우수 학생을 유치하기 위해 4년 전액 장학금, 기숙사 및 식비 무료, 매월 생활비 지원, 연 2~3회 아부다비-본국 왕복

항공권 제공 등 파격적인 혜택을 시행하고 있습니다. 아쉽게도 유가 하락 등으로 인해 그 혜택은 조금씩 줄어들고 있지만, 다른 대학에 비해 여전히 매력적인 조건을 내걸고 있습니다.

이러한 장학제도들이 한국에도 널리 알려지면서 특목고 출신의 한국 학생들이 NYUAD에 많이 진학하고 있습니다. 한 한국인 재학생에 의하면 2022년 현재 100여 명의 한국 학생들이 공부하고 있다고 하는데, 학업성적이 좋고 성실하여 학교에서 한국 학생들의 평판이 좋다고 합니다. 많은 학생이 1년 정도는 뉴욕이나 홍콩 등 다른 해외 캠퍼스에서 공부합니다.

아랍에미리트에서 학창 시절을 보내면 좋은 점이 많이 있는데, 흥미로운 것 중 하나가 공부에 전념할 수 있는 매우 훌륭한(?) 환경입니다. 아랍에미리트는 학교 주변뿐만 아니라 시내에 유흥시설이 거의 별로 없어서 탈선 가능성이 적은 편입니다. 또 한여름에는 50도 육박하는 기온 때문에 가장 좋은 피서지는 도서관입니다. 교육열이 높은 한국 부모들이 좋아할 만하겠죠?

아름다운 뉴욕대학교 아부다비 캠퍼스 도서관을 방문한 저자의 두 아들

④ 문화

아랍에미리트는 교육뿐만 아니라 문화 분야에도 적극적인 투자를 하고 있습니다. 아부다비를 문화, 예술 및 창조의 중심지로 만들기 위한 전략을 쓰고

있습니다.

루브르 아부다비(Louvre Abu Dhabi)가 2017년 11월 11일에 아부다비에서 개관했으며, 구겐하임 미술관(뉴욕 소재 현대미술관)도 개관 예정입니다. 아부다비 자연사박물관도 2025년 말 완공을 목표로 한 건립계획이 발표되었습니다. 이 미술관들은 아부다비 사디얏트 아일랜드(Saadiyat Island)라는 섬 안에 문화특구(Cultural District)에 있습니다.

루브르 아부다비는 고대 로마·그리스 조각 및 공예, 유럽 회화, 불교 유물, 현대미술 작품 등을 전시합니다. 보유 및 전시 작품도 훌륭하지만 루브르 아부다비 건물 자체가 놀라운 건축물입니다. 프랑스의 세계적인 건축가 장 누벨이 설계했습니다. 이 건축물의 가장 큰 특징은 지붕이 거대한 돔으로 되어 있습니다. 보고 있으면 감탄사가 절로 나옵니다. 설계자는 사막 오아시스에서 대추야자 잎 사이로 통과하는 햇빛에서 영감을 얻었다고 합니다. 건물이 위치하는 지역의 환경과 문화에서 영감을 얻어 현대적이고 아름다운 공간으로 승화시킨 상상력과 예술 감각에 경의를 표하지 않을 수 없습니다.

2025년 개관 예정인 자이드 국립박물관(Zayed National Museum)입니다. 사디얏 아일랜드 문화특구 안에 들어서며, 한창 공사가 진행 중입니다. 어떤 걸작이 탄생될지 벌써부터 궁금해집니다. (2023년 1월 저자촬영)

방과 후 루브르 아부다비 박물관에서 행복한 시간을 보내고 있는 저자의 두 아들

아랍에미리트는 국토 대부분이 사막으로 구성되어 있습니다. 당연히 낙타와 말 경주는 인기 있는 스포츠로 자리매김했습니다. 약 700km의 해안선을 접해

있어 과거 진주 채취의 전통으로 인해 해양 스포츠도 꽤 대중화되어 있습니다.

세계 대부분 국가에서 말은 부의 상징으로 여겨집니다. 아랍에미리트에서도 마찬가지입니다. 소위 있는 집 자식들은 어릴 때부터 승마를 배우기도 합니다. 두바이의 통치자 셰이크 무함마드의 아들인 셰이크 라시드 빈 무함마드는 2006년 도하 아시안게임에서 승마 2관왕에 오르기도 했습니다.

두바이 월드컵은 매년 3월 마지막 토요일에 개최됩니다.
2022년 제26회 두바이 월드컵의 총상금은 약 370억 원이었습니다.

아랍에미리트의 총리이자 두바이 통치자 셰이크 무함마드는 말에 대한 애정이 각별합니다. 그는 시사 월간지와의 인터뷰에서 말을 이렇게 표현한 적도 있습니다. "내 혈관에는 말을 사랑하는 마음이 흐른다. 말은 오래전부터 아랍에서 훌륭하게 길러졌다. 말은 우리 역사의 상징이다. 말은 전쟁터에서도 우리와 함께했다. 그래서 승마는 고결한 정신을 키우기 위한 인생 훈련이다." 말은 낙타와 함께 매우 중요한 동반자였던 셈입니다.

아랍에미리트 사람들이 승마 못지않게 좋아하는 것이 있다면 자동차입니다. 2009년 11월 개장한 아부다비 F1 자동차 경기장은 주요 관광자원으로 부상했습니다. 매년 11월에 F1 경기가 열리며, 전 세계 많은 주요 인사들이 아부다비를 방문합니다. 참고로 아랍에미리트는 11월부터 2월까지가 날씨가 우리나라 가을과 비슷하여 정말 눈물 날 정도로 매우 아름답고 활동하기 좋은 날씨입니다. 그래서 아랍에미리트에서는 겨울철에 국제 행사들이 많이 열립니다.

아랍에미리트는 루브르 아부다비, 두바이 월드컵(승마), 낙타 경주대회, F1 경기장, PGA 골프대회, 무바달라 세계테니스선수권대회, 두바이 엑스포 등 무수히 많은 스포츠 콘텐츠를 만들어 내고 있습니다. 많은 볼거리로 전 세계인들을 유혹하고 있습니다. 언젠가는 올림픽 개최도 기대가 됩니다. 오일 머니만으로 만들어 낼 수 없는 것들입니다. 그들의 상상력과 추진력은 생각할수록 대단하다는 생각이 듭니다. 신비로움이 가득한 곳이 바로 아랍에미리트입니다.

★ 나의 아랍에미리트 이야기

2015년 1월, 나는 설렘과 두려움을 가지고 아랍에미리트로 떠났다. 서양 외국인들 사이에서 '교만하고 거만한 이기적인 아랍 현지인'은 나에게 해당하는 말은 아니었다. 처음 회사를 출근하던 날 택시를 타고 회사를 갔는데 동남아인 택시 기사가 정확한 위치를 몰라 30분을 넘게 회사 주변을 뱅뱅 돌다 다른 곳에 나를 내려주고 갔다. 우여곡절 끝에 회사에 도착해 해외 생활이 이렇게 쉽지 않다며 눈물을 글썽이던 날 보고 아랍 여자 직장 동료가 다가왔다. 그녀는 나보고 어디에 사냐고 물어보더니 다음날부터 내가 차를 살 때까지 나를 데리러 오고 데려다주기 시작했다. 처음에는 같은 방향이어서 카풀을 해주는 것으로 생각했는데 나중에 알고 보니 본인 집은 정반대 방향이었다.

나의 첫 아랍에미리트 생활은 봄의 햇살처럼 따뜻했다. 끼니를 해결하지 못할 때는 어김없이 밥을 해다가 갖다주는 사람이 있는가 하면, 긴 연휴에 혼자 집에 있을 것을 걱정해 본인 집으로 초대해 가족과 친척들을 소개해 주며 혼자 연휴를 보내지 않게 배려해 주는 마음 따뜻한 사람들이 가득했다. 그렇게 아랍에미리트에서 6년을 보냈다.

그래서 아랍에미리트 생활을 정리하고 한국으로 돌아간다는 것이 쉽지 않았다. 가족이 사는 한국으로 간절히 돌아가고 싶었음에도 아랍에미리트 사람들과 헤어진다는 사실에 꽤 오랜 밤을 눈물로 지새웠다. 아랍에미리트를 떠나오는 날 공항에서 한국을 간다는 기쁨보다 아랍에미리트를 떠난다는 슬픔에 울다 항공사 직원의 라스트 콜을 받고 비행기를 탄 것을 보면 내 슬픔이 얼마나 컸는지 짐작할 수 있을 것이다.

아랍에미리트 사람들은 내가 외롭고 힘들 때 가족이 되어 주었다. 그래서 아랍에미리트에서의 2,231일은 내 평생의 소중한 기억임이 틀림없다. 사람들의 오해는 경험해 보지 못한 데서 나온다고 생각한다. 풍요로운 사막의 따뜻한 마음들을 이 책을 통해 조금이나마 체험하며 아랍에 대한 오해를 푸는 시간이 되길 바라본다.

조혜진
전 Presidential Special Guard 통역관

2. 아부다비, 아랍에미리트의 근간이자 맏형

형만 한 아우 없다

앞에서 아랍에미리트 전반에 걸쳐서 살폈으므로 이제 아부다비와 두바이를 구분해서 간략하게 살펴볼 생각입니다. 아랍에미리트에서 30년 사신 교민에게 물었습니다. "아랍에미리트에서 가장 살기 좋은 곳이 어디입니까?" 그분 말씀이 "정 붙이고 살면 어디 살아도 다 좋지요. 아랍에미리트에서 여러 군데 살아 봤는데 그래도 아부다비가 제일 나은 거 같아요."라고 하셨습니다.

먼저 수도인 아부다비부터 들어가 보도록 하겠습니다. 아부다비(Abu Dhabi)는 아랍에미리트의 수도이자 7개 에미리트 중에서 석유 자원이 가장 많이 생산되는 곳입니다. 아부다비의 어원을 보면 아부(Abu)는 '아버지', '우두 머리'을 의미하고, 다비(Dhabi)는 동물 '가젤'을 의미합니다. 말 그대로 하면 '가젤의 아버지'라는 뜻입니다.

1700년대, 아부다비를 통치한 디야브 빈 이사 알 나흐얀(Sheikh Dhiyab bin Isa Al Nahyan)이 사냥에 나서 가젤의 발자취를 따라가던 길에 우물을 발견했다고 합니다. 이 우물 주변으로 사람이 몰려들었고, 가젤이 아부다비의 상징이 된 것이죠. 이렇게 이름이 굳어졌다는 설화가 있습니다.

Qasr Al Hosn은 아부다비에서 가장 오래되고 중요한 문화유산입니다. 1790년 경 해상무역로 보호 등의 목적으로 지어졌습니다. 이후 지도자 가문의 거주 공간 등으로 쓰여 지기도 했습니다. 뿐만 아니라 지역 중요 현안을 논하는 장소로 사용되기도 했습니다. Qasr(까르스)는 아랍어로 궁(palace), 성(castle, fortress)을 의미합니다.

1000 AED 화폐에 나오는 Qasr Al Hosn

　오래전부터 아랍에미리트 지역은 여러 항구를 중심으로 무역을 해오고 있었습니다. 유럽의 물품들이 시리아, 이라크를 거쳐 아랍에미리트항구에 닿고 다시 인도까지 수출되었습니다. 하지만 1500년경 포르투갈의 바스코 다 가마(Vasco da Gama, 포르투갈에서 아프리카를 돌아 인도로 가는 항로를 개척한 포르투갈의 항해자)에 의해 남아프리카의 희망봉 항로가 개척되자 아랍에미리트항구는 타격을 입지 않을 수 없었습니다.

　당시 해상권을 장악한 영국은 아랍에미리트 지역이 중개 무역지로서 지정학적 중요성을 인식해 관심을 보였습니다. 1720년대 걸프 지역에 영국 동인도주식회사가 등장하고, 이후 200년간 영국의 패권시대가 펼쳐졌습니다.

　아랍에미리트는 중개무역뿐만 아니라 진주(pearl) 채취, 어업, 대추야자 재배도 발달했습니다. 진주 산업은 크게 발달해 한 때 유럽과 인도까지 수출했을 정도였습니다. 그러나 1920년대 세계 대공황과 일본의 진주 인공 양식 성공으로 인해 아랍에미리트의 진주 산업은 급격하게 쇠퇴했습니다.

　아랍에미리트가 세계사에 본격 등장한 첫 사건은 석유의 발견입니다. 석탄으로 움직이던 기차가 휘발유로 바뀌고 자동차, 함정, 항공기까지 휘발유를 사용하는 시대가 열리게 됩니다. "배가 없다면 우리는 살 수 없다"는 유명한 어록을 남긴 영국의 윈스턴 처칠 역시 해군장관 시절 석유의 중요성을 절실히 경험합니다. 석유는 석탄보다 부피를 덜 차지하면서도 열량이 높아 해군 함정의 속력을 높일 수 있고 인력을 효율적으로 쓸 수 있는 데다 작전 반경을 크게 개선할 수 있었습니다. 해양 대국의 명성을 되찾고 해가 지지 않는 대영제국을 복원하려면 석유가 필수였습니다. 그래서 미국뿐만 아니라 영국도 석유에 사활을 걸게 됩니다.

1908년 영국은 페르시아(오늘날 이란) 지역에서 거대 유전을 발견했습니다. 1939년에는 이라크에 진출해 있던 ExxonMobil, Total, Shell, BP 등 메이저 석유회사들이 아랍에미리트 지역에 처음으로 석유 지질조사를 벌였습니다. 1958년, 아부다비 지역에서 대규모 유전이 발견되고, 4년 후인 1962년부터 석유를 수출하기 시작했습니다. 두바이에서도 석유가 발견되어 두바이산 석유를 1969년부터 수출했습니다. 석유를 본격적으로 수출하기 시작한 아랍에미리트를 포함한 산유국들은 1970년대 석유파동을 거치면서 엄청난 부를 축적합니다.

아부다비 정부는 석유와 천연가스로 벌어들인 오일 머니를 사회 인프라 확충, 교육·보건, 관광, 금융 등에 집중 투자하여 아랍에미리트 국민은 세계적 수준의 복지혜택을 누리고 있습니다. 정부는 언젠가는 석유 자원의 고갈에 대비해 비석유 산업을 집중 육성하는 등 산업 다변화 정책을 적극적으로 추진하고 있습니다. 특히 2050년까지 청정에너지 비중을 50%까지 늘리겠다는 목표를 세웠습니다.

(고)자이드 대통령 기념관
(The Founder's Memorial)

과거 진주 산업이 번성했던
아랍에미리트

야자수 사이로 보이는
아부다비의 아름다운 전경

(고)자이드 대통령

7성급 호텔로 불리는 에미리트 팰리스 호텔

에티하드 타워

2023년 1월, 저자가 직접 촬영한 아부다비의 평화로운 모습들입니다.

나흐얀 가문의 리더십

아랍에미리트의 현재 대통령은 무함마드 빈 자이드 알 나흐얀(H.H. Sheikh Mohammed bin Zayed Al Nahyan)입니다. 이름에서 알 수 있듯이 그는 자이드의 아들입니다. 이름 제일 마지막에 있는 나흐얀이 가문의 이름을 나타 냅니다. 현 대통령의 선친인 고(故) 자이드 대통령(1966~2004년 재위)은 아랍 에미리트를 건국한 장본인으로 국민으로부터 건국의 아버지라고 불립니다.

자이드가 그동안 구상했던 꿈을 하나씩 실현하는데 오일 머니가 큰 역할을 했습니다. 1968년 영국이 갑자기 걸프만에서 떠날 의사를 표명하자 자이드는 위기감을 느꼈지만, 한편으로는 통일을 위한 절호의 기회라고 생각했습니다. 그는 에미리트 간 상호협력을 주장하면서 일곱 에미리트를 모두 방문하여 통일 작업을 착수했습니다. 당시 두바이 에미리트의 지도자였던 고(故) 세이크 라시드 빈 사이드 알 막툼(현재 두바이의 지도자 세이크 무함마드 빈 라시드 알 막툼의 부친)과 함께 에미리트 간 연합 결성을 주도했습니다.

자이드는 건국을 추진하면서 교육에 중요한 가치를 부여했습니다. 그는 "국가 부의 원천은 물질에서 나오는 것이 아니라 국민한테서 나온다"면서 건국 이전부터 교육의 중요성을 강조했습니다. 1950년대 처음으로 서구식 학교가 설립되고, 외국인 교사를 채용하는 등 적극적인 교육 개방정책을 펼쳤습니다.

자이드 대통령의 리더십은 그의 장남인 고(故) 칼리파 대통령(H.H. Sheikh Khalifa bin Zayed Al Nahyan)으로 이어졌습니다. 칼리파 대통령은 1948년 9월 7일 오아시스 도시인 알아인(아랍어로 '샘'을 의미)에서 태어 났습니다. 1969년에 아부다비 왕세자 겸 부총사령관에 오르게 됩니다. 1973 년에 영국 샌드허스트 사관학교를 졸업하고 영국 케임브리지 대학교에서 수학했습니다. 후계자 수업은 영국에서도 진행된 셈입니다.

이후 고국으로 돌아와 아부다비 에미리트 총리 및 국방·재무 장관, 아랍에미리트 부총리, 아부다비 집행위원회 의장, 최고 석유위원회 초대 의장을 거칩니다. 2004년 11월, 드디어 아랍에미리트 대통령에 취임했습니다.

칼리파 대통령은 급진적인 개혁보다는 안정적인 개혁을 선호하는 인물로 알려져 있습니다. 석유 수출액을 주택건설자금으로 활용할 수 있도록 대출해 주는 사업을 집중 전개했는데, 이 프로젝트는 국민에게서 많은 지지를 받았습니다. 그는 2014년 1월 뇌졸중 재발로 공식 대외활동을 전면 중단함에 따라 그의 이복동생이자 무함마드 왕세제가 실질적으로 아랍에미리트를 통치해 왔습니다. 그리고 2022년 5월, 칼리파 대통령은 73세 일기로 별세했습니다.

칼리파 대통령의 별세 직후 대통령직에 오른 무함마드 왕세제는 1961년 3월에 태어났습니다. 자이드 대통령의 부인 파티마 여사의 장남으로 압둘라 외교 장관의 친형이기도 합니다. 그 역시 칼리파 대통령과 마찬가지로 1979년에 영국 샌드허스트 사관학교를 졸업했습니다. 공군 사령관, 총참모장 등을 거친 후 2004년 11월에 아부다비 왕세자로 임명되었습니다.

무함마드 왕세제는 칼리파 대통령에 대한 충성심을 바탕으로 대규모 국책 사업, 아부다비 개발 등을 주도하면서 실질적인 대통령 역할을 수행했습니다. 탄소배출 제로 마스다르(Masdar) 시티 프로젝트, 국제재생에너지기구 사무국 유치 등 미래 비전을 제시하는 지도자로서 국내외로부터 평가받고 있습니다. 대통령이 아닌 개인 무함마드는 친절하고 자비롭다는 평가를 국민들로부터 받고 있습니다.

오늘날 아랍에미리트를 있게 한 중요한 사람이 또 있습니다. 자이드 대통령만큼이나 중요한 사람인데 바로 그의 부인 Sheikha Fatima bint Mubarak입니다. 아랍에미리트의 어머니로 불리는 이 여성은 여전히 국민들의 신뢰와 사랑을 듬뿍 받고 있습니다.

아랍에미리트 여성의 인권 향상과 사회참여 증진, 아동 및 여성교육 등을 위해 일생을 받쳤습니다. 1973년에는 아부다비여성개발협회(Abu Dhabi Women Development Association)를 창설했고, 이후 여성, 아동에 대한 각종 정책들을 진두지휘했습니다. 2006년에는 가족개발협회(Family Development Foundation)를 창설하기도 했습니다.

이런 그녀의 끊임없는 노력으로 인해 2016년 정부 개각발표 때 8명의 여성 장관이 임명될 수 있었고, 특히 22세의 젊은 여성장관까지 탄생하게 되었습니다. 그 뒤에는 그녀의 숨은 노력이 있었습니다.

알아인에서 태어난 그녀는 1960년대에 자이드 대통령과 결혼했습니다. 슬하에는 6명의 아들과 2명의 딸을 두었습니다. 현 무함마드 대통령의 어머니이기도 합니다. 무함마드 대통령은 특히 어머니에 대한 효심이 매우 큰 것으로 잘 알려져 있습니다.

하디스(예언자 무함마드의 언행록)에는 "천국은 어머니의 발 밑에 있느니라"라는 구절이 있다고 합니다. 어머니를 존경하고 효도하면 천국에 갈 수 있다는 뜻으로 풀이될 수 있습니다. 아랍에미리트 국민들은 그녀를 국모로 여기고 있습니다. 그녀의 일평생을 추적해보면 그 이유를 알 수 있습니다.

압둘라 외교장관(2023년 1월)

무함마드 왕세제(현 아랍에미리트 대통령) 왕세제와 악수하고 있는 저자

아부다비의 미래 준비

국부펀드는 정부가 수출을 통해 벌어들인 돈을 투자용으로 출자해 만든 펀드입니다. 그중에서 아부다비 투자청(ADIA, Abu Dhabi Investment Authority)의 국부펀드는 단일 국부펀드로는 세계에서 두세 번째 큰 규모를 자랑하고 있습니다.

아부다비 투자청은 아부다비 정부가 소유하고 있으며, 정부의 예산 잉여 시 자금을 받고 있어 자금이 두둑한 편입니다. 아부다비 국부펀드는 아부다비 석유공사(ADNOC)의 석유 수입을 주 재원으로 하고, 두바이의 경우 관광, 무역 등 비석유 부문을 통해 벌어들인 재원으로 하고 있습니다.

아부다비 투자청은 1976년에 오일 달러를 재원으로 설립되어 전 세계의 부동산, 인프라, 주식, 채권 등에 투자하고 있습니다. 특히 비석유 부문 내 지속 가능한 수익 창출과 산업 다각화 추진을 위해 국부펀드를 적극적으로 활용하고 있습니다. 중동 지역을 제외한 북미와 유럽, 신흥국가 지역에 주로 투자하고 있으며, 자산의 75%가량은 외부 펀드매니저에 의해 관리되고 있다고 합니다. 아부다비 투자청은 자국 산업 육성과 고도·다각화를 위해 국내 투자에도 적극적인 무바달라(Mubadala)나 두바이 투자청(ICD, Investment of Corporation of Dubai)과는 달리 자국을 비롯한 걸프 지역에는 투자를 많이 하지 않는 것으로 알려져 있습니다.

코로나 사태, 러시아의 우크라이나 침공 등을 겪으며 의료, 보건, 농업과 식량안보, 기후변화 등 국가 안보와 직결되는 산업의 육성이 시급하다는 것을 지구촌은 체감하고 있습니다. 아랍에미리트의 국부펀드가 투자 대상으로 눈여겨봐야 할 분야일 것입니다.

아랍에미리트 석유 생산량의 대부분을 차지하는 아부다비는 석유에 대한 의존도를 낮추기 위해서 큰 노력을 기울이고 있습니다. 산유국에서 석유 의존도를 낮춘다는 사실 자체가 흥미롭기까지 합니다. 석유 고갈 등을 대비해 미래를 치열하게 준비하고 있는 곳이 아랍에미리트, 그중에서 아부다비입니다.

2007년 6월, 아부다비는 지속적인 발전을 위한 가이드라인과 공공 정책의 우선순위를 설정한 정책 아젠다를 발표한 바 있습니다. 이듬해 2008년 11월에는 GDP의 절반 이상을 차지하는 석유·가스 부문의 의존도를 줄이는 포스트 오일 경제 다변화 전략 추진을 위한 '아부다비 경제 비전 2030'을 발표했습니다. 중점 육성 산업으로는 관광, 금융, 교육, 도시개발, 항공, 교통 등으로 종합적인 국가 개발계획이 담겨 있습니다.

당시 아랍에미리트 왕세제였던 셰이크 무함마드 주도로 수립된 아부다비 '경제 비전 2030'은 경제 기반을 효과적으로 전환하여 2030년까지 세계적인 도시로 탈바꿈하는 거대한 계획을 제시했습니다. 루브르 박물관, 구겐하임 박물관 등 세계적인 박물관의 아부다비 분관 건립이 이러한 계획에 따라 착착 진행되고 있습니다. 루브르 아부다비는 이미 개관이 완료되어 많은 관광객이 찾는 명소가 되었습니다. 이외에도 많은 개발 프로젝트가 진행되고 있어 곳곳에 공사 현장이 눈에 띕니다.

아부다비 정부는 세계 최고의 지속 가능한 도시를 개발하겠다는 야심찬 포부로 시작해 세계가 주목하는 최첨단 친환경 도시를 만들어가고 있습니다. 아부다비 국제공항 인근에 재생에너지를 적극 활용한 '스마트 에너지 시티'가 있습니다. 마스다르 시티(Masdar City)인데, 세계 최초 탄소 제로 도시를 꿈꾸는 곳입니다.

마스다르 시티는 탄소 배출, 폐기물 배출, 내연기관 차량이 없는 3무(無)를 지향합니다. 도로에는 전기차와 수소차, 자율주행차가 달리고, 태양광·풍력과 같은 친환경 에너지가 전력을 생산해 공급하고 있습니다. 이곳에는 내연기관 자동차의 진입이 금지되어 있습니다. 도시 밖 주차장에 차를 세워두고 무인자동궤도 운행차량인 PRT를 이용해야 합니다. 이 도시의 광장 한가운데 있는 45m 높이의 윈드 타워는 내부의 더운 바람을 모았다가 물을 분사해 식힌 뒤 도심 아래로 순환시켜 시원한 바람을 도시에 공급합니다. 건축 디자인도 에너지 효율을 극대화할 수 있도록 설계되어 있습니다. 아랍 전통 건축 양식과 현대식 건축 기술의 조화가 돋보이며, 세계 친환경 기술의 비즈니스 허브로 거듭나고 있습니다.

아부다비를 재생에너지의 국제 허브로 육성하고, 세계적인 변화의 촉매 역할 수행을 목표로 2006년 마스다르 이니셔티브를 수립하고, 아부다비 미래 에너지공사(마스다르)를 설립했습니다. 주요 산유국에서 재생에너지라고 하니 의아해할 수 있지만, 다음 세대를 위한 투자가 치열하게 진행되고 있습니다. 또한, 경제자유구역으로 지정하여 전 세계 재생에너지, 첨단 산업기업 유치에 박차를 가하고 있습니다.

3. 두바이, 내 사전에 불가능은 없다

두바이의 역사와 막툼 가문의 리더십

두바이는 아랍어로 '메뚜기'를 의미합니다. 아부다비와 마찬가지로 단어의 어원은 동물입니다. 누구나 한 번쯤 가보고 싶은 도시, 뉴욕 못지않은 스카이라인을 자랑하는 두바이는 갑자기 하늘에서 뚝 떨어진 것이 아닙니다. 오랜 계획하에 오늘날의 두바이가 치밀하게 설계된 것입니다.

20세기 초부터 통치자들은 두바이의 밑그림을 그리기 시작했습니다. 두바이의 비전을 이어받은 현재의 통치자 셰이크 무함마드가 밑그림을 완성 중이며, 그는 또 다른 큰 그림을 그리고 있을지 모릅니다.

역사학자들은 1833년을 두바이 현대사의 시작으로 보고 있습니다. 그 해에 바니 야스(Bani Yas) 부족의 알 부 팔라시(Al Bu Falasi) 가문이 아부다비에서 분리해 나와 두바이로 이주해 두바이만 해안에 정착했습니다. 당시 막툼 빈 부티 일행은 800명 가량이었다고 합니다.

막툼 빈 부티 알 막툼(Maktoum bin Buti Al Maktoum)과 우바이드 빈 사이드(Ubaid bin Saeed)가 함께 이주하게 됐는데, 이주 3년 후 우바이드 빈 사이드가 사망합니다. 자연스럽게 막툼이 통치자 지위를 가지게 되었으며, 막툼이 오늘날까지 통치 가문으로 이어지고 있습니다.

초창기 두바이 모습과 오늘날 두바이 모습

막툼 가(家)가 두바이에 정착한 지 얼마 지나지 않은 1841년에 재난이 닥쳤는데, 천연두가 창궐한 것입니다. 하지만, 셰이크 막툼은 원주민들과 힘을 합쳐 두바이의 안정을 위해 노력했습니다. 지금으로부터 200여 년 전에 발생한 천연두 창궐은 당시 보건의료가 발달하지 못했기 때문에 오늘날 코로나 팬데믹보다 훨씬 어려운 상황이었을 겁니다.

1894년 부족장에 오른 5대 통치자인 셰이크 막툼 빈 하시르는 오늘날 두바이를 있게 한 장본인 중 한 명입니다. 그는 1대 통치자 막툼 빈 부티의 손자입니다. 하시르는 두바이를 국제적인 항구도시로 만드는데 밑그림을 그린 인물입니다. 항구를 자유무역지대로 바꾸고 각종 세금도 없앴습니다. 많은 선박이 두바이에 정박하도록 한 것입니다. 그는 두바이의 개방정책을 처음 도입한 인물이기도 합니다. 두바이는 아부다비와 알아인 등 다른 에미리트처럼 비옥한 오아시스가 없었기 때문에 무역을 중심으로 한 산업이 유일한 희망이라고 판단한 것으로 보입니다.

1912년, 5대 통치자의 아들인 셰이크 사이드 빈 막툼이 7대 지도자가 되면서 두바이의 근대화 작업은 본격적으로 시작되었습니다. 그는 석유가 발견되기 전인 1958년까지 46년간 두바이를 통치했습니다. 두바이는 진주 산업이 내리막길을 걷기 전까지는 경제 상황이 좋아서 점점 성장하고 있었습니다. 그러나 셰이크 사이드는 진주 산업에만 의존하지 않고 다른 무역 산업도 장려하는 정책을 펼쳤습니다. 외국인의 이주도 과감하게 허용한 덕분에 인구가 급속도로 증가했습니다.

1958년, 8대 지도자로 7대 지도자의 아들인 셰이크 라시드 빈 사이드가 등장합니다. 그는 1990년까지 장기 집권하면서 두바이의 근간을 다져갔습니다. 그는 대규모 항구 건설, 국제공항 건설을 과감하게 추진했지만, 대규모 프로젝트에 대해 모두가 찬성한 것은 아니었습니다. 예산 등의 부족으로 인해 부족 간

반발도 있었습니다. 하지만 라시드 항구 건설 도중에 석유가 발견되는 행운이 뒤따랐습니다. 두바이는 1966년에 석유를 발견하고 1969년부터 석유를 수출하기 시작했습니다. 셰이크 라시드는 언젠가는 고갈될 석유 없이도 자립할 수 있는 다변화된 산업체계를 계획했습니다. 그래서 생각한 것이 바로 무역, 금융, 관광 등을 세계 경제 허브로 구축하는 일이었습니다.

1990년, 9대 지도자가 된 셰이크 막툼 빈 라시드(8대 지도자의 장남)는 그의 아버지가 1958년에 지도자로 취임했을 때 취임사를 낭독한 인물이기도 합니다. 그것은 후계자를 대내외에 미리 선포한 것이나 다름 없었습니다. 1990년 8월 걸프전쟁 발발 등 대외 악재가 발생했지만, 셰이크 막툼은 미래를 향한 전진을 이어 나갔습니다. 그는 보육원, 장애인 편의시설, 서민주택 건설 등 사회 소외계층에 대한 사업도 대거 추진했습니다.

2006년, 현재의 지도자인 셰이크 무함마드 빈 라시드 알 막툼(His Highness Sheikh Mohammed bin Rashid Al Maktoum)이 권좌에 올랐습니다. 그는 지도자가 되기 오래전부터 영국에서 유학하면서 글로벌 감각을 길렀습니다. 영국 사관학교에 입학했는데, 그의 아버지는 셰이크 무함마드를 국방, 외교분야에 전문성을 길러주기 위해 유학을 보낸 것으로 보입니다.

영국에서 돌아온 뒤 그는 두바이 경찰청장에 임명되었고, 1971년 12월에는 국방장관 자리에 올랐습니다. 1971년은 아랍에미리트가 건국되는 중요한 해로 대내외적으로 위중한 시기였습니다. 아랍에미리트의 부통령이자 총리인 셰이크 무함마드는 아직도 전 세계를 놀라게 하는 두바이 프로젝트들을 진두지휘하고 있습니다. 야자수 모양의 팜 주메이라, 세계에서 가장 높은 건물인 버즈 칼리파, 돛단배 모양의 세계 최고급 호텔 버즈 알 아랍, 실내 스키장 등 두바이의 도전은 세계를 이미 놀라게 했습니다.

두바이는 글로벌 경제위기와 2009년 채무 상환 유예 선언 등 한때 버블

붕괴의 위기도 있었습니다. 하지만 '아랍의 봄' 이후 중동에서 가장 안전한 곳은 아랍에미리트라는 인식이 확산하면서 경제도 빠르게 회복하기도 했습니다.

2020 두바이 엑스포는 코로나 때문에 1년 늦게 개최되었지만, 역사상 가장 성공적인 엑스포로 자리매김 했습니다. 두바이 엑스포 건설 초창기 무렵, 저는 자동차를 운전하면서 현장을 봤을 당시 공사가 과연 순조롭게 끝날 수 있을까? 하는 의문이 많았습니다. 그러나 두바이 엑스포를 직접 관람하고서야 두바이의 저력을 다시 한번 느낄 수 있었습니다. 두바이 엑스포를 관람 후 느낀 점은 이렇습니다. "그들의 잠재력은 도대체 어디까지일까?"

최근 셰이크 무함마드는 중동 지역의 교육 사업을 위해 사재 100억 달러를 기부했습니다. 그는 혁신적이고 창의적인 국가를 만드는데 무엇보다도 교육이 가장 중요하다고 본 것입니다.

두바이 역시 아부다비와 마찬가지로 오늘날까지 왕위가 이어지면서 지도자들의 리더십 위기가 거의 없었다는 점입니다. 열 명의 지도자가 있었지만 권력 승계가 진행될 때도 권력 다툼이 없었습니다. 이것은 막툼 가문이 자식들이 어릴 때부터 나랏일을 함께 논의하고, 국정에 참여시키는 등 두바이만의 독특한 리더십이 있었기에 가능했습니다.

일반 시민과 대화하는 두바이 지도자, 시민의 눈높이에 맞게 앉아 있는 모습이 인상적입니디.
* 출처 : 행복과 긍정에 관한 고찰(The Executive Office, 2018)

2020 두바이 엑스포와 두바이의 아름다운 전경(저자 촬영)

셰이크 무함마드의 어록

국민은 지도자의 입을 주목합니다. 지도자 입에서 나오는 말에 따라서 국민은 뭉치기도 하고 분열하기도 합니다. 지도자의 언행은 그가 추구하는 국정의 방향을 알려주는 나침반이기도 합니다. 지도자들의 말과 행동을 보면 한 국가의 가치와 비전을 알 수 있고, 미래를 예측할 수 있습니다. 그래서 지도자들의 말과 행동은 신중해질 수밖에 없습니다. 그러한 점에서 전 세계에서 가장 빠르게 성장하고 있는 아랍에미리트 지도자들의 언행은 많은 시사점을 주고 있습니다. 셰이크 무함마드가 강조하는 단어들은 다음과 같습니다 : **정부의 역할, 리더십, 행복, 긍정, 관용, 비전, 도전, 미래, 창의, 가족, 여성, 통합.**

정부의 역할

• 정부는 나무와 같다. 무럭무럭 자라 국민을 위해 튼실한 과일을 풍부하게 제공해야 한다.

• 공직을 단순한 직업으로만 보는 공직자는 단순한 직원에 지나지 않는다. 자신의 나라를 사랑하는 지도자로서, 자기 작품에 대해 열정적인 장인으로서, 뛰어난 예술가로서 공직을 수행해야 한다.

• 첫째도 국민, 둘째도 국민, 셋째도 국민이다. 이것이 바로 아랍에미리트 정부가 나아갈 길이다.

리더십

• 리더는 매일 도전을 받는다. 리더십은 정제되고 교육되어야 하며, 상호 소통되어야 한다.

• 리더십은 지력과 수완, 지혜, 강인한 성격, 최고에 대한 열망이 합쳐진 것이다.

- 훌륭한 리더는 더 많은 훌륭한 리더를 만들어 내며, 혼자서 모든 것을 다 하지 않는다.
- 나의 의견에 동조만 하는 사람들을 좋아하지 않는다. 오히려 틀렸다고 충고해주는 사람이 당신을 진정으로 사랑하는 사람이다.

행복

- 정부가 해야 하는 일은 사람들이 행복할 수 있도록 하는 것이다.

긍정

- 흐르는 물이 바위를 만나면 멈추느냐? 당연히 그렇지 않다. 방향을 틀어 계속 흘러간다. 이와 마찬가지로 긍정적인 사람은 어떤 도전도 자신의 목표를 가로막지 못한다고 확신하고 있다.

관용

- 아랍에미리트는 단순히 금융과 경제의 중심지이거나 관광의 허브이기만 한 도시가 아니라 세계 인도주의 활동의 중추이기도 하다.

도전

- 불가능이라는 단어는 아랍에미리트의 사전에는 없다.

미래 & 비전

- 미래를 바꾸려 하지 않는 사람은 과거의 포로가 될 것이다.
- 우리는 역사를 만들어 나가야 한다. 미래가 우리에게 오기를 기다려서는 안 된다.

- 두바이 발전을 위해 통치하신 아버지로부터 나는 미래를 대비하라는 가르침을 받았다. 이 가르침이 없었다면 지금의 두바이는 존재하지 않을 것이다.
- 현재 아랍에미리트가 이룬 성과는 내가 가지고 있는 비전의 10%에 불과하다.
- 모든 일에는 어느 정도의 위험이 따른다. 그렇다고 우리의 삶과 일을 중단할 수 있느냐?
- 나는 이 나라를 어떻게 최고의 자리에 올려놓을지 매일 꿈꾸며 배우고 있다. 우리의 자손들에게 남겨 줄 가장 훌륭한 유산이 무엇인지를 생각해 본다.

여성

- 나는 이전부터 다음을 분명하게 말해 왔다. 남자들이여, 여자들에게 이 나라의 리더 자리를 모두 빼앗기지 않도록 조심해라.
- 여성이 자기 잠재력을 마음껏 펼칠 수 있는 환경을 제공하는 것이 우리가 할 일이다. 이런 환경이 주어지면 여성은 기적과 같은 일을 해낼 것이라고 나는 확신한다.

승마, 시

- 모든 리더는 자신의 리더십에 깊이와 자신만의 고유한 스타일을 더할 수 있는 열정적인 취미가 있어야 한다.
- 내 혈관에는 말을 사랑하는 마음이 흐른다. 말은 오래전부터 아랍에서 훌륭하게 길러졌다. 말은 우리 역사의 상징이다. 말은 전쟁터에서도 우리와 함께했다. 그래서 승마는 고결한 정신을 키우기 위한 인생 훈련이다.
- 훈련함으로써 자신의 약점에 눈이 떠지게 되며, 자신감이 높아지면서

승리에 한 발짝 더 가까이 다가갈 수 있다.

• 시인의 눈과 심장은 다른 사람들과 다르다.

• 만약 시가 국민의 바람, 꿈, 희망과 아픔을 표현하지 못하면 쓸모없는 단어의 조합일 뿐이다. 시는 아랍에미리트 발전에 크게 기여하고 있다.

말과 관련한 아랍 격언

• 말은 은혜 그 자체이다.

• 모든 말은 넘어지기도 한다.

• 말은 고삐에 반응한다.

• 승마용 말의 뺨처럼 투명하다.

• 당신의 말(언어)은 당신의 말과 같다. 서로를 살펴주게 되어 있다.

• 말은 기수가 누구인지 보여준다.

• 말보다 강하다.

• 말들을 따라 가라

말 예찬론자이자 시인 셰이크 무함마드

셰이크 무함마드는 모든 리더는 자신의 리더십에 깊이와 자신만의 고유한 스타일을 더할 수 있는 열정적인 취미가 있어야 한다고 강조하고 있습니다. 그는 승마와 시에 각별한 애정을 품고 있습니다. 그는 승마와 시를 리더십에 접목하곤 합니다. 그에게 승마는 자부심, 기사도 정신, 존엄, 고결성과 같은 의미입니다. 이것들은 곧 리더의 자질이기도 합니다. 그 스스로 말을 통해 많은 것을 배웠다고 언급해 왔습니다. 특히 아랍 전통에 뿌리를 둔 말은 그들에게는 동물 이상의 의미를 지니고 있습니다. 그들은 오랜 세월 말과 함께 생존을 해왔기 때문입니다. 생존보다 더 중요한 가치는 없습니다. 또한 아랍인들에게 말은 명예, 사회적 지위와 인품을 나타내는 척도이기도 합니다. 말은 가족과도 같은 존재입니다.

셰이크 무함마드의 말에 대한 사랑은 구호에만 그치지 않습니다. 그는 국제 대회에 출전한 선수이기도 합니다. 2012년 영국에서 열린 세계 지구력 경마 대회(World Endurance Championship)에 출전해 우승하기도 했습니다. 그 대회는 38개국 150명의 기수가 출전했습니다. 대부분 전문 기수들이었지만 셰이크 무함마드는 취미로 승마를 했을 뿐이었습니다.

여러 말 중에서 그는 2006년 작은 목장에서 낮은 가격에 산 말과 함께 출전한 겁니다. 지구력 경마에서는 말의 능력은 물론 경주의 길이, 코스의 지형에 맞추어 전략을 치밀하게 짜야 합니다. 앞에 산이 기다리고 있으면 반드시 말에게 휴식을 줘야 하는 등 세밀한 작전 구상은 필수입니다. 그는 혹한, 비바람을 이겨내고 마침내 1등으로 결승선에 골인했습니다. 말에 대한 그의 사랑은 상상 이상입니다.

2012년 영국 세계 지구력 경마대회
1위로 결승선에 들어오는 셰이크 무함마드
* 출처 : 셰이크 무함마드의 생각(Motivate Publishing, 2018, 57p)

　　세계 지구력 경마대회에서 1등을 차지한 후 셰이크 무함마드는 자기 경험을 비추어 몇 가지 조언을 한 적이 있었습니다. ① 전문적인 지식을 습득, ② 첫째도 훈련, 둘째도 훈련, ③ 신과 자신을 신뢰하며 긍정적인 자세. 그는 계획성, 인내력 그리고 통제력이 필수인 장거리 말 경주를 통해 리더의 자질을 찾고 있습니다.

　　셰이크 무함마드에게는 세상에서 가장 특별한 친구가 있었습니다. Dubai Millennium이라고 하는 경주마였습니다. 그 둘은 함께 여정을 보내면서 서로에게 큰 영향을 나누었습니다. 각종 세계 대회에서 우승한 두바이 밀레니엄은 2001년 수차례 수술에도 불구하고 가장 가까웠던 셰이크 무함마드와 작별을 했습니다. 지금도 셰이크 무함마드는 세계 최고의 경주마 두바이 밀레니엄을 그리워할지 모릅니다.

　　사료에 의하면 예언자 무함마드는 6마리의 말을 소유했습니다. Bani Fazara에서 구입한 Al Sakb, 우렁찬 울음소리를 지녔던 Al Murtajaz, 힘이 좋았던 Al Lazaz와 Al Dharab, 꼬리가 유난히 긴 Al Lahif, 빠르기로 유명한 Sabha가 바로 그 주인공들입니다. 그래서인지 아랍에서는 말에 관한 격언 또한 많이 있습니다. 모험을 시작하는 사람에게 '말을 뒤 따라 가라'라는 표현을 쓸 정도입니다. 모험을 시작하긴 하나 앞을 정확히 꿰뚫어 보지 못하는 사람에게 쓰는 표현이라고 합니다.

셰이크 무함마드는 지도자이기 이전에 시인이기도 합니다. 셰이크 무함마드는 자연에 대한 사랑과 인도주의적 감성을 담아낸 여러 권의 시집을 펴낸 시인입니다. 그는 시인의 눈과 심장은 다른 사람들과 다르다고 표현할 정도입니다. 그래서 시인은 다른 사람이 보지 못하는 것을 본다고 합니다.

그의 공식 홈페이지에 들어가 보면 시에 대한 섹션이 별도 있을 정도입니다. 그의 아버지 셰이크 라시드는 사막으로 여행을 떠날 때는 시집을 가지고 다녔다고 합니다. 그때부터 셰이크 무함마드는 두바이 지역의 전통 시 나바티 (Nabati)를 배우고 창작하기 시작했습니다. 사막에서 살아가는 유목민들에게는 모닥불을 피워놓고 시를 낭송하는 것이 부족 간에 유대도 강화하고 중요한 소일거리였을 것입니다.

시는 감성과 창의성에 바탕을 두고 있습니다. 그래서 사람들은 그의 시적 감각이 오늘날 세계 최고의 창의성이 가득한 도시인 두바이를 만들었다고 분석하기도 합니다. 스티브 잡스도 시에서 아이디어를 떠올리고, 창조적 사람을 만든다고 강조했습니다.

셰이크 무함마드는 승마, 시 그리고 리더십은 삼위일체를 이루어 긍정적인 영향을 주고받는다고 표현하곤 합니다. 모든 리더가 승마인이나 시인일 필요는 없지만 적어도 그는 모든 리더는 자신의 리더십에 깊이와 고유한 스타일을 더할 수 있는 열정적인 취미가 있어야 한다고 강조하고 있습니다. 그들의 리더십에 감탄을 하지 않을 수 없습니다.

이슬람의 역사학자 이븐 칼둔(1332~1406년)에 따르면, 당시 아랍인들은 칼리프에게 찬사를 보내며 접근했고, 칼리프는 시인들의 지위와 시의 질에 상응하여 매우 풍부한 보상을 내렸다고 합니다. 시는 아랍인들의 보고이며, 그들의 학문과 역사, 지혜를 담고 있습니다. 그래서 당시 부모들은 자식들에게 시를 암송하도록 했다고 합니다. 과거 부족 간 전투가 치열할 때에도 휴전이 되는 '신성한 달' 기간에는 중립지역에서 대규모 축제가 열렸다고 합니다. 거기에서는 시 낭송과 시 경연 대회가 벌어졌습니다. 아랍 사람들은 자신의 시 짓기 기술을 한껏 뽐내기도 했습니다. 시는 아랍인들에게 있어 오랜 전통입니다.

인류에게 가장 중요한 문화적, 언어적 표현 중 하나로 여겨지는 시는 아랍 문화에서 매우 중요한 요소입니다. 아랍 시의 역사는 아라비아 문명 초창기로 거슬러 올라가며, 아라비아반도의 문화와 유산에 깊은 영향을 끼쳐 오늘날까지도 그 영향력을 미치고 있습니다. 세계에서 가장 저명한 나바티 경연 대회가 2006년부터 아랍에미리트에서 열리고 있습니다. 이웃 나라 사우디아라비아 문화부는 2023년을 '아랍 시의 해'로 발표한 바 있습니다.

꾸란은 운율로 쓴 대서사시입니다. 꾸란은 지금도 매일 일정한 시간에 도시 전역에서 낭송되고 있습니다. 도시 전체가 시의 바다가 됩니다.

4. 그들이 살아가는 법(法)

아랍에미리트 헌법

1971년 7월 18일, 6개 에미리트 대표들이 두바이에 모여서 헌법에 서명했습니다. 아랍에미리트에서 가장 북쪽 지방에 있는 라스알카이마는 1972년에 연방에 가입했기 때문에 헌법에 서명하지 않았습니다. 총 10편 제152조로 구성된 헌법이 제정되면서 아랍에미리트는 연방제형 국가로 기본 틀을 갖추게 되었습니다.

아랍에미리트는 7개의 에미리트가 모여 하나의 연합국 형태를 띠고 있습니다. 아랍에미리트는 연방법을 따르지만, 개별 에미리트 간의 자치권을 인정하고 있습니다. 아랍에미리트가 1971년 건국할 당시, 헌법에 개별 에미리트가 연방법을 따르더라도 자치권을 인정하여 에미리트 자체 법원의 설립이 가능하게 했습니다.

아랍에미리트는 연방법원 혹은 에미리트와 관계없이 모든 법원 체계는 3심으로 구성되며, 개별 에미리트 법원은 1심 법원(Court of First Instance), 항소법원(Court of Appeal), 그리고 대법원(Court of Cassation)으로 구성됩니다.

『아랍에미리트 헌법』(명지대 중동문제연구소 기획,
김종도·정상률·임병필·박현도·안정국 역, 모시는 사람들, 2014

『아랍에미리트 헌법』은 명지대학교 중동문제연구소에서 기획한 《중동 국가헌법번역 HK 총서》시리즈 세 번째 책으로, 아랍에미리트 헌법을 한국 어로 번역한 것입니다. 아랍어 문학, 중동정치학, 이슬람학, 법학 교수들이 1년 넘게 심혈을 다해 완성했습니다. 아래 내용은 명지대학교 중동문제연구 소의 허락을 얻어 아랍에미리트의 헌법을 요약한 것입니다. 한 국가를 제대로 알기 위해서는 헌법을 살펴보는 것은 기본이겠죠.

헌법은 한 국가의 정체성과 국민의 모습을 가장 근본적으로 보여주고 있어서 이 책에 요약해서 수록하게 되었습니다. 원문을 번역했기 때문에 문장이 술술 읽히지 않을 수도 있으니 인내심을 가지고 일독해 보시길 바랍니다.

서문

아부다비, 두바이, 샤르자, 아즈만, 움알콰인, 푸자이라 아미르국의 지도 자들은 더 나은 삶과 지속적인 안정을 제공하고, 아미르국과 아미르 국민 모두의 국제적 위상을 드높이기 위해 이 아미르국 간의 연방 설립에 우리의 염원과 우리 아미르국들의 염원이 서로 만났다는 것에 비추어, 주권을 가진 독립 연방국가와 아미르국이나 그 회원국들의 실체를 보호할 수 있는 형태로, 아랍 우방국들과 유엔의 모든 신뢰할 만한 우방 국가들, 그리고 가족과 같은 국가들의 협력을 바탕으로, 상호존중과 상호 이해와 이익을 바탕으로 아랍 아미르국 간의 더욱 긴밀한 유대관계 수립을 염원한다. … 이 모든 것을 위하여 전지전능하신 창조주 앞에서 그리고 모든 국민 앞에서, 우리의 서명이 들어간 이 헌법에 대한 우리의 합의를 선언한다.

제1편 : 연방, 기본 구성요소와 목적

• 아랍에미리트는 주권을 가진 독립 연방국이며, 연방은 다음 아미르국

들로 구성된다 : 아부다비, 두바이, 샤르자, 아즈만, 움알콰인, 푸자
이라, 라스알카이마.

- 연방최고회의가 만장일치로 동의한다면 어떤 아랍 독립국가도 연방에
가입할 수 있다.
- 회원 아미르국들은 이 헌법에 의거하여 연방이 관할하고 있지 않은 모든
사안에 있어서 각 아미르국의 영토와 영해에 대해 전적으로 주권을
행사한다.
- 연방은 국기, 문장, 국가를 가지며, 국기와 문장은 법률로 정한다. 각
아미르국은 자신의 영토 내에서 사용할 수 있는 자체 국가를 가진다.
- 이슬람은 연방의 공식 종교이고, 이슬람 샤리아는 연방 입법의 주요
원천이며, 연방의 공식 언어는 아랍어이다.
- 아부다비는 연방의 수도이다.
- 연방의 외교정책은 아랍·이슬람의 대의와 이익을 지지하는 것을 목표로
해야 하며, 유엔헌장과 모범적인 국제기준 원칙에 기반하여 모든 국가
및 그 국민과의 친선과 상호협력의 유대 강화를 목표로 한다.

제2편 : 연방의 기본적 사회·경제 기반

- 연방과 회원 아미르국들은 연방의 관할권과 능력 내에서 상호 협력한다.
- 모든 시민을 위한 평등, 사회정의, 안전과 안보의 보장, 기회의 평등은
사회의 기둥이다. 상호협력과 상부상조는 그들 사이의 확고한 연결고리이다.
- 가족은 사회의 기초이다. 가족은 종교, 윤리, 애국심을 기반으로 한다.
법률은 가족의 존재와 안전을 보장한다.
- 사회는 어린이와 모성을 돌보아야 하며 질병, 무능력, 노령, 불가항력의
실업과 같은 이유로 자신을 돌볼 수 없는 약자와 무능력자를 보호해야

한다. 사회는 그들의 이익과 사회의 이익을 위하여 그들을 돕고, 그들 스스로 자격을 갖추게 할 책임이 있다. 이러한 문제들은 공공부조법과 사회보장법으로 정한다.

- 교육은 사회발전을 위한 기본요소이며, 초등교육은 의무교육이고, 연방 내에서 모든 단계의 교육은 무상이다. 관할 관계당국의 감독과 지시를 따른 다는 조건으로, 개인과 단체는 법규에 따라 사립학교를 설립할 수 있나.
- 사회는 시민을 위해 국민건강 보호, 질병과 전염병에 대한 예방과 치료의 수단을 보장한다. 사회는 병원과 보건소, 공공 및 개인의 진료소 설립을 장려한다.
- 사회는 노동을 사회발전의 초석으로 본다. 사회는 시민의 고용과 직업 훈련을 위해 노력한다. 사회는 선진 국제 노동법에 비추어 노동자들의 권리와 고용주들의 이익을 보호하는 법률을 제정함으로써 이에 적절한 환경을 조성한다.
- 사유재산은 보장되며, 정당한 보상과 법규에 의거하여 공공이익이 필요로 하는 상황이 아니고는 어느 누구로부터도 그 자신의 재산을 빼앗 기지 않는다.
- 각 아미르국의 부와 천연자원은 해당 아미르국의 공적 자산으로 보며, 사회는 국가경제 이익을 위해 이를 보호하고 선용할 책임을 진다.

제3편 : 자유, 권리, 공공의무

- 만인은 법 앞에 평등하며. 연방 시민은 인종, 출신지, 종교적 신념이나 사회적 지위에 따른 차별이 없다.
- 모든 시민의 개인적 자유는 보장된다. 어떠한 사람도 법률에 의하지 아니 하고는 체포, 수색, 구금되지 않는다. 어떠한 사람도 고문 또는 존엄성을

모독하는 대우를 받지 않는다.

- 형벌은 개인별로 부과된다. 피고인은 공정하고 합법적인 재판에서 자신의 혐의가 증명될 때까지 무죄이다. 피고인은 재판받는 동안 자신을 변호할 능력을 갖춘 사람을 선임할 권리가 있다. 피고인을 육체적, 정신적으로 학대하는 것은 금지된다.
- 말과 글, 기타 다른 수단을 통한 의사 표현의 자유는 법률이 정한 범위 내에서 보장된다.
- 기존 관습에 따라 종교의식을 행할 자유는 공공질서를 위반하지 않고 공중도덕에 위배되지 않는 한 보장된다.
- 집회 및 결사의 자유는 법률이 정한 범위 내에서 보장된다.
- 법규에 따라 동등한 조건의 토대 위에 공직의 문은 모든 시민에게 개방되어 있다. 공직은 그것을 수행하는 사람들에게 위임된 국가적 봉사이며, 공무원은 공익만을 목표로 하여 직무를 수행한다.
- 연방을 방위하는 것은 모든 시민의 신성한 의무이다. 병역 의무의 이행은 시민에게 명예로운 것이며, 이는 법률로 정한다.

제4편 : 연방 통치기구

- 연방의 통치기구는 다음과 같이 구성된다.
  - 연방최고회의
  - 연방대통령과 부통령
  - 연방각료회의
  - 연방국가평의회
  - 연방사법부
- 연방최고회의는 연방의 최고 통치기구이다. 이 기구는 모든 아미르국의 통치

권자들로 구성된다. 연방최고회의는 아미르 회원국들의 공동 이익 실현과 관련된 제반 사안 검토, 연방의 연간 일반 예산·결산법을 포함하여 연방의 법률들이 공포되기 전 이에 대한 동의, 국제 조약과 협정에 대한 비준 등을 다룬다. 연방최고회의의 결정은 회원국 중 5개 회원국 다수로 공포된다. 이 다수에는 아부다비와 두바이의 두 표가 반드시 포함되어야 한다. 연방 최고회의는 연방 수도에서 개최되며, 사전에 합의된 어떠한 장소에서도 개최될 수 있다.

• 연방대통령과 부통령은 연방최고회의에서 선출되며, 연방부통령은 어떤 사유로 대통령이 부재할 경우에 대통령의 모든 권한을 대행한다. 대통령과 부통령의 임기는 5년이며, 동일한 직책에 재선이 허용된다. 대통령과 부통령은 임무를 맡을 때에 연방최고회의 앞에서 다음과 같이 선서한다. "나는 아랍에미리트 연방을 위해 충성을 다하고, 연방 헌법과 법률을 준수하며 연방 국민의 이익을 보호하며, 성실과 충성을 다하여 본인의 의무를 수행하며, 연방의 독립과 영토의 안전을 지킬 것을 위대한 알라께 맹세합니다."

• 연방각료회의는 각료회의 의장, 부의장, 다수의 각료로 구성된다.

• 장관은 능력과 경험이 입증된 연방 시민 가운데서 선출된다.

• 연방국가평의회는 40명의 위원으로 구성되며, 평의회의 의석수는 다음과 같이 아미르 회원국들에 배분된다. 아부다비 8석, 두바이 8석, 샤르자 6석, 라스 알카이마 6석, 아즈만 4석, 움알콰인 4석, 푸자이라 4석.

• 연방국가평의회 의원은 다음과 같은 자격을 갖추어야 한다.

 - 연방 아미르국 중 어느 한 아미르국의 시민으로서 평의회에서 그가 대표 하는 아미르국에 상주하는 자여야 한다.

 - 선출 시 연령은 25세 이상이어야 한다.

 - 시민의 자질, 칭송받을 품행, 좋은 평판을 지녀야 한다. 범죄로 인해

실형을 받지 않았어야 하며, 실형을 받았을 경우 법률에 따라 복권되었어야 한다.

• 연방사법부는 독립성을 가지며, 직무를 수행하는데 있어서 법률과 양심 이외의 어떠한 권력에도 굴복하지 않는다.

• 연방에는 연방최고법원과 연방하급법원(연방 1심법원)을 둔다.

제5편 : 연방 입법과 칙령, 관계 당국

• 법률안은 다음과 같은 절차를 밟아 법률이 된다.

- 각료회의는 법률안을 준비하여 연방국가평의회에 제출한다.

- 각료회의는 연방대통령에게 법률안을 제출하여 동의를 받고, 연방최고회의에 법률안을 제출하여 승인을 받는다.

- 연방대통령은 연방최고회의의 승인을 얻은 후, 법률에 서명한 후 공포한다.

• 법안들은 대통령이 연방최고회의의 승인 이후 서명하고 공포한 날로부터 최대 2주간 연방의 관보에 게재된다. 특정한 날짜를 명시하지 않는 한 그 법률안은 관보에 게재한 날로부터 한 달 후에 효력이 발생된다.

제6편 : 아미르국들

• 아미르국들은 연방 헌법이 연방에 위임하지 않은 모든 권한을 행사하며, 모든 아미르국은 연방 설립에 참여하고, 연방의 실체로부터 서비스와 보호의 수혜를 받는다.

• 아미르국의 통치는 특히 각 영토 내에서 법률과 안전의 유지, 공공시설의 확대, 사회적·경제적 수준의 향상을 목표로 한다. 연방최고회의의 승인을 받은 후, 두 개 이상의 아미르국은 정치적, 행정적 단위에서의 통합체를 구성할 수 있다. 공공시설의 전체 혹은 부분을 통합시킬 수 있으며, 공공

시설의 설립을 위해 공동 또는 단일 행정기구를 설립할 수 있다.

- 모든 회원 아미르국은 아미르국의 통합을 목표로 다양한 분야에서 입법을 조정하기 위해 노력한다.

제7편 : 연방과 아미르국 간의 입법, 행정, 국제 관할 업무의 분배

- 연방은 다음 사항들에 대한 입법과 행정을 전적으로 담당한다.
 - 외교 업무
 - 국방과 연방군대
 - 국내외 위협으로부터 연방의 안보 수호
 - 연방 수도의 안보, 질서, 통치에 관한 업무
 - 연방 공무원 및 연방사법 관련 업무
 - 연방의 재정, 세금, 관세, 부과금
 - 연방 공공차관
 - 우편, 전신(전보), 전화, 무선 업무
 - 연방 도로의 건설, 유지, 개선, 교통체계
 - 항공운항 통제, 항공기 사업 및 조종사의 면허 발급
 - 교육
 - 공중보건과 의료 서비스
 - 화폐와 통화
 - 도량형
 - 전력 서비스
 - 연방의 국적, 여권, 체류, 이주
 - 연방 재산 및 이와 관련된 모든 것
 - 인구조사 업무 및 연방의 목적과 관련한 통계업무

- 연방 홍보
- 연방이 원칙적으로 외교 및 국제관계 문제를 전적으로 담당한다는 내용에 대한 예외로, 연방의 이익과 연방법에 저촉되지 않는 조건과 연방최고회의에 미리 통보한다는 조건으로 연방 회원 아미르국들은 이웃 국가나 지역과 내부 행정 성격을 가진 제한적인 협정을 체결할 수 있다. 아미르국들은 석유수출기구(OPEC)와 아랍석유수출국기구(OAPEC)의 회원 자격을 유지하거나 그 두 기구에 가입할 수 있다.
- 연방 관할당국은 아미르국 중 한 아미르국의 지위를 침해할 수 있는 어떠한 국제조약과 협정을 체결하기 전에 미리 해당 아미르국의 의견을 검토해야 하며, 의견이 상충할 경우 그 사안을 결정하기 위해 연방최고법원에 제출해야 한다.

제8편 : 연방재정업무
- 연방의 공공세입은 다음과 같은 세원으로 구성된다.
- 연방 권한 내에 있는 사항들에 대해 부과되는 세금, 수수료, 관세
- 연방이 취득하는 수수료와 비용
- 연방 회원 아미르국들이 연방에 제공하는 연간 예산 분담금
- 연방 소유재산으로부터 나오는 연방수입
- 연방 연간 총예산의 비용을 충당하기 위해 연방의 연간 세입원 중 일정 비율을 연방 회원 아미르국들은 부담해야 한다.
- 연방은 몇몇 아미르국의 긴급하게 필요한 건설, 치안, 사회 관련 업무 등의 프로젝트안의 총비용을 지출하기 위해 연간 예산안 가운데 연방 세입원으로 이를 할당한다.

제9편 : 군대와 보안군

- 연방 아미르국 중 어느 한 곳에 대한 어떠한 공격도 아미르국 전체에 대한 공격과 연방 자체 존재에 대한 공격으로 간주한다. 모든 군대는 연방을 방어하기 위하여 상호 협조한다.
- 육군, 해군, 공군을 두며, 훈련과 지휘는 단일화한다. 군 총사령관과 참모총장의 임명과 그 직책으로부터의 해임은 연방칙령에 의거한다.
- 방어전쟁 수행 선포는 연방최고회의가 이에 대해 승인한 후 연방대통령이 공포하는 칙령에 의한다. 침략전쟁은 국제 헌장들의 규정에 따라 금지된다.
- 연방대통령을 위원장으로 하는 최고 국방위원회가 설립된다. 위원회 위원들은 연방부통령, 연방각료회의의장, 외교부장관, 국방부장관, 내무부장관, 총사령관, 참모총장으로 구성된다. 위원회는 군 자문위원들과 군 전문가들 가운데 초청을 수락한 사람들에게 회의 참석을 요청할 수 있으나 그들은 토의에서 결정권을 가지고 있지 않다.

제10편 : 최종 규정 및 임시 규정

- 연방최고회의가 연방의 최상 이익을 위하여 헌법 개정이 필요하다고 판단할 경우, 헌법 개정안을 연방국가회의에 제출한다.
- 헌법 개정 승인 절차는 법률의 개정 절차와 동일하다.
- 게엄령의 공포는 연방대통령이 제안하고 연방각료회의가 동의함에 따라 연방최고회의의 승인으로 공포되는 칙령에 따른다.
- 이 헌법의 조항들은 연방 회원 아미르국들의 헌법보다 상위에 있으며, 이 헌법의 규정에 따라 공포된 연방법들은 아미르 당국들이 공포한 입법 규정과 조례보다 우선권을 갖는다.

사건·사고 사례, 모르면 털린다

아랍에미리트에 거주하는 한국인은 1만여명에 이르고, 매년 수십 만 명의 한국인이 아랍에미리트를 여행하고 있습니다. 한국인들에게 아랍에미리트는 여행의 목적지이기도 하지만 유럽을 오갈 때 경유지로도 인기가 매우 높습니다. 그러므로 안전한 거주나 여행이 되기 위해서는 주재국의 법에 대해서 반드시 알아야 합니다. 이러한 점에 착안하여 주아랍에미리트 한국대사관에서는 <UAE 사건·사고 유형별 사례 및 법률가이드>를 제작하여 배포하고 있습니다.

제가 실제 거주하면서 느낀 점은 전반적으로 법이 엄격하다는 것입니다. 사람들이 많은 곳에 가면 직감적인 느낌으로 알 수 있는 사복경찰이 근무하고 있는 경우가 많습니다. 애초에 다른 나쁜 마음을 먹지 못하도록 하는 시스템이 작동하는 것 같습니다. 기본적으로 아랍에미리트는 매우 안전합니다. 저는 세계 많은 곳을 가봤지만, 아랍에미리트만큼 안전한 곳도 별로 없을 정도입니다. 특히 그곳에서 자녀를 키워본 사람들은 매우 공감하리라 생각이 듭니다.

아래 내용은 아랍에미리트에 거주하거나 여행할 때 충분히 닥칠 수 있는 사례들입니다. 그 나라의 법을 준수하는 것은 당연한 일입니다. 대부분 아랍에미리트 국민은 한국과 한국인을 좋아합니다. 그러므로 한국인이 더 준법정신을 발휘해야 할 것입니다.

① 불법음주 및 음주운전

아부다비와 두바이는 이미 국제적인 도시로 성장했지만 잊지 말아야 할 것이 아랍에미리트는 기본적으로 이슬람 국가라는 것입니다. 사우디아라비아처럼 음주가 매우 엄격한 것은 아니지만 허가된 장소 외에서 음주하면 사법

처리가 될 수 있어서 특별히 조심해야 합니다. 아랍에미리트에서는 음주 단속이 거의 없는 편이나 음주 후 교통사고로 적발되면 처벌은 당연하겠죠.

아랍에미리트에서는 길거리에서 취객을 찾아보는 것은 거의 불가능에 가깝습니다. 우리나라처럼 집 앞에 호프집이 즐비한 환경과는 사뭇 다르기 때문입니다. 일반적으로 호텔 안에 있는 바(bar)에서 술을 마시는 경우가 가장 일반적입니다. 과음 후에 택시를 탈 때도 유의해야 합니다. 일부 택시 기사는 승객을 목적지로 가지 않고 경찰서로 가서 신고하는 경우가 있다는 것은 현지 교민들 사이에서 널리 알려져 있습니다.

형법(Federal Law No. 3 of 1987) 제313조에 의해, 비무슬림에게 허용된 경우를 제외하고, 음주를 한 개인에게는 1개월 이상 6개월 미만 구금 또는 30만여 원 이상 60만여 원 미만의 벌금이 부과될 수 있습니다. 구금과 벌금은 동시에 부과도 가능합니다.

주류통제법(Abu Dhabi Law No. 8 of 1976) 제17조에 의해, 도로 또는 공공장소에서 음주로 인해 체포된 개인에게는 최소 2개월에서 최대 1년 구금 및 최소 15만여 원에서 최대 60만여 원에 이르는 벌금이 부과될 수 있습니다. 공공질서를 위협하는 행위자에 대해서는 최소 6개월에서 최대 2년 구금 및 최소 30만여 원에서 최대 150만여 원에 이르는 벌금이 부과될 수 있습니다.

음주운전으로 적발되면 통상 1개월 구속, 60만여 원의 벌금형을 받으며, 기물파손이나 현장 도주를 하면 2개월 이상 구속 및 추가로 벌금형에 처할 수 있습니다.

◆ 꾸란은 이렇게 말한다

"술과 도박에 관하여 그대에게 물을 때 일러 가로되 이 두 가지는 인간에게 큰 범죄가 되며 인간에게 일부 이로운 것도 있으나 그것의 죄악이 이로움보다 크다 이르되"

(꾸란 2장 219절)

"믿는 자들이여 술에 취하여 예배하지 말라. 너희가 무엇을 말하고 있는지 알 수 없느니라. 불결할 때도 예배하지 말라..."

(꾸란 4장 43절)

② 타인 신분증 도용 및 불법 사용

아랍에미리트를 포함한 대부분 걸프 국가에서는 외국인 수가 자국민 수보다 많습니다. 외국인이 많다 보니 국가 안위를 위해서 대체로 보안을 중요시하며 방첩 활동이 활발한 편입니다.

아랍에미리트의 경우 자국민을 제외하면 대부분 인도, 필리핀, 파키스탄, 스리랑카, 방글라데시아 등 아시아 출신으로 구성되어 있습니다. 이런 이유로 인해 보안, 테러 방지 등을 목적으로 신분증 도용 및 불법 사용을 엄격하게 제한하고 있습니다. 타인 신분증 및 출입증을 도용하다 적발되면 보통 1~3개월 구속이 되며 경우에 따라서 강제 추방까지 가능합니다.

특히 아부다비에서 자동차로 3시간 떨어져 있는 바라카(Barakah, 아랍어로 '축복'을 의미)에는 한국에서 건설한 원전 시설이 있습니다. 원전 시설의 경우 당연히 국가 최고의 보안등급을 자랑하고 있는 지역입니다. 타인의 출입증을 도용한 사례가 간혹 발생해 구속, 강제추방 당한 사례들이 발생한 바 있습니다.

③ 보안구역 무단 사진 촬영

아랍에미리트에는 보안구역이 시내 곳곳에 있습니다. 궁(palace), 공항, 항만, 공공기관, 군사시설, 대사관, 주요 시설물 등을 보안구역으로 지정하고 있습니다. 이들 보안구역을 배경으로 한 사진촬영을 엄격하게 금지하고 있어서 각별한 주의가 필요합니다.

개정 형법(Federal Law No. 34 of 2005) 제1조에 의해, 보안구역에 대해 사진촬영을 하거나 그림을 그리는 행위는 구금 및 벌금형에 처하게 됩니다. 단순 사진촬영 등 경범죄 또한 구금 및 벌금에 처할 수 있습니다.

특히 대사관 지역에서의 사진 촬영 등 국가 안보법과 관련된 위반의 경우에는 연방대법원 관할의 사건으로 간주하여 최악의 경우 추방까지도 가능합니다. 오래전에 한국대사관 직원이 실수로 한국대사관을 배경으로 사진을 촬영하다가 적발되어 약간의 소동이 있었던 적도 있는 것으로 알려져 있습니다.

보안구역 촬영으로 입건이 되면 보통 1~3개월가량 재판 기간이 소요되며, 단순 사진촬영의 경우에는 벌금형에 처하게 됩니다.

④ 주재국 국민 및 공무원과의 시비

형법(Federal Law No. 3 of 1987) 제374조에 의해, 공무원 또는 공공서비스 종사자를 상대로 명예훼손을 한 경우, 최대 6개월 구금 혹은 약 150만원 벌금이 부과됩니다. 아랍에미리트는 자국민의 인구수가 외국인보다 절대적으로 적기 때문에 에미라티라고 불리는 자국민에 대해서는 보호정책을 펼치고 있습니다. 자국민에 대한 폭행, 모욕적인 언사 및 행동에 대해 엄격하게 사법처리가 될 수 있습니다. 자국민과 외국인 간 시비가 붙은 경우에도 자국민에게 유리하게 판결하는 것이 일반적이기 때문에 특히 유의할 필요가 있습니다. 모욕죄를 적용하면 6개월~1년간의 구속 및 강제 추방에 처할 수 있습니다.

2017년, 고속도로에서 아랍에미리트 자국민에게 손가락 욕설을 한 외국인이 약 1주일 구금 후 석방된 적도 있다고 합니다.

⑤ 출입국 법령 등 위반

아랍에미리트는 출입국 법령 위반에도 엄격하게 적용하고 있습니다. 역시 외국인이 절대다수를 차지하는 이유일 것입니다. 이민, 거주비자와 관련해서도 엄격한 법 집행이 이루어지고 있습니다.

불법체류의 경우 아랍에미리트 이민법(Federal Law No. 13 of 1996) 제1조에 의해, 비자 또는 입국 허가 만료일 기준으로 30일 동안 연장을 할 수 있는 유예기간(grace period)이 주어지며, 해당 기간 내에 합법적으로 비자 연장을 하지 않거나 출국하지 않으면 하루당 최대 약 3만 원의 벌금이 부과됩니다.

아랍에미리트 이민법(Federal Law No. 7 of 2007) 제1조의 의해, 아랍에미리트 밀입국자는 최대 1개월 구금 및 약 300만 원의 벌금을 부과받을 수 있고 법원은 강제 추방을 명령할 수 있습니다.

⑥ 사망 사고

아랍에미리트에서 거주 중이거나 출장 중에 발생하는 사망사고의 경우 사고 경위 파악 및 국내 가족 입국, 시신의 국내 운반 등에 약 3~7일가량 소요됩니다. 아랍에미리트는 자연사인 경우를 제외하고 모든 사망사고는 부검을 원칙으로 하고 있습니다. 화장을 원하는 경우 아부다비 국립병원인 칼리파 병원에서만 가능합니다.

◆ 꾸란은 이렇게 말한다

"가난이 두려워 너희의 자녀를 죽이지 말라 그들과 너희에게

일용한 양식을 베푸는 것은 나 하나님이시니라…

정당한 이유 없이 사람을 살해하지 말라 하나님께서

살인을 금지하셨노라"

(꾸란 17장 31절, 33절)

★ 나의 아랍에미리트 이야기

내 또래는 중동을 '사막의 나라, 석유로 부를 이룬 나라 또는 대규모 토목사업이 활발한 나라' 정도로 알고 있을 것이다. 나보다 젊은 친구들은 '종교 갈등으로 무력 충돌이 잦은 지역'이라고 생각할 것이다.

대한항공 기장으로 전 세계를 두루 다녔지만, 사실 나도 중동에 대해서 아는 것이 별로 없었다. 2012년 처음 두바이로 비행했을 때, 두바이에서 가장 큰 쇼핑몰에 가본 적이 있다. 중동이 세계의 중앙에 위치해서 고래로부터 동서 교역의 중심지였다는 것은 잘 알고 있었지만, 전 세계에서 이렇게 많은 사람이 모여 다양한 문화를 만들어 낼 것이라고 상상하지 못했다.

UAE는 내가 상상했던 중동과는 매우 달랐다. 석유로 부를 이룬 것은 사실이지만, 문화적 다양성을 중요한 가치로 인식하고 다양한 영역에서 실험적이며 창의적으로 문화를 만들어가는 생명력이 넘치는 곳이었다. 전통을 중요시하면서도 현대적이고 미래지향적이며 동양과 서양이 조화를 이루는 문화가 매력적이었다.

2012년 두바이에 다녀온 뒤, 나는 B777 기장으로 에티하드항공사로 이직했다. 특히 우리 아이들이 문화적 다양성 속에서 도전적이고 창의적인 세계시민으로 성장할 수 있으면 좋겠다는 꿈을 꾸었다.

에티하드항공은 전 세계에서 직원을 모집한다. 전 세계 언어와 문화가 녹아 있는 에티하드항공에는 우리나라 항공사에서 경험할 수 없는 역동적이고 흥미로운 비행이 많았다. 이들과 함께 지구촌 구석구석을 비행할 때면 나라마다 다른 규정과 절차 그리고 다양한 생활양식을 경험했는데, 새로운 것을 경험하고 배우는 것은 무엇과도 비교할 수 없는 커다란 기쁨이었다.

UAE 생활은 내 가족에게도 특별하고 귀한 경험이었다. 나의 세 아이는 아부다비에서 영국학교에 다녔는데, 아이들이 스코틀랜드, 영국, 독일, 러시아, 필리핀 그리고 인도와 파키스탄에서 온 친구와 나눈 문화적 다양성은 그 어디에서도 얻을 수 없는 커다란 경험이라고 생각한다. 큰애와 둘째는 고등학교를 졸업하고 New York University, Abu Dhabi에 진학했다. NYU 아부다비는 세계 최고 수준의 교수진과 학생을 선발하는 것으로 유명하다. 아이들이 훌륭한 교육을 받게 된 것은 UAE가 준 또 하나의 선물이었다. UAE는 나와 우리 가족이 인생의 황금기를 누릴 수 있었던 귀한 터전이었다. 그곳 생활은 내가 전 세계 조종사와 교류하며 전문성을 넓히는 기회가 되었고, 우리 가족에게는 시야를 세계로 넓히게 해주었다.

2021년 나는 대학으로 자리를 옮겼고, 지금은 조종사를 꿈꾸는 젊은이들을 가르치고 있다. 에티하드항공에서 경험한 최신 훈련기법으로 학생들을 가르치고 있는데, 학생들의 만족도가 높은 편이다.

나는 오늘도 새로운 꿈을 꾼다. 지금 UAM 운항 분야에 관심을 두고 연구하고 있는데, UAE 최초의 UAM 조종사가 되고 싶다. 버즈 칼리파에서 출발해서 아부다비 코니쉬 해안에 있는 에미레이츠 팰리스 호텔까지 비행하면서 아름다운 모습을 영상으로 담아 아부다비 친구들과 함께 감상하는 그 날을 상상해 본다.

개인적으로, 우리나라 젊은이들에게 UAE 진출을 강력하게 권하고 싶다. 미국이나 유럽도 좋지만, 발전 가능성이 많은 UAE에 관심을 두고 새로운 가능성에 도전하기를 바란다. 문화적 다양성을 인정하고 창의적인 도전을 지지해주는 UAE에서 우리 젊은이들이 주인공으로 성장하고 발전할 수 있는 기회를 찾을 수 있으리라 믿어 의심치 않는다.

김경태
전 에티하드 기장, 전 한국항공대학교 항공운항학과 교수

3부

이슬람, 아랍 그리고 중동

1. 예언자 무함마드(570~632년)와 이슬람 국가 탄생

이슬람·아랍·중동

① 이슬람

이슬람은 종교뿐만 아니라 넓은 의미로 문화의 개념도 포함합니다. 57개 국의 이슬람 국가와 19억 명에 달하는 무슬림을 모두 포함하는 개념입니다. 종교만 떼어서 분류하면 이슬람교라고 할 수 있지만, 일상생활에서 이슬람과 이슬람교를 혼용해서 사용합니다.

이슬람의 언어학적 어원은 '살람'(평화를 의미)이고, 신학적인 의미는 '복종' 입니다. 그래서 이슬람 사상의 핵심은 유일신 알라에게 절대복종하여 평화를 얻는 것입니다.

이슬람은 무함마드(570~632년)라는 남성이 알라(Allah)의 계시를 받아 창시한 종교로 유일신 '알라'를 믿습니다. 하느님의 아랍어 표기가 바로 알라 입니다. 이슬람교에서는 알라가 믿음의 대상이지 예언자 무함마드가 믿음의 대상은 아닙니다. 다만 알라의 가르침대로 살았던 무함마드를 따르려고 하는 것입니다. 무함마드는 신격화가 되어 있지 않으며, 평범하지만 훌륭한 지도 력을 가진 인간일 뿐입니다. 이 점도 이슬람을 이해하는데 있어 매우 중요한 개념입니다. 그래서 마호메트교라고 하면 틀린 표현입니다. 마호메트는 무함 마드의 영어식 표현입니다.

이슬람을 신봉하는 사람을 무슬림(Muslim)이라고 합니다. 이슬람을 믿는 국가는 중동에만 있을까요? 그렇지 않습니다. 인도네시아, 우즈베키스탄 등도 이슬람 국가들입니다. 이슬람을 국교로 하는 나라는 57개국에 달합니다.

국가 수로 따지면 지구촌 1/4에 해당합니다. 중앙아시아도 몽골을 제외하고는 대부분 이슬람 국가입니다. 우즈베키스탄, 카자흐스탄, 타지키스탄, 투르크메니스탄, 아프가니스탄, 파키스탄 등 중앙아시아 전역이 이슬람화 되어 있습니다. '-스탄'(지방, 나라, 땅을 의미함)으로 끝나는 국가들이 대체로 이슬람 국가입니다.

세계 무슬림 인구의 70%가량은 아시아에 있습니다. 인구수로 본다면 세계 최대 무슬림 국가는 인도네시아입니다. 인도네시아에는 2억 3천만여 명의 무슬림이 살고 있습니다. 인도에도 무슬림이 2억 명 정도 된다고 합니다. 인도는 영국이 식민 통치하기 전까지 수백 년간은 이슬람 국가(무굴 제국, Mughal Empire)였기 때문입니다. 유럽에도 무슬림이 5천만여 명이 거주하며, 미국에도 약 700만 명 정도가 살고 있습니다.

한국의 무슬림 인구는 외국인 무슬림 20만 명, 한국 귀화자 무슬림 1만 명(배우자 통해 귀화), 한국인과 사이에서 태어난 코슬림 1만 명, 한국인 무슬림 7만 명 등 전체 37만여 명으로 추산합니다. 여러분 보시기에 많은 숫자인가요? 한국은 전 세계적으로 보면 무슬림 인구가 적은 편에 속합니다.

② 아랍

사회·문화적인 구분 또는 종족적 개념으로서 아랍은 아랍어를 사용하고 같은 아랍문화를 공유하는 것을 의미합니다. 스스로 자신의 정체성을 아랍인이라고 생각하는 사람들의 집단입니다. 아랍이라고 해서 모두가 이슬람교를 믿는 것은 아닙니다. 일부 기독교인도 있기 때문이죠.

좀 더 쉽게 설명하면 아랍어를 모국어로 사용하는 국가를 아랍 국가라고 합니다. 아랍인은 인종적인 구분이 아니기 때문에 서로 다른 외모를 가지고 있습니다. 아프리카 수단의 아랍인들은 흑인이고 모로코나 레바논의 아랍인들은 유럽 사람처럼 생겼고, 레바논에는 금발의 여성도 많습니다.

중동 지역에 있다고 해서 모두가 아랍 국가는 아닙니다. 튀르키예, 이스라엘, 이란, 딱 세 나라가 아랍 국가가 아닙니다. 이 국가들은 튀르키예어, 히브리어, 페르시아어가 따로 있습니다. 그래서 위 세 나라 사람들에게 계속해서 아랍에 대해 얘기하면 불편해할 수도 있습니다. 그 반대인 경우도 마찬가지이겠죠.

이들의 언어인 아랍어는 배워두면 참 좋은 언어인데 배우기가 만만치 않습니다. 22개국에서 사용하는 언어이기 때문에 활용도가 굉장히 높습니다. 아랍어만 잘해도 한국에서 직장을 구할 때 경쟁력이 높은 편입니다. 다만 '푸스하'라고 하는 표준 아랍어가 있고, '암미야'라고 하는 국가마다 방언이 있어서 배우기가 쉽지는 않습니다.

◆ 꾸란은 이렇게 말한다
"나는 너희가 이해하도록 하기 위해 꾸란을 아랍어로 계시하였느니라.
나는 이 꾸란의 계시를 통하여 그대에게 가장 아름다운 이야기를
전하노라"

(꾸란 12장 2~3절)

③ 중동

(지역적인 구분) 과거 유럽이 만든 지역적인 개념으로 중동(Middle East)은 유럽을 기준으로 동쪽의 중간 지역을 의미합니다. 더 정확히 하자면 19세기 말 영국을 기준으로 한 것입니다. 일찍이 해상권을 장악해서 전 세계에 영향력을 행사한 영국이었기에 가능했습니다.

영국을 중심으로 가까운 지역부터 근동(발칸반도, 그리스 등), 중동(아라비아반도, 튀르키예, 이란 등), 극동(한국, 일본 등)으로 불렸습니다. 이러한 인식은 당시 유럽이 슈퍼 파워를 가지고 있었기 때문에 가능했습니다. 중동이라는 단어가 제국주의적이라는 지적에 따라 단어를 바꾸자는 여론도 한때 있었습니다만 중동이 완전히 고착화되어 있고, 대체할 만한 용어가 마땅치 않아 계속해서 사용되고 있습니다.

사람들의 의견이 분분해 중동의 범위가 약간 모호합니다. 어떤 사람은 아랍에미리트에서 모로코까지를 중동으로 보고 있고, 이란, 튀르키예까지 중동으로 포함해야 한다고 주장하는 사람도 있습니다. 이슬람 때문인지 심지어 아프가니스탄까지 중동에 포함해야 한다고 주장하는 사람도 있습니다. 이처럼 중동을 학문적으로 정확히 규정하기는 어렵습니다.

우리나라 외교부에서는 이슬람 국가인 튀르키예를 중동국이 아닌 유럽국에서 관장하고 있습니다. 사실은 중동국에서 담당하는 것이 오히려 더 맞을지도 모릅니다만, 튀르키예가 자기들이 유럽의 일원으로 생각하기 때문에 튀르키예의 의견을 반영해서 유럽국에서 담당하는 것 같습니다.

중동은 다시 아라비아, 레반트, 마그렙 세 지역으로 나눌 수 있습니다. 아라비아는 걸프(Gulf)에 인접한 국가들로 이루어져 있습니다. 이 중에서 걸프(Gulf Cooperaton Council, 걸프협력기구) 국가들은 우리나라와 가장 활발하게 교류하고 있습니다. 걸프 6개국은 바로 아랍에미리트(UAE), 사우디아라비아, 쿠웨이트, 카타르, 오만, 바레인입니다.

아라비아반도에서는 하싸(Hassa)라고 불리는 석유 생산지가 있습니다. 쿠웨이트, 카타르, 아랍에미리트 일대입니다. 히자즈(Hijaz) 지역은 메카와 메디나가 있는 아라비안반도의 서부 해안지역을 가리키며, 메카 동남쪽에 있는 지방의 명칭입니다. 이슬람이 태동한 곳으로서 굉장히 종교적인 지역입니다. 같은 아라비아반도에 있지만 하싸와 히자즈는 분위기가 상당히 다릅니다.

레반트(Levant) 지역은 걸프 지역 북서쪽 지역에 있으며, '해가 뜨는 곳'을 의미합니다. 아랍어로는 샴(Sham, 북쪽을 의미)이라고도 합니다. 시리아·이라크·레바논·요르단 등이 레반트 지역에 있습니다.

마그렙(Maghreb)은 지리적으로는 북아프리카에 있습니다. '해가 지는 곳'을 의미하며 중동에서 가장 서쪽에 있는 모로코, 튀니지, 알제리 등 일대를 의미합니다. 하지만 일상 대화에서 마그렙은 모로코를 의미합니다. 모로코 출신 사람한테 아랍어로 어디에서 왔냐고 물어보면 마그렙이라고 대답합니다.

단박에 이해하는 중동 역사

① 고대문명, 기원전 3,000~기원전 550년

한양대학교 문화인류학과 이희수 교수에 따르면, 그가 이스탄불대학교에서 유학할 당시 그곳에서는 인류 5천 년의 역사 중에서 최근 200년간을 제외하고 중동이 주도했던 4,800년을 역사의 중심에 놓고 가르쳤다고 합니다.

그도 그럴 것이 세계 고대 4대 문명이 중국의 황하 문명 빼고는 메소포타미아, 이집트, 인더스 모두 중동 지역에서 탄생했습니다. 인더스 문명의 2대 유적지인 하라파, 모헨조다로가 파키스탄에 있습니다. 이 세 문명은 서로 이웃하고 있고, 유물 발견 등을 통해 개별적인 문명이 아닌 것으로 학계에서는 보고 있습니다. 다만 황하 문명은 지리적 한계 때문에 독자적인 문명권으로 봅니다.

고대문명만 보더라도 과거 중동이 세계의 중심이었던 것만은 분명해 보입니다. 중동 하면 가장 떠오르는 이미지가 사막일 텐데 중동 전체가 사막으로 이루어진 것은 아닙니다. 메소포타미아와 같이 물이 풍부한 지역에서는 문명의 꽃을 피웠습니다. 메소(meso)는 중앙, 중간을 의미하는데, 메소포타미아는 티그리스강과 유프라테스강 사이에 있는 지역을 의미합니다.

우리가 세계사를 이야기할 때 보통 유럽을 떠올리는 경향이 있습니다. 최근 몇백 년간 힘이 가장 강력했던 곳이기 때문입니다. 지금 우리는 민주주의, 자본주의, 산업혁명 등 유럽이 만든 세상의 테두리 안에서 살고 있다고 해도 과언이 아닐 것입니다.

그러나 메소포타미아와 이집트 등 중동 지역에서 시작된 고대문명이 지중해를 거쳐 유럽으로 전파되고, 중세 이후에도 중동과 유럽이 끊임없이 교류하며 문명과 문화의 발전이 이루어 졌습니다. 먼저 문명을 꽃피운 중동이 지식, 학문, 기술, 문화 등 많은 분야를 유럽으로 전수하고 상호교류를 해왔습니다. 중동, 오리엔트 지역에서 그리스-로마문화가 꽃피우고, 그것이 오늘날 서양 문화의 뿌리가 된 것입니다.

중동 지역은 세계의 중심이었지만 지정학적으로 유럽과 아시아 사이에 있어 이민족들의 침입이 잦았고, 세력 다툼의 무대가 되기도 했습니다. 이들은 다른 문화권과 교류와 갈등을 반복하며 공존해 오면서 질곡의 역사를 이어 갔습니다.

처음으로 그 일대 패권을 장악한 주인공이 중앙아시아를 기반으로 하는 페르시아였습니다. 메소포타미아의 마지막 제국인 신바빌로니아는 페르시아에 의해 멸망하게 되고, 세력의 중심은 자연스럽게 메소포타미아 지역에서 페르시아로 옮겨가기도 했습니다.

② 로마 제국과 페르시아 제국

유럽문명의 발상지는 지중해 동부 중앙에 있는 크레타섬입니다. 크레타문명은 종합 해양문명으로 이집트문명과 오리엔트문명을 그대로 받아 발생한 문명입니다. 크레타문명이 그리스로 흘러 들어가서 미케네문명을 만들고, 결국 그리스문화의 전성기를 열었습니다. 그것이 바탕이 되어 로마 제국이 세워졌습니다.

로마 제국은 지중해를 넘어 북아프리카와 페르시아, 이집트까지 지배했던 고대 최대의 제국이었습니다. 로마 제국의 통치 시스템들은 어디에서 배운 걸까요? 그리스와 페르시아로부터 배웠다고 할 수 있습니다. 철학, 학문 같은 것들은 그리스로부터 배웠고, 다른 것들은 페르시아로부터 배웠습니다.

로마 제국은 기원전 3세기경부터 중동 지역에 진출했습니다. 로마는 서기 395년 동로마와 서로마로 나누어졌습니다. 비잔틴 제국이라고도 불리는 동로마 제국은 사산조 페르시아와 300년 가까이 전쟁하면서 힘이 약해지기도 했습니다. 이슬람이 전파되기 전까지 비잔틴 제국과 사산조 페르시아 간에 패권 경쟁이 치열하게 진행되었습니다. 페르시아가 알렉산더에게 멸망하고 이어받은 나라가 사산조 페르시아입니다. 비잔틴 제국과 300년 가까운 전쟁을 벌인 바로 사산조 페르시아입니다.

610년에 예언자 무함마드가 메카(Mecca)에서 알라의 계시를 받은 후 아라비아반도에서 탄생한 이슬람은 사산조 페르시아와 비잔틴 제국을 물리치고 오리엔트를 통일합니다. 비잔틴 제국과 사산조 페르시아 간의 300년 전쟁으로 인해 이슬람은 쉽게 민심을 파고들 수 있었기 때문이죠. 이후 이슬람은 최초의 아랍 왕조인 우마이야 왕조(661~750년)를 세웁니다. 그리고 압바스 왕조(750~1258년)로 이어졌습니다.

참고로 왕조(Dynasty), 왕국(Kingdom), 제국(Empire)은 어떤 기준으로 구분할까요? 여러 가지 분류기준이 있겠지만 보통 정복한 민족의 수, 영토의 크기, 문명을 받아들이는 크기 등에 따라 구분합니다. 조선은 왕조이고, 신라는 왕국이라고 부릅니다. 반면 로마와 오스만은 제국이라고 합니다. 순혈주의가 강하게 작동하는 것이 왕조이고, 단일문화 혹은 단일민족이 중요한 기준이 됩니다. 반면 왕국은 순혈주의보다는 좀 더 열려 있다고 볼 수 있습니다. 제국은 수많은 다른 민족, 다른 이데올로기가 한 용광로 안에 녹아 있을 때 제국이라고 합니다. 우리나라는 제국의 역사를 경험하지 못했습니다.

③ 이슬람 탄생과 이슬람 제국으로 성장
610년, 예언자 무함마드(Prophet Mohammad)는 메카(오늘날 사우디아라비아에 있는 지역)에서 명상 도중 알라의 계시를 받습니다. 무함마드가 사망하는 632년까지 22년 동안 이어진 계시로 만들어진 종교가 바로 이슬람교입니다. 사람들이 이슬람교와 이슬람을 혼용해서 많이 사용하기 때문에 여기에서는 구분 없이 설명하겠습니다.

신생 종교 이슬람은 초창기에 메카 지역의 지배 부족으로부터 억압과 박해를 받았습니다. 여러 이유가 있었지만, 당시 다신교 사회였는데 무함마드는 유일신을 주장했기 때문입니다. 박해에도 불구하고 무함마드는 메카와 메디나 모두를 정복하고 세력을 급속하게 확장했습니다.

무함마드는 후계자를 지명하지 않은 채 632년에 사망했습니다. 이후 네 명의 칼리프(후계자)가 추대되는데 모두 예언자 무함마드의 최측근들이었습니다. 네 명의 칼리프는 이슬람의 기반을 다졌으며 공동체의 확장을 위해 정복 활동을 본격화 했습니다. 이 시대를 정통 칼리프 시대(632~661년)라고 하며 29년간 이어졌습니다. 오늘날 많은 무슬림은 이슬람이 번성했던 정통 칼리프 시대를 이슬람의 가장 이상적인 시기라고 생각하기도 합니다.

마지막 네 번째 칼리프인 알리(Ali)는 예언자 무함마드의 사촌이자 사위였습니다. 그러나 알리는 시리아의 총독이었던 우마이야 가문과의 경쟁에서 지면서 우마이야 가문으로 무게 중심이 옮겨졌습니다. 우마이야 가문은 이슬람 최초의 세습 왕조인 우마이야 왕조(661~750년)를 세웠고 약 90년간 이어졌습니다. 우마이야 왕조는 아라비아반도를 넘어 북아프리카, 유럽까지 영향력을 끼쳤습니다.

큰 영토를 거느린 우마이야 왕조는 비아랍인에 대한 차별정책 등으로 인해 내분이 심해졌습니다. 750년, 우마이야 왕조는 압바스 가문에 의해 사라지고, 압바스 왕조(750~1258년)의 시대가 약 500년간 이어졌습니다.

압바스 왕조 시기에 이슬람 세계는 큰 도전을 받습니다. 기독교 세계와 200년간 이어진 십자군 전쟁이 벌어진 것입니다. 이것이 계기가 되어 서구인들은 '한 손에는 꾸란, 다른 손에는 칼'이라는 표현을 사용해 이슬람의 위험성을 설명했습니다. 이는 이슬람 확산에 대한 위기감에서 만들어 낸 것에 불과합니다. 내부 단속용으로 볼 수 있습니다. 이로 인해 이슬람포비아(이슬람 공포증)가 생겼다고 하는데, 많은 무슬림은 이에 동의하지 않습니다.

반면 이슬람권에서는 십자군을 하얀 악마로 묘사하기도 했습니다. 이러한 인식 때문인지 오늘날까지 중동의 과격 테러단체들은 이슬람 지역에 주둔한 외국 군대를 십자군과 동일시하고 있습니다.

500년간 지속한 이슬람 제국은 결국 역사 속으로 사라집니다. 1,200년경 몽골이 중동에 진출한 겁니다. 몽골의 기세가 대단해서 몽골의 침략에 남아나는 나라가 없을 정도였습니다. 중앙아시아 전체가 몽골 치하에 들어갑니다. 결국 1258년, 몽골은 바그다드를 함락시켰습니다. 하지만 몽골 패권도 그리 오래 지속되지 못해 50년밖에 가지 못했습니다.

외세의 침략으로 인해 이슬람 내부에서는 이슬람주의의 토대가 서서히 뿌리내렸습니다. 몽골에 의한 이슬람 제국의 몰락을 무슬림이 올바른 길에서 벗어났기 때문이라는 인식이 생겨나기 시작했습니다.

50년 만에 주도권은 혼란기를 딛고 오리엔트를 다시 통일한 세력인 오스만 투르크에게 넘어갔습니다. 이로써 이슬람 세계는 아랍이 주도하던 시대를 끝내고 오스만 제국이 주도하는 시대를 맞게 된 것입니다.

④ 오스만 제국, 인류 역사상 최대의 제국

오스만 투르크는 13세기경 오스만 왕조를 세우고 중동 지역의 패권자로 부상했습니다. 오스만 왕조는 비잔틴 제국, 페르시아의 사파비 왕조를 멸망시키며 이슬람 세계를 통일해 유럽, 북아프리카, 아시아 세 대륙에 걸친 대제국을 건설했습니다. 오스만 제국(1299~1922년)은 영토도 그렇고 600년간 지속한 인류 역사상 최대의 제국이었습니다.

중앙아시아 쪽으로는 우즈베키스탄, 아프리카와 모로코까지 진출했습니다. 유럽으로는 그리스, 체코, 헝가리까지 오스만 제국 치하에 있었습니다. 당시 유럽 최강국이었던 합스부르크 왕국의 수도 빈까지 진출했습니다. 합스부르크는 오스트리아를 중심으로 스페인, 벨기에, 네덜란드, 이탈리아 등 유럽 영토의 절반을 600년 넘게 지배한 가문입니다. 유럽은 오스만 제국의 문명을 받아들인 것이 유럽의 르네상스, 대항해 시대를 촉발했습니다.

또 하나 역사적인 사실이 있습니다. 스페인, 폴란드, 오스트리아 등지에서 유대인 학살이 발생했습니다. 하지만 오스만 제국은 유대인에 대한 대우가 달랐습니다. 오고 갈 곳 없는 유대인들의 이주를 받아들였습니다. 소수민족과의 공존과 조화는 오스만 600년 제국의 기본 통치 이념이었기 때문에 가능했습니다.

하지만, 유럽 국가들이 대항해 시대와 르네상스, 산업혁명을 거치면서 산업, 경제, 과학기술 등 많은 분야에서 오스만 제국을 앞서 나가기 시작했습니다. 반면, 오스만 제국은 유럽 국가들과의 전쟁에서 패배하며 많은 영토를 잃고 쇠퇴의 길로 점차 들어서게 됩니다. 결국 독일 편에 가담했던 오스만은 1차 세계대전에서 패전하면서 거의 모든 영토를 뺏기고 와해합니다. 이로써 600년 이상 세계 최대의 제국이던 오스만 제국은 역사 속으로 사라지고 튀르키예 공화국이 탄생했습니다.

중동 지역을 지배했던 오스만 제국이 와해하면서 아랍 민족들은 자주 의식이 싹틀 수 있는 여건이 되었습니다. 이슬람과 아랍이라는 단일문화권을 형성하던 아랍은 서구 열강의 개입으로 20개가 넘는 개별 국가로 분할됩니다.

⑤ 유럽의 패권시대
유럽은 산업혁명을 바탕으로 세계 패권국가로 서서히 발돋움하기 시작합니다. 18세기 후반부터 시작된 산업혁명으로 생산기술과 그에 따른 사회 전반에 큰 변화와 발전으로 이어집니다. 1천 년 가까이 이슬람 제국의 지배를 경험한 유럽은 힘을 바탕으로 세계 전역을 식민지화 시킵니다. 중동 지역도 예외일 수 없었습니다. 1798년, 프랑스는 지금의 이집트 북부 알렉산드리아를 점령하게 되는데, 아랍의 본토가 유럽 제국주의에 의해 처음으로 점령 당한 사건입니다. 아랍 세계에는 엄청난 충격이었습니다. 이후 중동 지역은 하나둘씩 서구의 식민지로 편입되었습니다.

18세기부터 서구에 의한 이슬람 세계 식민지화가 가속화되면서 지배와 피지배 관계가 역전되는 일이 발생했습니다. 그중에서 영국과 프랑스가 중동 지역에 본격적으로 영향력을 행사했습니다. 제1차 세계대전 이후 영국, 프랑스 등 서구 강대국들이 중동·북아프리카 일대에서 아랍 세계에 대한 전문적인 식견 없이 일방적으로 그리고 인위적으로 국경선을 긋는 바람에 오늘날 중동 분쟁의 씨앗을 낳았습니다.

⑥ 중동 국가들의 독립, 직선 국경선, 석유와 분쟁

오스만 제국의 이슬람 공동체가 약화하면서 내부에서는 자주를 표방한 민족 운동 즉, 이슬람 부흥주의 또는 이슬람 계몽운동이 서서히 싹이 텄습니다. 이슬람 부흥주의가 성숙하는 동안 세계 1차, 2차 대전 이후 서구 강대국들의 지배체제마저 흔들리기 시작했습니다. 이러한 분위기를 배경으로 아랍 지역은 개별 국가로 신생 독립하면서 중동의 질서가 재편되었습니다. 하나의 아랍어를 사용하고 이슬람이라는 같은 종교를 공유하던 거대한 아랍권이 22개 국가로 쪼개져 독립한 것입니다. 아랍 국가들이 독립하는 것까지는 좋았는데 국경선이 조금 이상합니다.

여러분은 중동과 북아프리카 일대의 지도를 보시면 어떤 생각이 드시나요?

국경선이 대체로 직선으로 그어져 있습니다. 영국, 프랑스는 1차 세계대전에서 승리함으로써 오스만 제국이 지배하던 중동 지역에 대한 일종의 구획정리를 합니다.

전 세계의 80~90%가량이 삐뚤삐뚤한 자연지리학(physical geography)의 국경선으로 이루어져 있으나, 중동과 북아프리카 지역은 기하학적 국경선(geometric border demarcation)으로 이루어져 있습니다. 한 나라 안에서도 여러 가지 사유로 인해 분쟁이 있기 마련인데 역사, 인종, 종교, 이해관계 등을 무시하고 그은 국경선의 그 결과는 여러분의 예상대로일 것입니다.

1916년 영국과 프랑스가 맺은 비밀협정이 중동에서 직선 국경선을 낳았습니다. 영국의 마크 사이크스(Mark Sykes)와 프랑스의 프랑수아 조르주 피코(Francois Georges Picot)가 비밀협정의 주인공입니다. 그 둘은 고위 외교관이었는데, 제1차 세계대전에서 맞붙은 오스만 제국의 영토를 어떻게 분할할 것인가에 관한 협정이었습니다. 이로 인해 중동 일대는 인종, 종파 간 갈등이 더욱 촉발되었고, 오늘날 분쟁의 불씨가 된 것입니다.

아랍 국가들의 독립 후 중동의 산유국들은 세계 경제의 에너지원인 석유를 바탕으로 국제무대에 본격적으로 등장했습니다. 그러나 미국을 비롯한 서구 강대국들은 중동의 석유 에너지 패권 경쟁에서 우위를 다지기 위해서 중동 문제에 지나치게 개입합니다. 일부 서구 국가들은 국제사회의 반대에도 불구하고 국익이라는 절대 가치를 추구해 왔습니다. 그 바람에 양측 모두 희생과 대가를 치러야 했습니다.

⑦ 미국의 탈중동 정책, 새로운 패러다임 도래

미국은 세계 최대 원유 생산국입니다. 미국은 자국의 원유와 셰일 가스 덕분에 에너지 보고인 중동의 매력에 흥미를 점점 잃어가고 있습니다. 중동 석유의 안정적인 확보가 미국의 절대 국익이었던 시대가 종말을 맞이하는 듯 보입니다.

그동안 미국은 유엔 안보리나 국제사회의 목소리를 무시한 채 자국의 이익을 위해 지나치게 중동 문제에 개입해 왔습니다. 9·11테러 이후 20년간 지속된 대테러 전쟁에도 석유라는 절대 국익을 지키고자 하는 목표가 늘 있었습니다. 그 결과 어떻게 되었습니까? 무너지지 말아야 할 국가가 무너지는 결과를 낳기도 했습니다. 오늘날 중동 일부 국가에서 발생하고 있는 내전의 배경에 미국의 책임이 없다고 할 수 있을까요?

수많은 미군의 희생, 천문학적인 전쟁 비용으로 인해 미국의 납세자들은 "우리가 왜"라는 의문을 가지지 않을 수 없습니다. 그래서 미국의 탈중동 정책이 추진되고 있습니다. 이라크·시리아·아프가니스탄에서 미군의 철군이 탈중동의 신호탄으로 보입니다. 중동의 산유국들도 이를 인식하고 대비를 해야 할 것으로 보입니다.

그렇다고 미국은 중동에서 완전히 빠져나갈 수도 없게 되었습니다. 미국이 중동에서 발을 빼는 사이 그 틈새를 러시아와 중국이 영향력을 행사하기 위해 호시탐탐 노리고 있기 때문입니다. 2022년 러시아의 우크라이나 침공 후 중동과 아프리카에서는 러시아의 강화된 영향력이 확인된 바 있습니다. 유엔이 채택한 '러시아의 우크라이나 침공 규탄' 결의안(2022.3.2)을 두고 주권과 패권 사이에서 세계는 또 한 번 확연히 갈라지기도 했습니다. 중동의 일부 친미 산유국들도 당시 결의안에 찬성하지 않았습니다.

이 내용만으로 국제정세를 판단하기에는 이른 감이 있지만, 각자도생의 길로 가는 것은 분명해 보입니다. 중동의 일부 국가가 러시아와 손을 잡는 이유에 대해 무슨 짓을 하더라도 러시아가 지켜준다는 경험을 쌓았기 때문이라는 분석도 있습니다. 대표적인 경우가 시리아입니다. 또한, 미국의 지원에 힘입어 이스라엘이 아랍에미리트 등 아랍 국가들과 국교 정상화를 진행하면서 다시 한번 중동의 재편이 예상됩니다. 어떤 종교적 연대나 공동체가 개별 국가의 이익보다 우선시되기 어렵기 때문입니다. 국제사회의 냉엄한 현실입니다.

이슬람 이전의 시대와 이슬람 이후의 시대

① 중동이 인류 역사를 주도

중동은 인류 역사상 최초로 고대문명이 시작된 곳입니다. 중국의 황하문명을 제외하고 세 곳의 문명 발생지가 오늘날의 이집트, 이라크, 파키스탄 일대입니다. 이 세 곳 모두 중동 혹은 이슬람권에 속해 있습니다. 그동안 우리는 이 세 문명을 각각의 개별적인 문명으로 이해해 왔습니다.

그러나 현대 고고학계에서는 이 세 문명 간에 교류와 접촉이 있었다는 것을 정설로 보고 있습니다. 다만 중국의 황하문명은 지리적 한계 때문에 독자적인 문명권으로 봅니다. 중국과 중동 사이에는 파미르고원, 히말라야산맥이 자리 잡고 있어서 그 당시 인간이 이 한계를 정복하기는 어려웠을 것으로 볼 수 있습니다.

중동이야말로 인류의 지식과 지혜를 전파하고 인류에 지대한 공헌을 한 곳입니다. 고대문명의 탄생과 함께 시작된 도시 문명은 히타이트(오늘날 튀르키예 지역), 아시리아(오늘날 이라크, 시리아 지역), 바빌로니아, 페니키아 같은 많은 오리엔트 고대 국가를 탄생시켰습니다. 그리고 중동은 그리스-로마 문화와 상호교류를 통해서 오늘날 서양 문화의 뿌리를 내리는 데 크게 이바지합니다. 이로 인해 5천 년의 인류 역사 중에서 최근 200년을 제외한 4,800년 동안 중동이 인류 역사를 주도했다고 보는 이들도 있습니다.

② 이슬람 이전의 시대

장구한 중동 역사는 문화, 문학, 과학, 기술 등 오늘날 인류 역사에 상당한 영향을 주었습니다. 인류에게 지식과 지혜를 전수해준 중동은 어떠한 과정을 겪으면서 오늘날까지 온 것일까요? 우선 가장 큰 영향력으로 이슬람을 꼽지 않을 수 없습니다.

예언자 무함마드가 탄생시킨 이슬람은 약 100년 만에 프랑스 파리 부근까지 진출하는 놀라운 확장성을 보였습니다. 오늘날 약 19억 명의 무슬림이 지구상에 살고 있습니다. 유엔에 가입한 이슬람 국가는 57개국에 이릅니다. 다른 종교들이 쇠퇴하거나 정체된 것에 비해 이렇게 빠르게 성장한 종교는 없었습니다.

이슬람이 훗날 유럽, 중앙아시아까지 지배한 이슬람 제국으로 성장했기 때문에 무슬림에게는 이슬람 이전과 이후는 대단히 중요한 터닝 포인트가 되는 것입니다. 그래서 이슬람의 시대를 이슬람 이전과 이후로 나눌 수 있습니다. 유럽에서 산업혁명 이전과 이후를 구분하는 것보다 더 큰 의미일 것입니다.

이슬람 이전의 시대를 '무지의 시대', 이슬람을 믿지 않는 상태를 의미하는 '자힐리야'(Jahiliya, 아랍어로 '무지'를 의미)라고 부릅니다. 말 그대로 아무 것도 모르는 상태를 의미합니다. 자힐리야 시대에는 특정한 종교가 뿌리내리지 못하고 여러 신을 신봉하는 다신교 시대였습니다. 신전을 살펴보면 고대 아랍인들이 자연, 날씨, 동물, 나무 등 다양한 신들을 모셨다는 것을 알 수 있습니다. 동물을 신봉하는 애니미즘이 성행했지만, 대표적인 우상은 카바 신전에 있는 검은 돌이었습니다. 카바 신전에는 수백 개의 우상이 있었기 때문에 사람들의 순례 행렬은 끊이지 않았습니다.

순례에는 돈이 많이 들기 때문에 고향에서 챙겨 온 귀중한 물건을 사고 팔면서 여행경비를 마련해야 했습니다. 많은 사람이 몰려들다 보니 자연스럽게 교역이 활성화되고 상업이 발전하게 되었습니다. 이는 메카의 고정적인 수입원이 되기도 했습니다.

지리적으로 본다면 아라비아반도 일대는 약 1만 년 동안 극심한 가뭄으로 인해 경작할 수 없는 사막으로 바뀌었다고 합니다. 농경이 거의 불가능했기 때문에 당연히 정착 생활을 하기 어려웠습니다. 유목민 대부분은 물을 찾아 떠돌아다녀야 했습니다. 상황이 이렇다 보니 국가의 형성은 꿈도 꾸지 못하고 부족사회 정도의 집단 공동체만 형성할 뿐이었습니다.

③ 이슬람 공동체 '움마'와 외연 확장

이슬람 이후의 시대는 무함마드라는 한 남성이 610년 메카에서 알라의 계시를 받고서 만든 이슬람이라는 신생 종교를 바탕으로 '움마'(Ummah, 아랍어로 공동체를 의미)를 형성한 시대를 의미합니다.

사막에서는 생존과 부족 간의 이해관계 때문에 충돌이 공공연하게 발생했고 상호 적대행위들이 빈번했으므로 무엇보다 생존이 가장 중요했습니다. 아랍인의 기원은 거친 사막에서 시작됐고, 사막의 거칠고 척박한 자연환경은 아랍인에게 거칠고 자립적인 성격을 부여했다고 할 수 있습니다. 이런 자립적인 기질이 이슬람 공동체가 외연 확장을 꾀하는데 동력이 되었습니다.

유목민의 일부는 상업에 종사하거나 대상(카라반) 활동에 참여했습니다. 그들은 생존에 필요한 물건을 구해야 했기 때문에 중동이 활발한 교역의 무대가 되었습니다. 아라비아반도 서쪽 해안을 남북으로 연결하는 대상로가 형성되면서 메카는 중개무역 도시로 성장했습니다. 건조한 사막에서 탄생한 유목 문화가 상업의 발달을 재촉한 셈입니다. 이는 훗날 이슬람을 바탕으로 유럽, 아시아까지 정복할 수 있는 원동력이 되었습니다.

아라비아의 상인들은 교역하면서 비잔틴 제국의 문화를 접할 수 있었고 비잔틴 제국의 유대인과도 접촉했습니다. 오늘날 시리아에 있는 웅장한 수도원은 아라비아 상인들에게 충격 그 자체였을 겁니다. 비잔틴 제국의 풍성한 문화를 수입해온 아라비안 상인들 덕분에 비잔틴 제국의 기독교와 유대교가 아라비아 지역까지 전파되었습니다. 작가 알 아즈라크의 말에 의하면 메카 지역에 있는 카바 신전에는 예수와 마리아, 아브라함의 형상도 있었다고 합니다. 아라비아 지역이 거대한 두 제국에 접해 있었기 때문에 가능했을 것입니다.

④ 비잔틴 제국과 사산조 페르시아 제국 간 전쟁으로 생겨난 무역로

오리엔트를 대표하는 사산조 페르시아와 서양을 대표하는 동로마 제국은 유프라테스강을 경계로 마주하고 있었습니다. 페르시아 제국은 오늘날 이란 지역에서 등장했고, 비잔틴 제국은 현재의 튀르키예, 시리아 등 지역에서 영향력을 미치고 있었습니다.

기독교 비잔틴 제국과 사산조 페르시아 제국은 약 300년에 걸쳐서 영토와 무역로 확보를 둘러싸고 첨예하게 대립하고 있었습니다. 이 두 슈퍼 파워는 물류 루트를 확보하기 위해 전쟁도 마다하지 않았습니다. 결국 비잔틴 제국의 헤라클리우스 황제(610~641년 재위)는 오늘날 시리아, 이집트, 이라크 일대에서 페르시아 제국의 세력을 몰아내는 데 성공했습니다. 하지만, 300년 가까이 전쟁에 몰두한 두 제국은 세력이 급격하게 약화하였습니다.

문제는 비잔틴 제국과 사산조 페르시아 제국 간의 300년에 걸친 오랜 전쟁으로 기존의 동서 무역로가 막히는 일이 자주 발생했습니다. 사람들은 우회로를 찾아야만 했습니다. 아라비아반도 대부분이 사막이다 보니 목숨을 걸고 사막을 가로지르는 수밖에 없었습니다. 대항해 시대를 연 콜럼버스가 등장한 15세기보다 900년 전이니까 항해술은 발달하지 못한 것으로 보고, 대상들은 목숨을 걸고 사막 루트를 개척한 것입니다. 생존을 위해서는 척박한 사막도 장애물이 되지 못했습니다.

그중 하나가 아라비아반도 서쪽 해안 쪽을 통하는 길이었습니다. 메카와 메디나 일대를 통하는 루트였습니다. 지금의 쿠웨이트 지역에서 출발해 메디나를 거쳐 메카로 이어지는 길도 만들어졌습니다. 메카와 메디나는 약 350km 떨어져 있는데 일반적인 대상로를 통해서 이동하면 10일 정도 소요되었다고 합니다. 그래서 메카와 메디나는 아라비아반도를 가로지르는 대상로로 교역의 중심지로 성장하게 됩니다. 그러다 보니 메카에는 순례자들뿐만 아니라 대상들까지 가세해 사람들이 몰려들기 시작한 것입니다.

당시 로마와 콘스탄티노플(오늘날 이스탄불)에서 가장 인기 있던 품목은 오만에서 생산된 유향과 예멘에서 생산된 몰약이있습니다. 몰약은 마취제 등으로 사용될 정도로 매우 귀중한 물건이었습니다. 그 덕분에 예멘 지역에 있던 카타반 왕국과 하드라마우트 왕국은 몰약과 유향 거래로 상당한 부를 축적했습니다.

유향과 몰약이 메카와 메디나를 통과하면서 두 도시는 국제 교역 도시로 성장합니다. 메카와 메디나는 그 대상로의 중심 도시였습니다. 사람들이 모이면 무역뿐만 아니라 정보, 문화, 기술 등 온갖 것이 만나면서 시너지 효과를 낼 수밖에 없습니다. 메카는 이슬람을 창시한 예언자 무함마드의 고향이기도 합니다.

두 제국 간의 오랜 전쟁으로 정치, 경제적 혼란은 물론, 과중한 세금 등으로 인해 주민들의 민심 이탈은 가속화되었습니다. 어떤 새로운 세력이 등장해서 의식주를 해결해주고 예측 가능한 삶을 보장해 준다면 환영받을 수밖에 없는 정치적 블랙홀 상태가 300년간 지속되었습니다. 이 혼란한 시기에 이슬람을 완성한 무함마드가 등장합니다. 타이밍이 매우 절묘했습니다.

이슬람 창시자, 예언자 무함마드의 등장

① 예언자 무함마드, 역사상 가장 영향력 있는 인물

역사적으로 지구상에서 가장 영향력이 있는 인물이 누구냐고 묻는다면 이슬람을 창시한 예언자 무함마드가 아닐까 합니다. 예언자 무함마드는 종교 지도자이자 리더십을 갖춘 정치 지도자였습니다.

유대인 작가 마이클 하트(Michael Hart)가 저술한《The 100: A Ranking of the Most Influential Persons in History》는 예언자 무함마드를 역사상 가장 영향력 있는 인물 1위로 꼽았습니다. 저자는 무함마드를 종교적으로나 정치적으로 "supremely successful"이라고 치켜세웠습니다. 무함마드에 대한 서구의 비판 일변도의 평가와는 사뭇 다릅니다. 무함마드 다음으로 아이작 뉴턴, 예수, 부처, 공자, 사도 바울, 채륜(중국의 제지술 발명자), 요하네스 구텐베르크(독일의 근대 인쇄술 발명자), 크리스토퍼 콜럼버스, 알베르트 아인슈타인이 뽑혔습니다. 예언자 무함마드가 세상의 유명한 사람들을 다 제친 셈입니다.

예언자 무함마드는 오늘날 추산 19억 명의 신도를 거느린 이슬람의 창시자입니다. 이슬람은 척박한 아라비아반도의 사막에서 생겨나 오늘날 57개의 이슬람 국가들이 생겨났습니다. 인류 5천 년의 역사에서 4,800년을 주도했습니다. 경이로울 따름입니다.

본격적으로 시작하기에 앞서 종교는 매우 민감한 이슈입니다. 그래서 독자 여러분은 단순히 문화인류학적 차원에서 접근해 주시길 부탁드립니다. 선과 악이 아닌, 같음과 다름의 시각으로 말입니다. 종교를 선과 악으로 바라본다면 접근법도 잘못되었지만, 서로 분열만 가속화될 뿐입니다.

무함마드는 종교 지도자뿐만 아니라 정치 지도자의 역할도 함께 훌륭하게 수행했습니다. 알라(Allah, 하느님의 아랍식 표현)의 계시를 받은 무함마드는 이슬람 종교를 탄생시켰을 뿐만 아니라, 메카와 메디나를 통합하면서 이슬람 국가를 지배한 훌륭한 정치 지도자였습니다. 왜 훌륭한지는 읽어 내려 가면서 알 수 있습니다.

하느님의 말씀인 꾸란을 인류에게 전해 준 마지막 예언자가 무함마드입 니다. 무함마드는 믿음의 대상이 아니라 알라의 말씀을 전달해 준 인간 예언 자일 뿐입니다. 무함마드는 신이 아니라는 의미입니다. 그래서 이슬람교를 무함마드의 영어식 표현인 마호메트교로 표현하는 것은 잘못입니다.

무슬림은 무함마드를 섬기는 것이 아니라 알라의 길을 온전히 따르다가 생을 마감한 그를 존경합니다. 그의 모범적인 삶을 닮으려고 노력할 뿐입니다. 무함마드에 대한 평가가 극과 극입니다. 특히 서구사회에서는 철저하게 평가 절하되는 경향이 있습니다. 무함마드에 대해서 잘 모르지만 서구의 영향을 받은 사람들 역시 평가 절하하는 경향이 있는데, 역시 편향된 미디어의 영향 입니다. 특히 서구의 미디어이겠지요. 오늘날 19억명의 무슬림들을 거느 리고 있는 무함마드에 대해 정확하게 알아야 하지 않을까요?

② 불우한 유년기, 성실과 정직으로 성공

이슬람의 창시자 무함마드(570~632년)는 메카(Mecca)에서 태어났습 니다. 오늘날 사우디아라비아에 있는 지역입니다. 메카는 오늘날에도 매우 종교적인 도시로 남아 있습니다. 메카라는 단어는 '중심지' 혹은 '성지'를 의미 합니다. 종교를 떠나서 일상생활에서도 워낙 많이 사용하다 보니 보통명사 처럼 사용되고 있습니다. 축구의 메카, 드론의 메카, 의료의 메카 등등. 교회 목사가 설교에서 "하나님, 우리 교회가 세계 선교의 메카가 되기를 기도드립 니다."라고 했다는 농담도 있을 정도이니 말입니다.

무함마드는 메카에서 카바(Kaaba) 신전을 지키는 쿠라이시(Quraysh)

부족의 명문가 하심(Hashim) 가문의 가난한 유복자로 태어났습니다. 카바는 아랍어로 정방형 큐브(Cube)를 의미하는 단어로 사각형의 검은색 화강암 구조물을 의미합니다. 하심 가문은 현재 요르단 왕가이지만, 원래 메카와 메디나를 중심으로 한 아라비아반도 서부의 히자즈 지역의 명문가였습니다.

신화에 의하면, 이 검은 돌은 천사 가브리엘이 이브라힘에게 내린 돌로 신성함을 상징합니다. 이후 이브라힘(아브라함)이 아들 이스마일과 함께 신전의 주춧돌을 세웠고, 사람들이 신전을 방문하도록 했습니다. 카바 신전에 들어온 순례자들은 예로부터 성스러운 검은 돌에 입을 맞춘 후 카바를 반시계 방향으로 빠르게 네 번, 천천히 세 번, 총 일곱 번을 돌아야 합니다. 중동 지역에서 숫자 7은 '완벽'과 '많음'을 의미합니다. 순례자들이 카바를 일곱 바퀴 도는 것은 이슬람 공동체가 하나가 되어 신에게 예배한다는 의미를 담고 있습니다.

예언자 무함마드가 성지에 와서 검은 돌에 입을 맞췄던 전례 때문에 무슬림들도 이 돌에 입을 맞추고 싶어 합니다. 전 세계 무슬림이 올리는 예배의 방향과 순례의 목적지가 모두 카바입니다. 카바가 무슬림에게 얼마나 중요한 곳인지 알 수 있는 대목입니다.

무함마드는 하심이라는 명문가에게서 태어났지만, 그의 가족사는 평탄하지 못했습니다. 아버지는 그가 태어나기 전에 사망했고, 어머니는 그가 여섯 살에 세상을 떠났습니다. 무함마드는 약 2년 동안 할아버지 손에 길러졌으나 할아버지마저 돌아가시자 삼촌 아부 탈립이 무함마드를 돌봐야 했습니다. 할아버지는 사람들로부터 신망이 두터웠다고 합니다. 샘물을 관리했기 때문에 그 일은 아무나 할 수 없었습니다. 그는 '시카야'라고 하는 순례자들에게 물을 나누어주는 사람으로 임명되기도 했습니다.

무함마드는 삼촌 따라 장사를 하면서 어린 시절을 보냈으며, 12세 때 독립합니다. 그는 아라비아 남부에서 나온 향로, 소금과 같은 귀한 물건을 시리아에 팔았습니다. 특히 오만 살랄라에서 생산된 유향을 로마 시장에 팔았을 때 2천 배가량 이익이 남았다고 합니다. 그래서 대상들은 목숨을 걸고 대상 활동을 하는 것입니다.

(유향)

(유향나무)

(유향채취)

오만에서 생산되는 유향

유향은 나무의 수액을 추출하여 건조한 것입니다. 유향은 성경에도 언급된 바 있으며 과거에 왕의 선물로 알려져 있습니다. 종교적 의식에 사용되기도 하고 살균 효과가 있어서 물에 녹여서 목의 통증과 복통 완화를 돕는 약재로도 사용되었습니다.

오만의 유향은 이집트, 중국, 유럽 등 다른 문명에 전파되었습니다. 고가에 거래되었기 때문에 대상(카라반)들은 아라비아반도에서 로마까지 가는 동안 약탈은 물론 목숨까지 바쳐가면서 무역을 해야 했습니다.

무함마드는 대상 활동을 열심히 하면서도 사회상에 대한 고민도 많이 했습니다. 무함마드는 레반트 일대에서 당시 혼란한 사회상을 보고 고뇌했습니다. 아버지가 아내와 자식을 시장에 내다 팔고, 여자를 노예로 사고파는 시대상을 목격했기 때문입니다. 건강한 여자 두 명과 암낙타 한 마리가 맞교환될 정도였다고 합니다. 유목사회에서 여성은 노동력도 약하고 전사도 될 수 없었기에 사회적 위치를 짐작할 수 있습니다. 또한, 사막에서 낙타가 얼마나 큰 가치를 가졌는지도 짐작할 수 있습니다.

사회상을 고뇌하기 시작한 무함마드에게는 번민과 갈등이 많았을 것입니다. 기록에 따르면 그는 다른 종교에도 관심을 가졌습니다. 그때까지만 해도 그가 훗날 이슬람의 창시자가 되리라고는 아무도 상상하지 못했을 것입니다.

대상 활동과 사회상에 대한 고민을 많이 했던 무함마드는 주변으로부터 평판이 매우 좋았습니다. 여러 기록에 공통으로 나타나는 것이 그는 성실하고 정직했으며 탁월한 협상가이자 중재자였습니다. 유목사회에서 가장 중요시하는 것이 분쟁을 조정하는 능력이었습니다. 분쟁 조정 능력은 오늘날에도 매우 중요한 덕목입니다. 훗날 부족 간에 분쟁이 심했던 메디나에서 무함마드에게 중재자 역할을 해 달라고 요청합니다. 명분이 생긴 무함마드는 메디나로 가서 그 일대를 장악합니다.

무함마드는 사막을 가로지르며 대상 활동을 하면서 약탈자가 자주 출몰했을 텐데, 어려운 상황들을 슬기롭게 잘 헤쳐 나간 것으로 보입니다. 그래서 무함마드의 성실함과 탁월한 분쟁조정 능력은 금방 소문이 나면서 당시 부유한 사업가였던 카디자(Khadija bint Khuwaylid ibn Asad)의 귀에도 들어갑니다. 미망인이었던 카디자는 남편으로부터 많은 유산도 물려받았을 뿐만 아니라, 성공한 사업가로 메카의 대표적인 부호로 알려져 있습니다.

쿠라이시 부족장의 딸인 카디자는 성실하고 정직한 무함마드를 고용해서 함께 일했습니다. 미망인 카디자는 성실하고 건강한 무함마드에게 마음이 끌리게 됩니다. 카디자는 나피사(Nafisa)라는 친구에게 무함마드가 결혼할 의사가 있는지 물어보기도 했습니다. 가족을 부양할 돈이 충분치 않았던 무함마드가 주저하자 카디자는 본인이 부양 능력이 된다고 응답했습니다.

무함마드가 25세 됐을 때 40세인 카디자와 결혼하면서 인생 최대의 터닝포인트를 맞이하게 됩니다. 당시 결혼은 개인 간의 결혼이 아닌 최소한 가문 간 합의에 의한 결혼이었습니다. 그래서 나이 많은 미망인이 젊은 남자를 꼬드겼다거나 젊은 남성이 돈을 쫓아 결혼했다는 식의 가정은 성립되기 어렵습니다.

둘은 결혼해서 여섯 명(2남 4녀)의 자녀를 두었습니다. 결혼 후 무함마드는 이전 시절보다는 훨씬 경제적, 시간적 자유를 누릴 수 있었습니다. 메카에서 시리아까지 가는 대상 활동에서 한발 물러나서 관리자로서 역할을 한 것으로 보입니다. 경제적으로 안정적인 생활은 그가 편안한 상황에서 명상을 할 수 있도록 좋은 여건을 제공해 주었습니다.

③ 무함마드의 첫 번째 부인 카디자

카디자는 이슬람 역사에서 최초로 성공한 여성 사업가로 알려져 있습니다. 그녀는 큰 무역회사를 세웠으며, 사업 영역이 시리아에서부터 예멘, 에티오피아 등까지 이르렀습니다. 카디자는 당시 메카 주민들로부터 존경과 신망을 받았습니다.

카디자는 사회상에 대해 고뇌하고 있던 무함마드에게 히라 동굴에 가서 명상할 수 있도록 여건을 마련해 주었습니다. 훗날 무함마드가 알라의 계시를 받았을 때 글을 읽을 수 없었던 무함마드는 카디자에게 소상하게 알려주기 시작했습니다. 무함마드는 계시를 받고, 카디자가 그 계시를 정리한 셈입니다. 그렇게 정리한 것이 나중에 꾸란이 됩니다.

무함마드가 알라의 계시를 받고 나서 메카 주민들이 무함마드를 배격하고 심지어 살해위협을 할 때도 그의 곁을 든든하게 지켜준 사람이 카디자입니다. 그래서 무슬림들은 카디자를 어머니(The Mother of Believers)라고 부릅니다. 지금도 카디자는 이슬람에서 어머니 같은 존재입니다.

④ 불혹에 알라의 계시를 받다

무함마드는 결혼 후 여유로운 생활환경에서 그동안 품어왔던 사회적 악습과 모순에 대해 깊은 고뇌와 명상을 시작합니다. 시간적 여유와 경제적 여유가 생겼으니 조용한 곳에 가서 보내는 시간이 많아졌습니다. 그래서 자발 알누르

(Jabal al Nour, 자발은 '산', 누르는 '빛'을 의미함)의 중턱에 있는 조그마한 히라(Hira) 동굴에서 많은 시간을 보냅니다. 날씨도 더웠기 때문에 동굴은 더위를 피하기도 안성맞춤이었습니다.

어린 시절부터 대상 활동에 참여한 무함마드는 곳곳에서 벌어진 사회 악습을 보며 자랐습니다. 결혼 후에는 생활이 안정되자 척박한 사막에서 힘겹게 살아가는 사람들에 대해서 생각에 잠기는 일이 더 많아졌습니다. 특히 사회 소외계층에 대한 고뇌를 많이 합니다. 노예제도, 여자와 아이들에 대한 차별대우, 불평등과 불공정 등 사회에 만연한 병폐들을 개선하는 데 관심이 많았던 것 같습니다.

무함마드는 사회개혁과 정의뿐만 아니라 유일신 사상도 강조했습니다. 당시 다신교 풍습에 대해서도 부정적이었던 무함마드는 유일신 사상에 관심을 두기 시작합니다. 메카의 지배 세력들은 유일신 사상에 관심이 없었습니다. 다신교 풍습이 만연했던 당시에는 종교 활동으로 인해 경제가 비교적 활발했기 때문이었습니다. 많은 사람이 메카를 순례했는데 이는 메카의 고정적인 수입원이 되었습니다.

어떤 전기에 따르면 무함마드는 메카의 신들에게 정기적으로 제물을 받쳤다고 합니다. 그는 기독교와 유대교 사상에도 관심을 가진 것으로 보입니다. 1년에 한 달 정도는 산에 들어가 기도하면서 속죄했습니다. 그곳에서 그의 인생을 바꾸고, 전 세계 역사를 바꿀 사건과 마주하게 됩니다. 카디자와 15년간의 결혼 생활을 안정적으로 하게 된 무함마드는 마흔 살이 되던 610년에 알 누르 산에 있는 히라 동굴에서 알라의 첫 계시를 받습니다.

무함마드가 알라로부터 계시를 받을 때 초승달이 떠 있었다고 합니다. 그래서 이슬람 국가들의 국기에 초승달과 별이 유난히 많습니다. 또한 유목민들은 밤에 달과 별을 보면서 사막을 이동해야 했기 때문에 달과 별은 생존,

생명, 희망의 상징이었습니다. 하늘을 봤기 때문에 당연히 천문학이 발달할 수밖에 없었습니다.

610년 어느 날, 무함마드가 머물던 동굴 속으로 한 낯선 남자가 들어옵니다. 무함마드는 그가 사람이 아닌 천사 가브리엘이라는 것을 나중에야 알게 됩니다. 천사는 그에게 신의 계시를 전합니다. 무함마드는 그 계시를 읽지는 못했지만, 머리가 명석해서 이해할 수 있었습니다. 천사 가브리엘에서 받은 첫 계시는 '이크라'('읽어라'를 의미)였습니다. 재미있게도 '이크라'는 한국어의 '읽어라'와 발음이 무척이나 비슷합니다. 무함마드가 계시받고 읽을 수 없다고 대답하자 천사 가브리엘은 재차 "알라의 이름으로 읽어라"라고 합니다.

신기한 경험을 한 무함마드는 집으로 와서 부인 카디자에게 "천사 같은 사람이 나타나서 말을 해서 너무 두려웠다"라고 얘기합니다. 무함마드에 비하면 상당히 지식인이었던 카디자는 두려워했던 남편에게 "신의 음성일지도 모르니 열심히 듣고 저에게 소상히 말씀해 주세요"라고 진정시켜 줍니다.

계시가 이어지면서 무함마드는 자신이 알라의 메신저가 되었다는 것을 깨닫게 됩니다. 그다음부터는 계시를 카디자에게 있는 그대로 소상하게 알려주었고, 카디자는 하나하나 기록으로 남깁니다. 천사와의 만남은 그 후로 22년간 지속되었습니다. 이것이 훗날 꾸란이 되는 겁니다. 이슬람 역사에서 예언자 무함마드만큼이나 중요한 인물이 있다면 부인 카디자일 것입니다. 카디자가 아니었다면 꾸란의 내용이 왜곡될 수도 있었을 것입니다. 무슬림이 카디자를 왜 어머니라고 부르는지 이해가 됩니다.

무함마드의 새로운 종교를 가장 먼저 받아들인 사람은 누구일까요? 당연히 부인 카디자입니다. 이어서 사촌 알리, 무함마드의 친구인 아부 바크르가 이슬람을 받아들였습니다. 무함마드가 알라의 계시를 받은 직후 이슬람을 받아들인 알리와 아부 바크르는 훗날 칼리프(후계자)가 되어서 이슬람 국가를 이끌었습니다.

⑤ 예언자 무함마드, 지배 세력에 저항하다

610년 첫 계시 이후 예언자 무함마드의 삶은 송두리째 바뀝니다. 그는 알라의 가르침을 본격적으로 전파하기 시작합니다. 일본의 역사학자 미야자키 마사카츠에 따르면 10년 동안 포교 활동을 했지만, 신도는 200여 명이라고 합니다. 그러나 무함마드는 사회개혁, 정의, 불공정 타파, 노예제도 개선, 지배층의 부도덕 등을 꼬집었기 때문에 초창기에는 사회 소외계층들이 빠른 속도로 이슬람을 받아들인 것으로 보입니다.

무함마드의 이슬람이 처음부터 호응받은 것은 아니었습니다. 그의 유일신 사상은 당시 우상 숭배자들인 메카 상류층의 종교적 권위와 상업적 질서에 정면으로 도전을 했다고 볼 수 있습니다. 카바 신전이 주요 수입원이었던 원로들에게는 전통 종교를 부정하는 무함마드의 활동이 이권을 빼앗는 행위처럼 보였습니다. 그래서 지배 세력은 무함마드의 집안인 하심 가문에 압력을 넣어 그를 추방하라고 했습니다. 주변으로부터 압박이 점차 심해지자 하심 가문도 무함마드를 더 이상 보호하기가 어려워졌습니다.

무함마드에 대한 배척이 극에 달하자 615년과 616년에 무함마드는 이슬람 신도들을 에티오피아 기독교 왕국으로 이주시켰습니다. 에티오피아 기독교 왕국은 이슬람 신도들의 이주를 반대하지 않고 오히려 환영해주었습니다. 이 일을 계기로 무함마드는 기독교를 형제의 종교로 인정하게 됩니다.

엎친 데 덮친 격으로 무함마드를 둘러싼 상황은 더욱 악화하였습니다. 620년, 무함마드의 가장 큰 지지자였던 부인 카디자와 삼촌 아부 탈립이 세상을 떠납니다. 메카 사람들이 유일신과 사회 병폐 개선을 외치는 무함마드를 비난할 때도 카디자는 항상 남편 곁을 든든하게 지켰습니다. 지배 세력의 핍박은 늘어만 가고, 부인과 삼촌의 죽음으로 무함마드의 입지는 상당히 줄어들고 슬픔만 깊어 갑니다.

무함마드는 카디자의 추모 기간이 끝난 후 훗날 1대 칼리프(후계자)가 된 아부 바크르의 딸 아이샤와 결혼합니다. 훗날 2대 칼리프가 된 우마르의 딸 하프샤와도 결혼합니다. 무함마드는 자기 딸을 4대 칼리프가 된 알리에게 시집보냈고, 다른 딸 루까이아를 3대 킬리프가 된 우스만에게 시집을 보냅니다. 무함마드는 카디자 타계 이후 여러 명의 여성과 결혼합니다. 서구사회는 여러 명의 부인을 둔 것을 두고 신랄하게 비판합니다. 당시 사회 환경에서는 불가피하게 생존을 위한 선택이었습니다. 동맹을 맺지 못하면 생존이 어려 웠을 겁니다.

무함마드가 메카와 메디나를 통일하는 과정에서 많은 전투가 있었습니다. 승리한 부족이 새로운 오아시스의 주인이 됐을 때 패배한 부족의 여성과 고아들을 죽이지 않고 끌어안는 것이 사막의 불문율처럼 되어 있습니다. 전사한 가족까지 함께 부양하는 것입니다. 척박한 사막 생활에서는 오랜 전쟁과 기근으로 남성의 도움 없이 여성, 어린이 혼자 살아가는 것은 불가능에 가까웠습니다. 이것은 생존의 문제입니다. 생존보다 앞선 것이 어디 있겠습니까?

일부다처에 대해서도 알라의 계시가 있었습니다. 무함마드는 전쟁 후유증을 이겨낼 방안을 찾고자 간절한 기도를 올립니다. 하느님은 천사 가브리엘을 통해서 "아내를 네 명까지 허락하노라. 대신 아내들을 공평하게 대해야 한다. 공평하게 대할 수 없다면 하나로 족하다"라고 응답합니다. 그러나 이슬람의 기본 원칙은 일부일처입니다. 공동체 유지를 위한 특수한 상황에서 네 명까지 마지노선을 허용한 것입니다.

카디자가 죽은 후 무함마드는 본격적으로 세력을 확장합니다. 공동체 유지

차원에서 정략적인 결혼을 하기도 합니다. 입지가 좁아진 무함마드는 이런 혼맥을 이용해서 지지 세력과 함께 움마(공동체)의 단합을 이룰 수 있었습니다.

또한, 전쟁에서 살아남은 전사가 죽은 동료의 가족을 부양하는 사회적 책무가 있었습니다. 그래서 공동체의 존속과 여성의 안전을 위해 일부다처가 미덕으로 받아들여졌습니다. 사막 생활은 하루하루가 생존과 직결되었기 때문입니다. 일부다처제는 당시 척박한 상황에서 생존을 위한 불가피한 문화인류학적 선택이었는지도 모르겠습니다.

사막에서 생존을 위한 공동체의 단합이 '아싸비야'(Asabiyah 혹은 Asabiyya)라는 연대의식을 낳았습니다. '아싸비야'는 혈연 집단이나 그와 유사한 집단에 존재하는 연대의식을 의미합니다. 아랍의 역사 철학자 압둘라흐만 이븐 칼둔(1332~1406년)이 저서《역사서설》에서 제시한 개념이 바로 '아싸비야'입니다.

이븐 칼둔이 말하는 연대의식은 특정 집단의 존속과 외부의 위협에 대응하기 위해서 구성원 사이에 형성된 결속의식을 가리킵니다. 이러한 연대의식은 일반적으로 공통의 조상을 갖는 혈연 집단에서 가장 잘 나타나며, 따라서 혈연적 유대관계를 잘 보존하는 집단에서 더 강력한 연대의식을 소유하는 것은 당연한 결과입니다.

특히 순수한 혈통은 사막의 아랍인이나 그와 유사한 사람들에게 보이는 경우가 많습니다. 어느 다른 민족도 사막의 아랍인들과 동일한 환경을 공유하려 하지 않고, 그들에게 매료되는 민족 역시 어디에서도 찾아볼 수 없다는 것이 이븐 칼둔의 주장입니다.

우리도 여럿이 모여 흥을 돋울 때 '아싸비야' 또는 '아싸라비야'라고 외쳤습니다. 아시아권에서는 여럿이 모여 흥을 돋울 때 사용했습니다. 이 연대의식은 움마(공동체)와 함께 유목민의 독특한 특징이기도 합니다. 사막을 바탕으로 하는 이슬람 전통사회에서 전사한 가족들조차, 심지어 적군의 가족까지 내 가족처럼 돌본다거나 하는 것을 이해해야 이슬람을 정확하게 들여다볼 수 있습니다.

카디자가 살아 있을 때는 그녀의 높은 신분 때문에 무함마드가 보호받을 수 있었지만, 그녀가 죽자 무함마드는 메카에서 설 자리가 크게 줄어들었습니다. 이 틈을 이용해서 메카의 지배 세력은 무함마드를 암살할 계획까지 수립합니다. 무함마드를 둘러싼 상황이 불리하게 전개되는 시점에서 그가 선택할 옵션은 많지 않았습니다. 최선의 선택은 추종자들과 함께 고향 메카를 떠나는 일이었습니다. 그렇다면 어디로 가야 할까요?

메디나에서는 부족 간의 갈등이 극에 달하고 있었습니다. 메디나는 메카와는 다르게 아라비아반도에서 가장 큰 오아시스 도시였습니다. 땅도 비교적 비옥해서 농사도 어느 정도 가능했을 정도였다고 합니다. 야자수 나무도 가득했습니다. 이 비옥한 땅을 두고 아우스족과 카즈라즈족이 계속 싸우고 있었습니다.

이때 무함마드의 유일신 신앙을 받아들인 메디나의 주민들은 무함마드에게 갈등의 중재자 역할을 해달라고 요청합니다. 무함마드는 대상(카라반) 활동을 할 때부터 훌륭한 협상가이자 중재자 능력을 갖추고 있었습니다. 무함마드는 메카를 떠날 좋은 명분이 생긴 셈입니다. 마침 메디나는 무함마드 어머니의 고향입니다. 632년에 무함마드가 사망한 후 메디나는 정통 칼리프 시대의 수도가 되었습니다.

621년, 종교 순례를 위해 메카로 향하던 12명의 메디나 부족 대표들은 메카 근교에 있는 아카바(Aqabah) 계곡에서 무함마드를 만납니다. 그곳에서 12명의 부족 대표들은 무함마드에게 충성을 맹세합니다. '제1차 아카바 서약'을 통해 도둑질과 간음을 하지 않을 것이며, 예언자에게 복종할 것을 다짐합니다. 제1차 아카바 서약에 이어서 연이어 메디나 대표들이 무함마드에게 충성을 맹세하면서 메디나로 이주를 요청합니다.

메카에서 메디나로, 이슬람 국가의 탄생

① 히즈라(Hijrah), 메카에서 메디나로 이주

622년 9월 24일은 이슬람 역사에서 가장 중요한 사건 중의 하나가 일어난 날입니다. 메카 지배 세력에게서 박해받던 예언자 무함마드와 그의 추종자들이 메카를 떠나 메디나로 이주를 단행합니다. 메디나로의 이주를 히즈라(Hijra, 아랍어로 '이주'를 의미)라고 합니다. 무함마드가 살해위협까지 받은 터였고, 메디나에서 갈등 중재자 역할을 간곡하게 요청한 상태여서 타이밍이 매우 좋았습니다.

예언자 무함마드가 메카에서 알라의 계시로 시작한 13년간의 이슬람 선교는 메카 주민들의 심한 박해로 인해 완벽하게 성공적이지는 못했습니다. 이러한 어려움에서 벗어나 새로운 전기를 맞이할 획기적인 선택은 무함마드와 종교적 신념을 같이하고 이를 돕고자 하는 사람들이 있는 메디나로 이주하는 것이었습니다.

꾸란에서는 무함마드와 그의 최측근이자 훗날 1대 칼리프가 된 아부 바크르가 메카를 떠나 사투를 벌이며 불신자들의 추적을 피해 힘들게 견뎌낸 상황들이 묘사되어 있습니다.

◆ 꾸란은 이렇게 말한다

"너희가 무함마드를 도울 수 없다 해도 하나님께서 그를 도우시니 불신자들이 그를 추방했을 때도 그러했느니라. 무함마드가 한 명의 동반자와 동굴 안에 있을 때 그의 동료에게 일러 가로되 슬퍼하지 마시오 하나님께서 우리와 함께 하고 있습니다."

(꾸란 9장 40절)

힘든 여정 끝에 무함마드 일행은 메디나 외곽 남쪽에 있는 작은 마을 꾸바 (Quba)에 도착할 수 있었습니다. 메디나로의 이주는 결과적으로 무함마드의 유일신 신앙을 폭발적으로 성장시켰습니다. 히즈라가 중요한 이유입니다. 히즈라로 인해 메디나에서는 공동체 '움마'가 형성되면서 이슬람의 본격적인 서막을 알리는 계기가 되었습니다. 그래서 히즈라가 단행된 622년이 이슬람력 1년입니다. 이렇게 해서 이슬람 국가가 탄생했습니다.

무함마드는 메디나에서 중재자로서 환영을 받았습니다. 그러나 메디나에 있던 위선자들은 이주민들에게 도움을 주기는커녕 예언자 무함마드가 떠날 때까지 그들과 거래도 하지 말고 돈도 쓰지 말라고 까지 하였습니다.

어릴 적부터 대상 활동을 하면서 갈등 조정능력을 익힌 무함마드는 중재자로서 대립하던 수많은 아랍인을 하나로 결집했습니다. 무함마드는 공동체 결집을 위해 여러 부족장과도 동맹을 맺었습니다.

그러나 유대인 부족과의 통합은 성공적이지 못했습니다. 메디나의 3대 유대인 부족을 교단에 끌어들여 경제적 지원을 얻으려고 했으나 유대교도는 무함마드를 예언자로 인정하지 않았기 때문에 통합은 실패로 끝나고 말았습니다. 그 후 무함마드는 예배의 방향을 예루살렘에서 메카로 바꾸기도 했습니다. 예배 방향을 예루살렘에서 메카로 변경한 것은 공동체 유지와 밀접한 관련이 있었을 것입니다. 선조 아브라함의 예배 방향이 카바 신전이기도 했습니다.

◆ 꾸란은 이렇게 말한다

"하나님께서 하늘을 향한 그대의 얼굴을 보고 계시었느니라.
그대가 원하는 방향을 예배의 방향으로 하라"

(꾸란 2장 144절)

무슬림에게 첫 번째 성지는 메카이고, 두 번째 성지는 이슬람 공동체를 시작한 메디나입니다. 세 번째 성지는 무함마드가 승천해서 하나님을 만나고 이슬람이란 종교를 확정받아 내려온 예루살렘입니다. 예루살렘은 기독교, 유대교의 성지이기도 합니다. 초창기 무슬림들은 예루살렘 방향으로 예배를 보다가 계시가 내려와서 메카로 방향이 바뀌었습니다.

메카에서 유일신 사상을 주장하고 사회개혁, 노예제도 개선, 사회 약자에 대한 배려 등을 강조해온 무함마드는 메디나에서 그의 사상을 실천할 수 있는 터전을 마련한 셈이었습니다. 당시 혼란했던 메디나의 상황을 하나씩 실마리를 풀 수 있었습니다. 무함마드가 메디나의 주민들과 맺은 맹약인 '메디나 헌장'을 통해서 집단 간에 보복을 중단하고 공존하고 협력할 것을 주장하였습니다.

메카 출신의 무하지룬(Muhajirun, '이주자'를 의미)과 메디나 출신이지만 무함마드의 이주를 도와준 안사르(Ansar, '조력자'를 의미) 간에는 갈등도 있었습니다. 하지만 이 두 세력은 동반자가 되었고 이슬람 제국 건설에 주춧돌이 되었습니다.

◆ 꾸란은 이렇게 말한다

"메카 이주민과 메디나 후원자들과 선행으로 그들을 따랐던 자들이 있노라
하나님께서는 그들로 기뻐하시고 그들은 또한 하나님을 기쁘게 하니
하나님께서는 그들을 위해 밑으로 강물이 흐르는 천국을 준비하시어
그곳에서 영원히 기거하도록 하셨나니 그것이 위대한 승리이니라"

(꾸란 9장 100절)

② 예언자 무함마드, 메디나와 메카 정복

메카를 떠나 메디나에 도착한 무함마드는 종교적·정치적 입지를 공고히 다진다고 다졌지만, 여전히 대내외의 갈등이 곳곳에 도사리고 있었습니다. 메카 출신의 무하지룬과 메디나 출신의 안사르 간 내부 갈등도 있었지만, 더 큰 도전은 바로 무함마드가 떠나온 메카 지배 세력과의 갈등이었습니다. 메카 지배 세력은 끊임없이 무함마드에게 압박을 가하는 상황이었습니다.

무함마드는 메카를 장악해야 만이 그가 꿈꾸던 이슬람 공동체를 만들 수 있다고 믿었을 겁니다. 반대로 메카의 지배 세력은 메디나를 통합한 무함마드의 존재를 신경 쓰지 않을 수가 없게 되었습니다. 앞으로 이 둘의 충돌은 당연히 예견된 상황이었습니다.

결국 무함마드 세력과 메카의 지배 세력 간에 대규모 충돌이 여러 차례 발생하게 됩니다. 주요 전투 결과를 보면 무함마드가 2승 1패로 앞서게 됩니다. 624년 3월 바드르 전투(무함마드 승리), 625년 3월 우후드 전투(메카 지배 세력 승리), 627년 3월 칸다크 전투(무함마드 승리) 등 대부분은 메카 지배 세력이 메디나를 향해 선제공격한 것들이었습니다. 메카 지역을 장악해야 진정한 이슬람 국가를 완성하는 일이었기에 무함마드는 이제 방어만 할 수 없었습니다.

방어에서 공세로 전환한 무함마드는 628년 3월, 1,400여 명의 추종자들을 이끌고 메카로의 순례를 단행하게 됩니다. 세력이 커진 무함마드 일행은 메카의 지배 세력을 메카 외곽 후다이비야에서 협상을 벌여 '후다이비야 조약'(Pact of al-Hudaybiya)을 체결합니다. 629년부터 향후 10년 동안 무슬림이 메카의 카바로 안전하게 성지순례를 할 수 있도록 하는 일종의 평화 조약이었습니다. 이로써 메카의 지배 세력은 메디나의 움마(이슬람 공동체)를 인정하고 메카로의 순례를 허용하게 되었습니다.

무함마드가 타계하기 2년 전인 630년, 무함마드는 1만여 명의 추종자들을 이끌고 메카로 무혈 입성하게 됩니다. 메카를 손에 넣은 무함마드는 종교적 권위, 정치적 명성, 군사적 지배를 공고히 했습니다.

메카에 있는 카바 신전에 도착한 무함마드는 꾸란을 낭송합니다. 그는 그동안의 갈등을 봉합하는 차원에는 중범죄자들을 제외한 대사면도 실시합니다. 8·15광복절 사면 등 지금 우리나라의 정치와 비교해도 별반 다르지 않습니다. 많은 메카 사람이 무함마드를 지도자로 인정했고, 이슬람을 종교적으로 수용했습니다. 메카의 혼란을 수습한 뒤 무함마드는 다시 메디나로 돌아갑니다.

메카와 메디나는 오늘날 사우디아라비아에 있는 도시들입니다. 무함마드가 활동했던 당시에는 사우디아라비아라는 국가는 없었습니다. 사우디아라비아는 1932년에 건국된 일종의 신생국에 가깝습니다. 물론 사우드 가문이 다스리기는 했지만, 국가로 존재한 것은 아니었습니다.

사우디아라비아는 스스로 국왕 이름 앞에 '성스러운 두 사원의 수호자' (Custodian of the Two Holy Mosques)라는 호칭을 붙입니다. 이 두 사원은 3대 성지(메카, 메디나, 예루살렘) 중 메카와 메디나를 의미합니다. 이처럼 사우디아라비아는 이슬람의 본산인 메카와 메디나를 수호한다는 메시지를 보여주고 있습니다.

사우디아라비아 국기
"알라 이외에 다른 신은 없으며,무함마드는 알라의 사도이다"를 의미합니다.

③ 예언자 무함마드의 마지막 설교

사람은 죽음을 예견하는 경우가 많은 것 같습니다. 우리나라에서도 수행을 많이 하신 분들에게 나타나는 예도 있습니다. 예언자 무함마드도 마찬가지가 아닐까 합니다. 632년, 건강이 악화한 무함마드는 종교적으로 제대로 된 절차를 밟는 메카 순례를 단행합니다. 순례에 동참한 무슬림이 무려 10만 명에 달한다고 합니다. 많은 무슬림이 지금도 매년 행하는 메카 성지순례를 632년 무함마드의 성지순례로 재현하고 있습니다.

무함마드는 순례가 끝난 뒤 메카의 아라파트 동산에 올라가서 마지막 설교를 할 때 이슬람에 대한 자신의 이상을 밝히고 무슬림에게 당부합니다. 자신이 그동안 마음속에 품었던 모든 것을 구구절절 천명합니다.

예언자 무함마드의 마지막 설교 내용은 이러합니다.

알라를 신봉할 것

이슬람 이전('자힐리야', 즉 무지의 시대)의 악습을 탈피할 것

생명과 깨끗한 재산은 주님을 만나는 날까지 신성시할 것

여성의 권리를 존중할 것

남에게 채무를 진 자는 빚을 갚을 것

이자는 받지도 말고 지불하지도 말 것

평화와 행복을 추구하는 이슬람을 정착할 것

설교 직후 무함마드는 마지막 계시를 받습니다.

"오늘 내가 너희를 위해 너희 종교를 완성했으며, 나의 은총이 너희에게 충만하도록 했고, 이슬람을 너희의 종교로 만족하게 하였다."

마지막 순례 의식 후에 무함마드는 연명치료를 거부한 채 담담하게 죽음을

맞이합니다. 무함마드는 돈을 많이 가지고 있지 않았지만, 수중에 있던 돈을 공동체의 가난한 사람들에게 기부했습니다. 재산을 정리하니 7디나르 정도의 돈이었다고 하는데, 당시 암낙타 한 마리 살 수 있는 돈이었다고 합니다. 최고의 종교 지도자이자 정치 지도자가 낙타 한 마리 살 수 있는 재산을 가졌다니, 이 정도면 검소한 삶이지 않았을까요?

632년 6월, 노쇠해진 무함마드는 아내 아이샤 곁에서 조용히 눈을 감았습니다. 무함마드는 명문가에서 태어났지만, 일찍이 돈을 벌어야 했던 불우한 유년기를 보내고, 대상 활동을 통해 특유의 성실성과 갈등 조정 능력을 통해 주변 사람들로부터 신뢰를 받았습니다. 결혼을 통해 여유로운 삶을 보냈고, 그동안 느낀 사회상에 대한 고뇌는 깊어졌고, 끊임없는 명상을 통해서 알라의 계시를 받습니다. 이슬람을 바탕으로 메카와 메디나를 통일한 그는 결국 보통 사람들과 마찬가지로 평범한 죽음을 맞이한 것입니다.

끊임없이 고통이 온다고 했던 무함마드의 말을 미루어, 사인은 암(cancer)이라고 분석한 사람도 있습니다. 그는 고향인 메카에서 약 350km 떨어진 어머니의 고향 메디나에서 생을 마칩니다. 그의 시신은 아이샤의 집에 매장됐고, 지금은 메디나 모스크 안의 예언자 묘소에 있습니다. 그래서 무슬림에게 메디나는 메카와 함께 매우 성스러운 장소입니다.

◆ 꾸란은 이렇게 말한다

"하나님께서는 그들 백성 중에서 무학자인 무함마드를 무지한 자들에게 사도로 보내시어 그로 하여금 하나님의 말씀을 낭송하고 그들을 정화하여 성서와 지혜를 가르치도록 하셨느니라. 실로 그들은 분명히 방황하고 있었느니라. 아직 합류하지 못한 그 밖의 백성들을 위해서도 무함마드를 보내셨나니 하나님께서는 가장 강하시고 가장 현명한 분이시니라"

(꾸란 62장 2~3절)

④ 무함마드를 경배하지 말고 하느님을 섬겨라

예언자 무함마드는 신이 아닙니다. 그는 신이 아닌 알라의 가르침을 순종하고 따르려는 인간일 뿐입니다. 무함마드를 신으로 알고 이슬람교를 마호메트교라고 잘못 이야기하는 사람도 있기는 합니다.

나중에 2대 칼리프가 되는 우마르는 무함마드의 죽음을 두고 이렇게 외쳤습니다. "무함마드는 죽지 않았다. 그는 반드시 재림하여 다시 돌아올 것이다. 무함마드가 죽었다고 말하는 사람이 있다면 내가 살려두지 않을 것이다." 그때 1대 칼리프가 되는 아부 바크르는 이렇게 외칩니다. "무함마드를 경배하지 말라. 그는 죽어 없어졌다. 하느님을 섬겨라. 그분은 영원히 우리와 함께 계실 것이다." 아부 바크르에 의해 무함마드를 신격화하려는 움직임이 꺾이게 된 것입니다. 예언자 무함마드는 한 인간으로 산 뒤 평범한 죽음을 맞이했을 뿐이었습니다. 때문에 수니파에서는 우상화를 우려해 예언자 무함마드의 성화가 존재하지 않습니다.

무함마드 타계 이후 추종자들이 그의 아내인 아이샤에게 그가 어떤 사람인지를 물었습니다.

"무함마드는 꾸란에 적혀 있는 대로 살았습니다."

아이샤의 대답은 이랬습니다. 무함마드가 어떤 삶을 살았는지 보여주는 대목입니다.

⑤ 꾸란(Holy Quran)

무함마드가 40세가 되던 610년, 히라 동굴에서 명상하던 중 천사 가브리엘을 통해 알라의 계시를 받았습니다. 꾸란은 무함마드가 610년부터 사망하는 632년까지 22년간 예언자로서 알라로부터 받은 계시를 담은 이슬람 최고의 경전입니다. 마지막 예언자인 무함마드가 인간 세계를 다스리는 완성된 복음이 꾸란인 셈입니다. 꾸란은 총 114장, 6,236절, 약 8만여 단어로 이루어져 있습니다. 저는 꾸란의 한국어 번역본을 완독한 적이 있습니다. 오래 전에 나온 꾸란이지만 그 내용을 보면 현재 생활에서도 적용 가능한 것들이 상당히 많이 있습니다. 삶의 지침서라는 느낌이 들었습니다. 과거, 현재 그리고 미래를 이야기하는 것이 꾸란이라는 생각이 들기도 합니다.

꾸란의 주요 내용은 다음과 같습니다.

남을 해쳐서는 안 되고, 정직해야 한다. 도박과 술을 멀리하고 결혼 생활에 충실하고 가족을 돌봐야 한다. 부모에게 효도하라, 부모가 나이가 들었을 때 멸시하거나 대꾸하지 말고 고운 말을 해야 한다. 부모, 친인척, 고아와 가난한 사람들에게 자선을 베풀고 겸손할 것, 채무자가 어려운 환경에 있다면 형편이 좋아질 때까지 채무이행을 연기하여 줄 것이며 그 부채를 자선으로 탕감하는 것이 더욱 좋다.

지금의 시각으로 봐도 삶의 올바른 내용을 담았습니다. 꾸란은 무슬림에게 삶의 지침서이자 영혼의 양식입니다. 꾸란이 완성되기까지는 부인 카디자의 공이 상당히 큽니다.

첫 계시가 천사 가브리엘은 무함마드에게 '이크라'('읽어라'를 의미)라고 명합니다. 바로 꾸란('읽을 책'을 의미)은 '읽다', '암송하다'라는 뜻을 가진 아랍어 동사 '까라아'에서 파생되었습니다.

계시는 메카에서 받은 계시와 메디나에서 받은 계시로 이루어져 있습니다. 메카에서의 계시가 형이상학적이라면 메디나에서 받은 계시는 현실적이고 구체적인 편입니다. 무함마드는 메디나에서 지도자로서 해결해야 하는 어려운 문제들을 신에게 간절히 기도했습니다. 그의 간절한 기도에 대한 응답으로 내려온 것이 계시가 되는 것입니다.

꾸란은 하느님의 말씀을 의미하며, 인간인 무함마드의 언행을 기록한 것은

'하디스'라고 하여 꾸란으로 간주하지 않습니다. 무슬림이 기도할 때 구절을 암송하며, 신성하게 여기기 때문에 꾸란 위에 물건을 올린다거나 소홀히 여기지 않는 것은 당연합니다. 수니파와 시아파를 비롯해 종파 간에 이견이 없는 것이 하나 있다면 꾸란입니다. 꾸란의 내용에 대해서는 종파를 떠나 모두 인정하고 있습니다.

무함마드가 후계자를 정하지 않고 632년에 사망하자 후계자를 놓고 혼란이 발생했습니다. 네 명의 칼리프('뒤를 잇는 후계자'를 의미) 중에서 3대 칼리프인 우스만(Usman, 644~656년 재위)이 651년 꾸란 집대성을 명령합니다. 이슬람 국가 초창기 때 이슬람의 확장 속도가 상당히 빨라 무슬림들이 잘못된 꾸란을 암송했기 때문입니다.

임산부들이 배 속에 있는 아이에게 꾸란을 읽어 줄 정도입니다. 아랍어가 모국어가 아닌 무슬림은 꾸란을 읽고 쓸 수 있도록 교육을 받습니다. 꾸란 전체를 암기하는 사람을 '하피즈'(Hafiz)라고 하는데 이슬람 사회에서 대단한 존경을 받습니다.

꾸란의 첫 계시는 라마단 달에 시작되었습니다. 꾸란은 이 달 30일 동안 매일 일정 분량이 암기하기에 쉽고 편리하도록 30등분 되어 있습니다. 매일 읽고 암기하여 라마단 한 달 동안 꾸란 전 분량이 암기될 수 있도록 하기 위해서입니다.

꾸란을 통해서 축복과 은혜를 받는 방법도 크게 세 가지가 있다고 할 수 있습니다. 읽거나 암기하여 은혜를 받는 길이 있고, 음성(청취)을 통해서 은혜를 받는 방법이 있고, 의미를 이해하고 음미하면서 은혜를 받는 길이 있습니다.

이와 관련하여 예언자 무함마드는 이렇게 말씀했습니다. "꾸란의 철자나 문자 하나만 읽거나 외워도 축복을 받고, 그 축복은 다시 열 개의 축복을 낳습니다. 꾸란을 외우는 사람은 천국의 소식을 받은 자들과 함께 할 것입니다."

⑥ 무함마드의 성공비결은 틈새 공략

메카에서 이슬람이 태동할 즈음, 메카 북쪽 지역에서는 5세기 말에서 7세기 초까지, 비잔틴 제국과 사산조 페르시아 제국이 전쟁을 했습니다. 오랜 전쟁 상황에서 어떤 새로운 세력이 의식주를 해결해주고, 미래의 삶을 어느 정도 보장해 준다면 환영받을 수밖에 없는 상황이었을 것입니다.

이때 무함마드의 이슬람이 등장해 두 거대 제국의 약화한 틈새를 공략하는 데 성공합니다. 먼저 무함마드는 메카로부터 350km 떨어진 메디나(아랍어로 '예언자의 도시'를 의미)까지 통일합니다. 이후 이슬람은 비옥한 초승달 지역 으로 북진합니다. 메카의 동쪽은 사막이고, 서쪽은 홍해로 막혀 있었기 때문에 북쪽으로 올라갈 수밖에 없었습니다.

전쟁으로 민생이 도탄에 빠져 있는 상황이 300년 가까이 지속되었기 때문에 아라비아반도에서 태동한 이슬람은 두 제국의 전쟁터였던 오늘날의 시리아, 이집트 등 지역을 어렵지 않게 정복할 수 있었습니다. 전쟁다운 전쟁도 하지 못하고 두 슈퍼 파워는 역사 속으로 사라졌습니다.

메카에서 출발한 이슬람은 북상하면서 비잔틴 제국의 아시아 지역을 이슬람화시켰습니다. 여러 차례 전쟁 끝에 페르시아 제국까지 멸망시킨 이슬람은 그리스·로마의 지중해문명과 오리엔트문명을 모두 흡수해 문화의 용광 로가 되었으며, 이슬람문화라는 종합 문화를 재탄생시키게 된 것입니다. 이것이 이슬람의 성공 요인이라고 할 수 있습니다. 두 문명을 받아들이지 않고 배척하고 파괴했다면 이슬람의 성공은 어려웠을지도 모릅니다.

이슬람은 두 제국의 문화와 지식, 거버넌스 시스템 등을 고스란히 흡수하기 시작합니다. 이 기세를 몰아 순식간에 거대한 영토를 손에 넣습니다. 중동 전역은 물론, 중앙아시아, 인도, 파키스탄까지 진출했고, 북아프리카를 장악한 뒤 711년에는 지브롤터 해협을 건너 스페인, 732년에는 프랑스 파리 코앞까지 세력을 넓혔습니다. 이렇게 빠르게 성장한 종교는 없었습니다.

이슬람의 급속한 팽창을 두고 13세기 중엽 십자군의 이슬람 원정에서 최후의 패배를 당한 시기의 서구의 신학자 토마스 아퀴나스가 "한 손에는 칼, 다른 한 손에는 꾸란"이라며 이슬람을 평가절하 했다고 알려져 있습니다. 이슬람이 100년도 안 돼 3개 대륙으로 확산하는 과정에서 공포증 때문에 생겨난 말입니다. 오히려 "한 손엔 평화, 다른 한 손에는 꾸란"이 더 맞는 표현이 아닐까 합니다.

이슬람이 환영받은 이유 중 하나는 토지 소유권 인정이었습니다. 이슬람 제국은 주민들이 경작지에서 자유롭게 경작하고 정부에 30%의 토지세를 내는 조건으로 사유재산을 인정해 주었습니다. 일정한 세금을 내면서 기득권을 그대로 유지할 수 있었던 토착 세력들도 이슬람 제국의 통치를 극도로 거부할 필요가 없었을 것입니다.

이슬람 제국은 사유재산만 인정해 준 것이 아니었습니다. 피정복자들의 종교도 어느 정도 보장해 주었습니다. 이슬람으로 강제로 개종한 사례가 거의 없을 정도였다고 합니다. 꾸란에도 종교는 강요되어서는 안 된다고 적혀 있습니다(꾸란 2장 256절). 비교적 유연한 통치로 인해 굳이 무리하게 이슬람교로 개종할 필요가 없었습니다. 그래서 확고한 자기 신앙을 끝까지 지킨 기독교인과 유대인들이 있었습니다. 그 후손들이 현재에도 중동 전역에 거주하고 있는 아랍 기독교인들인데 2천만 명 정도 된다고 합니다.

인두세 납부 조건으로 그들이 가지고 있던 종교와 전통은 보호되었습니다. 중요한 것은 이슬람 제국이 제시한 인두세는 비잔틴 제국이나 페르시아 제국에 냈던 세금에 비해서 적었습니다. 이슬람교로 개종하는 사람에게는 10%가량의 인두세가 추가로 면제되자 많은 사람이 이슬람교로 개종하는 상황이 발생했습니다. 조세 제도를 통해서 세력을 확장하는 놀라운 통치기술이 아닐 수 없습니다. 거버넌스가 가히 예술적입니다.

중세 이슬람 사회에서는 자신의 고유한 문화를 지키도록 허용된 이교도를 '딤미'(Dhimmi)라고 불렀습니다. 딤미는 이슬람법에서 비무슬림에 대한 생명과 재산의 안전보장을 의미하는 용어로 이슬람 국가에서 무슬림이 아닌 국민을 뜻합니다. 개인의 신앙 유지가 보장되며 생명과 재산의 안전이 보장되지만, 법적으로 무슬림의 주권을 인정하고 정치적으로 복종할 의무와 납세의 의무를 지는 것이 일반적입니다. 딤미는 인두세를 내는 대가로 생명과 재산, 안전, 신앙의 자유 등을 보장받았던 것입니다. 딤미의 지위는 무슬림 지도자와 비무슬림 공동체 간의 계약으로 결정됐습니다. 딤미는 노예보다는 좋은 조건이었지만 당연히 무슬림보다는 낮은 처지였습니다. 당연한 얘기겠지요.

이슬람 제국은 기독교와 유대교를 받아들여 융합된 신학체계까지 만들었습니다. 강력한 군사력을 바탕으로 학문과 문화를 번성시켰습니다. 토지 및 조세 제도와 같은 민생 정책들을 선보였습니다. 전쟁 경제하에 온갖 약탈을 당해온 사람들이 이슬람 제국이 들어오자 혁명적인 삶의 변화를 경험하게 된 것입니다. 동서고금을 막론하고 부동산, 세금은 매우 중요한 문제인 것 같습니다.

이슬람 제국은 새 정복지에서 살육과 직접 통치보다는 공납과 간접 통치를 통해 그들에게 어느 정도 자유를 보장했고, 이슬람문명 창조에 공헌할 기회의 장을 만들어 주기까지 했을 정도입니다. 이것이 이슬람 제국이 광활한 영토를 통치할 수 있었던 노하우가 아닐까 합니다.

⑦ 예언자 무함마드의 리더십

이슬람이 창시된 후 거의 100년 만에 프랑스 파리 부근까지 진출했고, 오늘날 지구촌에는 19억의 무슬림 인구가 살고 있습니다. 이슬람을 국교로 하는 국가가 무려 57개국에 달합니다. 아랍어는 유엔의 공용어 중 하나입니다.

이렇게 빠르게 성장하고 있는 종교가 있을까 싶을 정도로 빠른 속도로 급성장해 왔습니다. 이슬람의 성공 뒤에는 예언자 무함마드의 리더십을 빼놓을 수 없습니다. 무함마드의 리더십은 오늘날에도 적용 가능한 것들이 매우 많습니다. 무함마드는 어떤 리더십을 발휘했을까요?

첫째, 무함마드는 관용, 통합의 정치를 했습니다. 한때 적이었던 사람도 용서를 빌고 그에게 복종하면 자기 사람으로 품을 정도였습니다. 그는 전투에서 전사한 동료들의 가족은 물론 적의 가족까지 정성껏 보살폈습니다. 아군과 적군을 떠나서 사막 환경에서는 지켜줄 보호자가 없으면 생존할 수 없었기 때문입니다. 관용과 통합을 통해서 생존을 위한 부족의 적정한 인구 수를 유지할 수도 있었습니다.

다른 종교를 가진 사람들도 내 편으로 만드는 통합의 기술을 선보였습니다. 소수민족들은 그들만의 게토(Ghetto, 거주지)를 인정해 주기도 했습니다. 이런 관용과 통합의 정치기술 덕분에 그를 추종하는 세력은 기하급수적으로 늘어났습니다.

둘째, 무함마드는 매우 개혁적인 인물이었습니다. 여성과 사회적 약자에 대한 인권은 오늘날 지구촌에서도 매우 중요한 보편적 가치입니다. 무함마드는 당시 척박한 사막의 환경에서도 여성에 대한 인권을 대단히 중요시 했습니다. 어릴 때부터 대상 활동을 하면서 아버지가 딸을 파는 모습, 여성과 낙타를 교환하는 모습 등을 보면서 악습을 폐지해야 한다고 생각을 해왔기 때문에 가능한 일이었습니다.

여성을 완전한 인격체로 존중할 것을 주장하면서 여성노예 반대, 여성에 대한 상속 법제화 등도 추진했습니다. 당시 사회 분위기를 감안한다면 그의 사상은 매우 혁명적이었다고 할 수 있습니다. 이슬람은 남녀 지위에 관해 동등권을 인정하고 있습니다. 남녀의 구별은 본능적, 생리적인 차이만 구별할 뿐입니다.

◆ 꾸란은 이렇게 말한다
"주님께서 그들의 기도에 답하여 가로되 나는 남녀를 불문하고 너희가 행한 어떠한 일도 헛되지 않게 할 것이니라. 너희는 서로 동등하니라."
(꾸란 3장 195절)

오늘날 자유, 평등, 인권의 국가가 어디입니까? 미국이라고 할 수 있습니다. 그러나 2017년에 개봉한 영화 《Hidden Figures》를 보면 미국 NASA에서조차 흑인이라는 이유로 유색인종 전용 화장실을 사용했을 정도였습니다. 미국에서조차 1964년에 들어서야 인종 차별이 법적으로 철폐되었습니다. 그전에는 흑인은 백인과 같이 밥도 먹을 수 없을 정도였습니다. 그걸 생각한다면 예언자 무함마드가 여성의 인권에 대해 얼마나 개혁적인 인물이었는지 짐작할 수 있습니다.

셋째, 무함마드는 무소유를 몸소 실천했습니다. 임종 시 가지고 있던 전 재산을 가난한 사람에게 나누어 주었습니다. 암낙타 1마리 정도를 살 수 있는 재산을 나누어 주고 떠났습니다. 이는 이슬람사회에서 유산의 3분의 1 이하를 자식들에게 증여해주고, 나머지는 사회에 환원하는 상속의 근간이 되었다고 할 수 있습니다.

넷째, 무함마드는 혈연보다는 능력 중심의 지도자를 배출했습니다. 그는 임종 시 후계자를 정하지 않았습니다. 지정한 후계자 말고 다수의 의견을 반영해 능력 있는 후계자를 기대했는지도 모르겠습니다. 후계자를 지정하지 않아 다소 혼란이 있었지만, '슈라'라고 하는 부족 공동체회의에서 만장일치로 후계자를 추대했습니다.

다섯째, 종교 지도자이자 정치 지도자였던 무함마드는 종교가 종교에만 충실할 수 있는 시스템을 구축했습니다. 이슬람은 기독교의 십일조와 유사한 '자카트'를 자기 수입의 2.5%를 냅니다. 무슬림들은 자카트를 반드시 이슬람 종교기관에 내지 않아도 됩니다. 주변에 있는 어려운 사람에게 기부해도 자카트로 인정이 됩니다. 이슬람은 종교기관에 돈이 모이는 것을 방지했다고 볼 수 있습니다. 종교가 돈을 추구하면 부패하는 지름길임을 간파했는지도 모를 일입니다.

◆ 꾸란은 이렇게 말한다

"하나님을 위해 재물을 바치는 사람은 한 알의 밀알과 같으니 이 낟알이 일곱 개의 이삭으로 번식할 것이요...하나님께서는 당신이 원하는 자에게 몇 배의 보상을 베푸시니 하나님께서는 모든 것을 알고 계시니라"

(꾸란 2장 261절)

또 하나의 장치는 수니파(무슬림 중 90%가 수니파, 10%가 시아파)에는 성직자 계급이 없다는 것입니다. 이슬람의 구원관은 비교적 간단합니다. 신과 인간의 직접적인 소통을 하는 것입니다. 그래서 신과 인간 사이에 중간 매개체가 없습니다. 가브리엘, 미카엘 같은 천사들이 한 사람의 행적을 저울에 달아 선행을 많이 한 사람은 천국으로 가고, 악행을 많이 한 사람은 지옥으로 간다고 믿습니다. 기독교처럼 예수 그리스도라는 중재자 없이 직접 소통하는 것이 이슬람입니다. 이슬람에서는 목사, 교황, 주교, 승려 같은 직책이 존재하지 않습니다. 다만 울라마(ulama)라고 하는 이슬람 경전을 공부하는 학자들만 존재합니다. 대신 중앙 정부에서 급여를 주는 모스크 담당자는 존재합니다. 성직자는 없고 공무원만 있다는 것입니다. 이 두 가지를 정리하면 이슬람교에서는 돈도 없고 사람도 없습니다. 종교의 권력화를 철저하게 막아 놓았습니다. 종교의 사유화, 세습화, 권력화가 문제가 되는 오늘날, 종교가 진정으로 추구해야 하는 것이 무엇인지 힌트를 주는 대목입니다. 대신 이슬람은 사회적인 역할을 하도록 했습니다. 그래서 중동이나 아랍을 이해할 때 이슬람이라는 종교적인 프레임만 가지고 이해한다면 오류가 생길 수 있습니다. 이슬람의 렌즈로만 현상을 바라봐서는 안됩니다.

우리는 그동안 이슬람을 창시한 예언자 무함마드에 대해서 접할 기회가 많지 않았습니다. 지구촌에 이슬람 국가가 57개국이 있는 것에 비해서는 등한시한 느낌마저 듭니다. 무함마드의 리더십을 이해하지 않고서는 오늘날 이슬람 세계를 제대로 이해하기 어렵습니다. 특히 이슬람권은 무역으로 먹고사는 우리에게 매우 큰 시장입니다. 이들에 대한 이해와 공부 없이 어떻게 따뜻한 마음으로 교류하고 협력할 수 있겠습니까?

★ 나의 아랍에미리트 이야기

1992년 아랍에미리트 첫 방문 후 30년이라는 시간이 지났다. 당시 아랍에미리트는 동부 아프리카지역 프로젝트를 수행하기 위한 물류, 교통의 허브로 중요한 거점도시였다. 아부다비에서 4년, 두바이에서 3년을 상주 근무하며 코로나19로 인해 2020년 귀국할 때까지 나의 삶의 터전이었고, 안식처이며, 나의 왕국이었다.

동부아프리카와 사우디에서도 상주 근무를 하면서 현지 정부의 최고위급 인사부터 공사 현장의 근로자까지 다양한 계층의 사람들을 만나고 함께 지냈다. 그들의 사상, 종교, 문화, 언어, 관습 및 비즈니스 관행 등을 이해하고 배울 수 있었다. 특히 중동아프리카인프라협력센터장으로 아랍에미리트에서 상주 근무하면서 중동·아프리카 지역에 진출한 우리 기업의 지원을 위해 각 지역을 다니면서 현지에 대한 정확한 자료와 정보를 접할 수 있었다.

중동지역을 방문하는 우리나라 지방자치단체 경제사절단과 공기업들을 대상으로 여러 차례 중동, 아랍 그리고 이슬람이란 주제로 강연을 해왔다. 그러나 일회성 강의만으론 많은 사람과 교류하며 정보를 나누기에는 한계가 있었다.

한국에 돌아와서 중동, 이슬람에 대해 정확하고 유익한 정보를 전달해야겠다고 생각하던 시점에 아랍에미리트에서 같은 시기에 근무했던 저자의 출간 소식을 듣고 전율을 느꼈다. 바로 내가 하고자 했고 꼭 필요하다고 생각했던 것을 저자가 이미 완성단계 마무리 작업을 하고 있었기 때문이다. 참으로 고맙고 기특한 일이다.

저자가 현지인들 속에서 직접 경험하면서 터득한 아랍인들과 소통하는 방법과 살아가는 지혜, 그들에 대한 정확한 이해 그리고 이슬람의 탄생부터 포스트 오일 시대를 준비하는 중동에 대한 전반적인 이해를 돕는데 중요한 자료가 될 것이다. 이 멋진 책을 열린 마음으로 읽고 이슬람, 아랍 그리고 중동에 대한 이해를 넓히고 전파했으면 한다.

조우순
전 중동아프리카인프라협력센터장, UAE 아부다비칼리파산업지구
KIZAD Korea Representative

2. 정통 칼리프 시대(632~661년)

아부 바크르, 우마르, 우스만, 알리까지 네 명의 칼리프가 통치한 시기를 이슬람의 가르침에 충실한 정통 칼리프 시대라고 부릅니다. 칼리프는 '후계자'를 의미하며 정치와 종교를 동시에 관장하는 이슬람 공동체의 최고 지도자입니다. 두바이에 있는 세계에서 가장 높은 빌딩 이름이 버즈 칼리파입니다. 버즈(Burj)는 아랍어로 '탑'의 뜻이니 버즈 칼리파는 '칼리파의 탑'이라는 의미가 됩니다.

메카와 메디나 두 도시를 통합한 무함마드는 후계자를 지명하지 않은 상태로 세상을 떠납니다. 두 도시를 통일해 이슬람 국가를 건설한 지 몇 년도 되지 않아 후계자에 대한 언급 없이 세상을 떠났으니 곧 닥칠 혼란은 예견이 되는 상황이었습니다. 훗날 수니파와 시아파로 나뉘는 계기가 되기도 합니다.

1대 칼리프 아부 바르크, 무함마드의 최측근이자 장인

예언자 무함마드에게 장성한 아들이 있었으면 권력이 아들에게 자연스럽게 이동했을 겁니다. 그에게 아들이 있었으나 모두 어려서 죽었습니다. 딸은 있었습니다. 딸이 지도자가 될 수 있었을까요? 사막이라는 척박한 환경과 남성 중심의 가부장적 사회인 점을 고려했을 때 딸은 지도자가 될 수 없었습니다.

무함마드에게는 직계 혈통은 아니지만, 사촌이자 훗날 사위가 된 알리가 있었습니다. 알리 정도면 후계자가 될 자격이 충분했다고 볼 수 있습니다. 하지만, 알리가 너무 어린 것이 큰 문제였습니다. 아무리 혈통이 중요한 요소이지만 나이도 어리고 경험이 없는 지도자를 선출하게 되면 부족의 생존과 직결되기 때문에 섣불리 정할 수 없습니다. 그래서 후계자 선출 문제는 슈라

(Shura)라는 부족공동체 대표자회의에서 만장일치로 추대됩니다.

결국, 무함마드보다 3살 아래인 아부 바크르(Abu Bakr, 632~634년 재위)가 1대 칼리프로 추대됩니다. 아부 바크르는 메디나로 이주할 당시 무함마드와 동행한 가장 친한 친구였으며, 딸 아이샤를 무함마드와 결혼시켰습니다. 그러니까 아부 바크르는 무함마드의 장인입니다.

알리의 추종자들은 장례를 위한 철야기도 때문에 후계자 선출 논의에 제대로 참여하지도 못했다고 합니다. 알리 추종자들은 부글부글 끓었지만 참을 수밖에 없었습니다. 그래서 알리의 추종자들은 정치적 소외와 피해 의식이 있는 것으로 알려져 있습니다. 아부 바크르는 나이도 경험도 많았고 무엇보다 무함마드의 장인인 점이 중요하게 작용했을 것입니다.

아부 바크르에게 남겨진 첫 번째 과제는 당연히 통합이었습니다. 종교 지도자이자 정치 지도자인 무함마드 타계 이후 혼란에 빠진 이슬람 공동체 통합이 가장 시급한 과제였습니다. 일부 부족들은 이슬람 공동체에서 이탈하려는 움직임을 보였습니다. 아랍에미리트 지역에서도 '릿다 운동'(Ridda Wars, 632~634년)이라고 불리는 반이슬람 운동이 격렬하게 발생해 진압 과정에서 1만 명 이상의 사망자가 발생했다고 합니다. 아부 바크르가 칼리프로 재임한 기간은 2년에 불과하지만, 혼란한 정국을 비교적 잘 관리하며 이슬람 공동체를 굳건히 지켰습니다. 한편으로 정복사업을 시작했습니다.

아랍 군대는 이슬람 이념을 바탕으로 정복사업을 추진했습니다. 동쪽에는 사막이니까 굳이 진출할 필요가 없었겠죠. 서쪽은 홍해로 막혀 있어 위쪽으로 진출할 수밖에 없었습니다. 종교적 이념만 추구해서 정복사업을 한 것은 아니었을 것입니다. 당시 아라비아반도는 일만 년 동안 극심한 가뭄으로 인해 주민의 삶은 처참하게 바뀌었습니다. 아랍 병사들은 북쪽으로 진군하면서 오아시스와 엄청난 양의 물을 발견했습니다. 물과 푸른 초원을 발견한 사막 출신의 병사들은 기분이 어땠을지 짐작이 가지 않습니까? 물과 초원은 생존에 가장 필요한 것이죠. 정복사업은 생존을 위한 어쩔 수 없는 방편이었을 것입니다.

그래서 아부 바크르는 대외 정복사업에 본격적으로 착수해 오늘날 이라크 남부와 시리아 지역으로 원정을 떠났습니다. 비잔틴 제국과 사산조 페르시아 제국 간 300여 년 전쟁으로 폐허가 된 그 공백을 노렸던 겁니다.

2대 칼리프 우마르, 대정복 시대 주도

2년 남짓 짧게 후계자 역할을 한 아부 바크르에 이어 2대 후계자로 우마르 이븐 알 카탑(Umar, 634~644년 재위)이 지명되었습니다. 아부 바크르가 죽기 전에 우마르를 다음 후계자로 지명했습니다. 그 이유는 2년 전 후계자 지명이 없어서 발생한 혼란을 경험했기 때문일지도 모르겠습니다.

우마르는 원래 이슬람교를 받아들이려 하지 않았지만, 나중에 무함마드의 충직한 제자가 되었습니다. 기도 시간이 되면 길에서라도 기도하는 규칙을 만든 사람이 우마르였다고 합니다. 632년, 무함마드가 죽고 움마(이슬람 공동체)가 혼란에 빠지자 우마르는 60세의 연로한 아부 바크르를 칼리프로 추대해서 공동체의 혼란을 잠재우려고 노력한 인물입니다.

우마르는 칼리프로 10년 동안 재위하면서 대규모 정복사업을 추진했습니다. 아부 바크르의 추진 목표를 그대로 이어받은 셈입니다. 물과 초원이 풍부한 북쪽 오아시스 지역으로 세력을 확장하는 것은 아마도 아랍인들의 숙원이 었을 겁니다. 결국 634년 무슬림 군대는 다마스쿠스를 정복합니다. 다마스 쿠스('물이 좋은 땅'을 의미)는 한 때 비잔틴 제국의 아시아 수도였고, 오늘날 시리아의 수도입니다. 오만과 예멘에서 출발한 유향과 몰약이 메카를 지나 다마스쿠스로 가게 되고 다시 콘스탄티노플(오늘날 이스탄불)과 로마에 닿습니다.

636년, 비잔틴 제국과 아랍의 군대는 오늘날의 시리아와 요르단 일대에서 한판 대결을 위해 만납니다. 전투력이 누가 더 강했을까요? 전투력 자체만 놓고 본다면 아무래도 오래 전쟁을 경험한 비잔틴의 전투력이 훨씬 강했을 겁니다. 그래도 제국의 군대였으니 말입니다. 하지만, 비잔틴 군대에는 한 가지 큰 약점이 있었습니다. 여러 나라의 병사로 구성된 비잔틴 군대에는 아랍의 기독교인들도 있었습니다. 아랍의 기독교인들은 무슬림 병사들과 같은 아랍어를 사용했기 때문에 비잔틴 군대는 무슬림 군대를 이길 수 없었습니다.

642년, 아랍의 군대는 이집트를 점령해 북아프리카 대륙으로의 진출로를 확보합니다. 우마르는 동쪽의 페르시아 제국에 대한 공격도 본격화해서 페르시아 왕조에 괴멸에 가까운 타격을 입힙니다. 그리하여 오늘날 이라크 지역이 이슬람 국가의 일부가 됩니다. 이로써 오늘날의 이라크 북부와 이란 본토까지 이슬람이 확산하는 계기가 되었습니다.

무슬림은 정복한 도시를 파괴하지 않았습니다. 대신 사람들에게 선택지를 줍니다. 다양한 종교와 민족이 이슬람 국가 영토로 편입되면서 피정복자들에게 일반적으로 3가지 선택권을 줬습니다. 이슬람을 수용하거나, 수용하기 싫다면 세금을 내거나, 아니면 싸우거나 떠나야 했습니다. 정복자들은 계약을 맺었습니다. 기독교인의 안전을 보장하는 대가로 일정한 세금을 내라는 것이었습니다. 주교는 흔쾌히 승낙했습니다. 왜냐하면 비잔틴 제국 하에서의 세금보다 가혹하지 않았기 때문이죠. 이 정도면 견딜 만하다고 생각했을 겁니다.

대규모 정복사업의 결과가 나은 비극일까요? 대규모 정복사업으로 많은 외국인이 메디나에 모이면서 2대 칼리프 우마르는 페르시아 출신의 기독교인에게 암살되고 맙니다.

3대 칼리프 우스만, 우마이야 가문 출신 인물의 등용

3대 칼리프로 우스만 이븐 아판(Usman, 644~656년 재위)가 추대됩니다. 우스만은 원래 메카에서 무함마드를 박해했던 지배 가문 출신이지만, 초창기부터 무함마드를 도와주었기 때문에 신임을 받은 터였습니다. 우마이야라고도 불리는 이 가문은 무함마드에 의해 메카를 떠나 오늘날 시리아 지역으로 쫓겨났습니다. 훗날 우마이야는 이슬람 제국을 지배하게 됩니다.

우스만은 족벌정치를 해 자기 가문 인물들을 주요 자리에 앉혔습니다. 이슬람 이전 메카의 지배 가문이었던 우마이야가 다시 권력을 장악한 것에 대한 불만도 점차 고조되었습니다. 결국 3대 칼리프 우스만은 이슬람 군인에 의해 암살됩니다. 선출된 칼리프가 무슬림에 의해 살해된 것은 커다란 충격이었습니다.

4대 칼리프 알리, 알리 가문의 비극적인 죽음, 시아파의 등장

3대 칼리프 우스만의 암살로 극심한 혼란에 빠지자 주도권을 쥔 세력은 무함마드의 하심 가문이었습니다. 무함마드의 사촌이자 사위인 알리 이븐 아비 탈립(Ali, 656~661년 재위)이 4번째 칼리프로 추대됩니다. 무함마드 타계 후 칼리프 후보군에 올라와 있었으나 어린 나이로 인해 칼리프 자리에 오르지 못했지만, 알리는 칼리프 중에서 예언자 무함마드의 유일한 혈족이었습니다.

알리가 후계자로 선출은 되었지만, 그의 통치는 순탄치 못했습니다. 우마이야 가문 등 많은 세력이 그의 정통성에 문제를 제기했기 때문입니다. 알리가 3대 칼리프 우스만의 암살 조사를 등한시한다는 명분을 앞세워 반 알리 세력이 등장합니다. 반 알리 세력은 오늘날 이라크 지역으로 향했고, 알리 세력은 이들을 진압하기 위해서 전투를 벌였습니다.

전투의 결과는 알리 세력의 승리였지만, 무함마드에 의해 메카에서 쫓겨난 우마이야 가문이 오늘날 시리아 지역을 장악하고 있었습니다. 3대 칼리프 우스만이 우마이야 가문 출신이었기 때문에 가문 중심의 족벌정치를 했고, 많은 우마이야 출신들이 등용될 수 있었습니다. 그래서 알리가 칼리프 자리에 오르자 우스만의 집안인 우마이야 가문이 격렬하게 반대했던 겁니다. 이들은 4대 칼리프인 알리를 인정하지 않았습니다.

결국 우마이야 세력은 대군을 이끌고 알리가 새로운 수도로 정한 오늘날 이라크 지역의 쿠파(Kufa)로 향합니다. 쿠파는 바그다드에서 남쪽으로 170km 떨어진 도시입니다. 전투에서 어느 한쪽이 일방적인 승리를 하지 못한 채 협상도 지지부진해지자 이슬람 국가가 극심한 혼란 끝에 양분합니다.

661년 1월, 알리는 쿠파에서 금요 예배를 보고 떠나던 길이었습니다. 그는 추종자들과 편하게 얘기를 나누고 있었는데, 자객이 독이 든 칼로 공격했습니다. 찔린 상처는 심각하지 않았지만, 독으로 인해 이틀 후 알리는 숨을 거두었습니다. 공격의 배후는 정확히 밝혀지지 않았지만, 알리의 추종자들은 다마스쿠스의 세력가였던 우마이야 가문을 지목합니다. 알리가 암살될 때 두 아들은 메카에 남아 있었습니다. 그의 두 아들 중 장남 하산(Hassan)이 칼리프 자리를 이어받지만 우마이야 가문과의 싸움은 더욱 과열되었습니다.

661년, 오늘날의 시리아에 거점을 둔 우마이야 가문의 무아위야가 칼리프를 자처하며 우마이야 왕조를 열었습니다. 이후 알리의 장남 하산도 670년에 독살을 당합니다. 여러 설이 있지만, 그가 아버지의 복수를 할 수 있다는 우려 때문에 독살한 것으로 보고 있습니다.

바그다드에 정착한 알리의 추종자들은 안전을 장담할 수 없던 둘째 아들 후세인(Hussein)을 바그다드로 오도록 합니다. 메카에서 바그다드로 가기 위해서는 카르발라를 지나가야 합니다. 후세인 일행은 바그다드로 가는 길에 카르발라에서 목숨을 잃습니다. 680년에 있었던 카르발라 전투에서입니다.

시아파 사람들은 후세인을 지키지 못했다는 애통함이 지금까지 남아 있습니다. 시아파의 순교자로서 후세인의 죽음은 정치적, 종교적으로 지금까지 영향을 미치고 있습니다. 후세인이 전사한 카르발라는 시아파들에게는 매우 중요한 성지가 되는 이유입니다.

이란과 이라크 전쟁(1980~1988년) 중에도 이라크의 사담 후세인 정권은 이란 사람들의 카르발라 성지순례를 허용해 줄 정도였습니다. 전쟁하더라도 종교의식만큼은 보장해 준 것입니다. 사담 후세인은 시아파가 아니라 수니파였습니다. 사담 후세인 정권 시절 이라크는 소수의 수니파가 다수의 시아파 국민을 다스렸던 곳입니다.

4대 칼리프 알리 일가가 비참한 최후를 맞으면서 알리의 추종자들은 메카와 메디나를 떠나 오늘날 이라크 지역에 정착합니다. 같은 하늘 아래에서 같은 종교를 가지면서 살지 못하겠다는 것이었습니다. 그래서 이라크가 시아파의 중심이 되었습니다. 현재도 시아파들은 카르발라에서 죽은 이들을 애도하고 있습니다. 그 추모의 날을 '아슈라'(Ashura)라고 합니다. 시아파의 최대 종교행사입니다.

시아파는 눈물을 흘린 만큼, 고통을 받은 만큼 천국으로 간 지도자에게 가까워 진다고 믿습니다. 그들은 아슈라 행사에서 자기 몸을 때리거나 자해하며 피를 흘리기도 합니다. 후세인의 참상을 직접 체험하고자 하는 취지입니다. 시아파는 감성에 호소하는 메시지가 강한 편입니다. 일주일 동안 온몸이 피투성이가 되도록 자기 몸을 때리기도 합니다. 이 광경이 끔찍해서 심한 자해 행위를 법으로 금지하는 곳도 있습니다.

수니파에서는 우상화를 우려해 예언자 무함마드의 성화가 존재하지 않지만, 시아파는 알리와 그의 두 아들 하산과 후세인의 성화를 허용합니다.

수니파와 시아파

순니(Sunni)는 순나(Sunnah, 아랍어로 '관행', '습관'을 의미)를 지키는 사람이란 뜻입니다. 그래서 수니파는 네 명의 칼리프 모두를 인정하고 있습니다. 수니파는 무슬림 인구 중에 약 90%를 차지하고 있습니다. 메카와 메디나가 있는 사우디아라비아가 수니파의 종주국임을 자처하고 있습니다. 사우디아라비아는 스스로 국왕 이름 앞에 '성스러운 두 사원의 수호자'(영어로는 Custodian of the Two Holy Mosques)라는 호칭을 붙입니다.

시아 알리'는 '알리를 따르는 무리'라는 뜻으로 보통 시아파라고 부릅니다. 이란이 시아파의 종주국 역할을 하고 있습니다. 아랍어로 '시아'(Shia)는 '떨어져 나간 무리', '분파', '파'를 의미합니다. 시아파라고 하면 중복되는 표현이어서 우리나라 문법상 올바른 표현은 아닙니다만 너무 고착화되어 있어서 그냥 시아파라고 하겠습니다.

시아파는 알리 이전의 세 명의 후계자를 인정하지 않습니다. 시아파는 무함마드 사후 세 명의 칼리프인 아부 바크르, 우마르, 우스만을 정통 칼리프로 인정하지 않고 찬탈자로 봅니다. 대신 네 번째 칼리프인 알리만을 정통 칼리프로 인정합니다. 후계자는 알라에 의해 선택되며 그의 권위와 능력이 혈통으로 이어진다고 믿기 때문에 알리만이 정통성을 가진 예언자 무함마드의 진정한 후계자라고 여기는 겁니다. 그로 인해 알리의 추종자(시아 알리)들은 메카, 메디나를 떠나 카르발라 지역에 정착했습니다. 오늘날 이라크 지역입니다. 이슬람 전체의 가장 중요한 성지는 메카이고, 시아파에게 가장 중요한 성지는 바로 카르발라입니다.

시아파는 이슬람 역사 내내 집권 세력에 의해 탄압을 받아왔다고 할 수 있습니다. 보통 한 집단이 억압과 탄압을 받게 되면 어떤 현상이 일어납니까?

구성원들은 똘똘 뭉쳐서 생존을 모색하게 되어 있습니다. 소수 세력을 차별하고 박해하면 일반적으로 그들의 정체성은 점점 돌처럼 굳어지게 마련입니다. 문화인류학 측면에서 박해당할수록 집단의 정체성은 일반적으로 강해진다고 합니다.

재미있는 것은 직장생활에서도 비슷한 현상이 벌어집니다. 부서장의 갑질이 심할수록 부서원들은 똘똘 뭉치는 게 일반적입니다. 적어도 제가 보기에는 그런 것 같습니다. 이것은 동서고금을 막론하고 만고불변의 법칙에 가깝습니다. 이것은 시아파에도 그대로 적용되는 것 같습니다. 오랫동안 억압과 탄압 속에서 이어져 온 시아파는 자신만의 독특한 정치, 종교 시스템을 구축했습니다. 그리고 강력한 리더십이 생깁니다. 1501년 이란의 사파비드(Safavids) 왕조가 시아파를 국교로 삼은 이후 이란은 성직자가 대통령 위에 국가 최고 지도자로 존재합니다.

수니파와 시아파는 이슬람 초창기에 충돌이, 그 이후 큰 갈등 없이 서로 공존해왔습니다. 근래에 와서 서구 강대국들이 중동의 패권을 장악하기 위해서 수니파와 시아파를 조종한 것으로 이해하는 것이 적합할 것 같습니다.

이라크 전쟁에서도 다국적군은 수니파와 시아파 간의 갈등을 부추겨 후세인(수니파) 세력을 제거하려고 했습니다. 최근에는 이란이 핵 개발로 중동 내 패권국가로 발돋움하는 것을 우려하여 이를 저지하기 위해 수니파–시아파 갈등을 정치적으로 이용한다는 주장도 있습니다.

둘의 관계가 심각하게 보일 것 같지만, 사실 수니파와 시아파는 서로를 형제와 자매로 부르고 자유롭게 결혼도 합니다. 상대방의 모스크에 가서 예배도 함께 봅니다. 1980년대 이란-이라크 전쟁 때에도 주한 대사들이 서울 이태원에 있는 모스크에서 함께 예배를 보았다고 합니다. 그들은 꾸란과 하디스라는 기본적인 경전을 같이 공유하기 때문에 그렇습니다. 신앙 의례,

종교 축제, 종교의식 등에서 약간의 차이점만 있을 뿐입니다. 수니파와 시아파를 갈등의 시각으로만 바라보면 곤란할 수 있습니다. 아랍에미리트에도 수십 만명의 이란인들이 거주하고 있습니다.

수니파와 시아파는 기도할 때 약간의 차이가 있습니다. 수니파는 "알라 이외에는 신이 없고, 무함마드는 알라의 사도이다"라고 기도합니다. 아랍어로는 "라 일라하 일라 알라흐, 무함마드 라술 알라"라고 합니다. 제가 아랍어를 연습한다고 이 문장을 아랍에미리트와 사우디아라비아 친구에게 말을 했더니 "이제 무슬림이 되셨습니다. 축하합니다."라고 대답해준 기억이 납니다. 외국인의 경우 이렇게 신앙고백(샤하다)하고 난 후 무슬림이 되는 과정을 겪습니다. 한편, 시아파는 "알라 이외에는 신이 없고, 무함마드는 알라의 사도이다. 알리(Ali)는 신의 사랑을 받은 자이며, 신자들의 사령관이고, 신의 친구이다"라고 기도합니다.

무슬림은 다섯 가지 기본적인 의무를 집니다.

① 신앙고백(Shahada, 샤하다) : 알라 외에 다른 신은 없고, 무함마드는 알라의 예언자라는 것을 고백하는 것
② 예배(Salat, 살라) : 하루에 5번 메카 방향을 향해 예배
③ 금식(Saum, 사움) : 이슬람력 9월인 라마단 기간 한 달 동안 금식
④ 희사(Zakat, 자카트) : 자기 수익의 2.5%를 기부, 불우한 이웃에게 기부해도 인정이 됨
⑤ 성지순례(Haji, 하지) : 평생에 1번 메카와 메디나를 성지순례

3. 우마이야 왕조(661~750년)

시리아로 쫓겨났던 우마이야 가문의 부활

4대 칼리프 알리가 암살된 후 수니파에서는 새로운 지도자 가문이 탄생했습니다. 우마이야 왕조(Umayyads, 661~750년) 시대가 들어선 것입니다. 661년, 시리아 총독 무아위야(Muawiyah, 661~680년 재위)가 다마스쿠스(현재 시리아의 수도)를 수도로 삼아 최초의 아랍 국가 왕조인 우마이야 왕조를 세웁니다.

우마이야 가문은 원래는 메카의 지배 세력이었지만 무함마드에 의해 시리아로 쫓겨났던 가문이었습니다. 우마이야 가문은 수니파와 시아파 모두에게 공공의 적이 되었죠. 왜냐하면 우마이야 가문이 정통 칼리프 시대를 무력으로 찬탈했다고 보기 때문입니다. 이 때문에 알카에다, IS와 같은 과격 이슬람주의 세력들은 우마이야 왕조 이후 중동의 모든 정권을 정통성을 가진 이슬람 국가로 인정하려 들지 않습니다.

우마이야 왕조는 혼란과 내부의 분열, 불만을 불식시키기 위해 정복사업에 심혈을 기울입니다. 세계 역사에서 내부 문제를 해결하기 위해서 밖으로 시선을 돌리는 경우가 허다합니다.

무함마드가 히라 동굴에서 신의 첫 계시를 받은 것은 610년, 그로부터 101년 후인 711년 5월, 타리크(Tariq) 장군은 모로코에서 1만 2,000여 명을 이끌고 스페인 영토에 도착합니다. 지브롤터는 대서양에서 지중해로 들어가는 입구로, 이베리아반도 남부에 있는 곳입니다. 맞은편 북아프리카까지 좁은 곳은 14km 정도에 불과할 만큼 가깝습니다. 지브롤터의 원래 이름은

'자발 타리크'였습니다. 아랍어로 '자발'은 '산'을 의미하고 '타리크'는 '타리크 장군'을 지칭합니다.

해협을 건너 이베리아반도에 도착한 후 타리크 장군은 타고 온 배를 모조리 불태워버렸습니다. 그야말로 결사항전이었습니다. 당시 스페인을 지배한 서고트족은 무슬림 병사들이 하늘에서 떨어졌는지 땅에서 솟았는지 모른다고 표현했을 정도였습니다.

이슬람 군대와 서고트족 간의 전투는 유럽이 이슬람화가 될지 말지가 결정되는 매우 중요한 전투였습니다. 기독교군을 상대로 한 전투에서 결과는 이슬람 군대의 승리였습니다. 이후 타리크의 후계자들은 스페인에서 유일신 알라를 섬기며 이슬람교를 전파했습니다. 당시 스페인에 살았던 유대인들은 스페인 정부로부터 박해와 차별을 받았기 때문에 이슬람의 진출을 오히려 환영했다고 합니다.

2년 만에 이슬람 군대는 스페인 대부분 지역을 정복합니다. 정복 지역은 우마이야 왕조의 일부로 귀속되었습니다. 이슬람은 711년부터 이사벨라 여왕이 스페인을 되찾는 1492년까지 스페인을 지배했습니다. 약 800년간 스페인에서는 기독교와 이슬람이 공존했습니다.

이슬람은 732년에 파리 교외 푸아티에까지 진출했습니다. 이에 프랑크 왕국의 샤를 마르텔(Carl Martel, 680~741년)은 유럽 연합군을 결성합니다. 유럽 안에서도 서로 싸우는 시기였으나, 이슬람을 막아야 한다는 위기감 때문에 연합군이 결성되었습니다. 유럽 연합군은 파죽지세로 북상하던 이슬람 세력을 '투르-푸아티에 전투'에서 막아냅니다.

스페인까지는 날씨가 좋았으나 북유럽으로 북상할수록 날씨도 점점 추워지고, 이슬람 군대로서는 추운 유럽지역에 대한 정복 의욕이 크지 않았을 것입니다. 설상가상으로 이슬람군의 지휘관이었던 압둘 라흐만마저 전사하자 이슬람군은 패퇴하고 이슬람의 북상은 여기에서 멈추게 됩니다. 아무튼 이슬람 군대가 이베리아반도에 도착한 지 21년 만에 프랑스까지 진격했으니 정복 속도가 상당히 빨랐습니다. 우마이야 시기에 이르러 이슬람은 태동한 지 100년 만에 북아프리카, 유럽, 중앙아시아, 동남아시아, 인도까지 진출한 것입니다.

이렇게 이슬람 제국이 급속하게 팽창 정책을 펼친 데는 안정된 교역로의 확보에 대한 절실한 필요성도 한 몫 했습니다. 점차 늘어나는 이슬람 공동체의 생존에 아라비아 일대의 상업이나 목축업만으로는 충분치 못했기 때문입니다. 또 하나의 배경에는 이슬람 특유의 융화력과 관용이 있습니다. 이슬람은 종교를 바탕으로 다른 문화들을 융화시키고 더 발전시켜서 종합 문화를 창출했습니다. 다른 문화를 적극 수용하고, 다른 문화를 자기 것으로 재탄생시켜 버린 것입니다.

관용성이야말로 이슬람문화의 큰 특징입니다. 이슬람은 다른 종교를 인정하고 그들의 종교 활동을 보장했습니다. 당시로서는 파격적인 조치였습니다. 비무슬림들에게 경제적, 종교적, 창작 활동의 자유를 부여해 그들이 이슬람 문명 창조에 공헌할 기회를 만들어 주기까지 했습니다.

사료에 따르면 이슬람은 신라와도 교류가 있었습니다. 11세기경 지은 고대 페르시아의 서사시 쿠쉬나메(Kushnameh)에 신라에 관한 내용이 상당 부분 포함되어 있습니다. 이슬람 세력이 북진하여 300년간 전쟁 중이던 비잔틴 제국과 사산조 페르시아 제국을 물리쳤다는 것을 기억하고 계시죠? 사산조 페르시아 제국은 멸망 직전에 왕자를 중국으로 피신시킵니다. 페르시아 왕자는 중국을 거쳐 신라까지 갔습니다. 쿠쉬나메는 신라의 생활상에 관해 많은 기록을 보여줍니다.

정복지가 증가하고 개종자 숫자도 늘어나면서 신분 계층 간 격차도 심화했습니다. 마왈리(Mawali)라고 불리는 개종자들은 다수를 차지하고 있었지만, 당연히 아랍인들보다는 대우가 좋지 않았겠죠. 마왈리는 바그다드에 근거지를 둔 알리의 추종 세력, 즉 시아파 세력과 결탁해 우마이야 왕조를 위협했습니다.

시아파의 반정부 활동도 거세져서 내부 분열이 가속화되었습니다. 여기에 권력으로부터 소외된 남부의 아랍인들까지 가세합니다. 시아파는 압바스 세력과 연합해서 세력을 확장해 나갔습니다. 결국 압바스가 이끄는 세력이 우마이야 왕조를 무너뜨리고 새로운 압바스 왕조(750~1258년)를 건설합니다. 말 그대로 아래로부터 혁명의 결과입니다.

★ 나의 아랍에미리트 이야기

지장(智將), 그리고 팔방미인. 최창훈 서기관을 저는 그렇게 부릅니다. 8년 전 서울에서 만났을 때 그의 프로페셔널한 매너와 언변은 직업을 전혀 가늠하기 어려울 정도로 강한 학자 이미지를 담고 있었습니다. ROTC 선후배로 만났지만, 그와 저는 Law Enforcement Officer라는 끈끈한 공통분모를 바로 찾았고 이후 그 맥을 이어오고 있습니다.

그가 당시 주경야독하며 시간을 쪼개 펴낸 '테러리즘 트렌드'는 세계의 테러 양상을 한눈에 파악하고 그 경각심을 갖게 하는데 조금도 부족함이 없었습니다. 강인함 뒤에 숨겨진 무한한 학구열과 탐구열. 문무를 겸비한 지장이 이번에는 '사막에서 화성탐사선을 쏘아 올린 아랍에미리트'를 집필했습니다.

이 책은 저자가 아랍에미리트 Presidential Special Guard 선임 교관으로 재직 당시 땀 흘리며 몸으로 보고 느끼고 머리로 배운 것을 바탕으로 저술한 중동 이해 디딤돌 서적입니다. 최 서기관은 외국어 실력도 겸비한 안보 전문인입니다. 저자는 어려운 정치적 배경이 아닌 문화인류학적 관점으로 접근했습니다.

저서 곳곳에서 그가 쏟았던 강인한 사나이의 땀 내음과 잔잔한 지적 향기가 배어납니다. 쉽게 접할 수 없는 중동을 땀과 열정으로 엮어낸 이 책을 통해 만나 보시기 바랍니다.

안필립
미국 워싱턴주 경관

4. 압바스 왕조(750~1258년)

무함마드 혈통의 가문이 왕조 계승

아래로부터의 혁명으로 우마이야 왕조를 무너뜨리고 등장한 압바스(Abbasids) 왕조는 인종과 민족을 초월한 범이슬람 제국을 지향했습니다. 그래서 압바스 왕조를 진정한 이슬람 제국으로 부르는 이들도 있습니다. 왕조의 수도를 바그다드(오늘날 이라크의 수도)로 옮기고, 아랍계든 비아랍계든 무슬림이면 누구에게나 동일한 권한을 주면서 통합을 시도했습니다. 아랍인의 개념이 "아랍어를 사용하고, 이슬람을 믿으며, 스스로 아랍인이라고 자칭하는 사람 모두"의 포괄적인 개념으로 바뀌게 됩니다.

이슬람의 기본 정신은 포용과 융합, 관용이라고 했죠. 이런 시류 덕분에 압바스 왕조는 여러 민족과 문화가 골고루 융합되고 더욱 찬란한 이슬람문화가 발전해 전성기를 구가합니다. 주변 문화를 적극적으로 수용하면서도 그것을 자기 것으로 만드는 데 성공했다고 할 수 있습니다.

우마이야 왕조가 오늘날 시리아를 거점으로 비잔틴 제국의 색채를 풍겼다고 한다면, 압바스 왕조는 오늘날 이라크를 거점으로 안정적인 체제를 구축했다고 할 수 있습니다.

거대한 상업 네트워크

압바스 왕조는 정복을 통한 세력 확장보다는 상업과 농업을 중심으로 한 경영에 주안점을 두었습니다. 그렇게 해서 지구상에 그 어떤 도시와도 비교하기 어려운 위대한 도시가 탄생했는데, 오늘날 이라크의 수도인 바그다드입니다. 페르시아어 이름인 바그다드는 '신이 부여한'이라는 의미로 공식 이름은 '마디나 알 살람'('평화의 도시'라는 의미)입니다. 바그다드는 아랍인들이 페르시아 제국의 폐허 위에 건설한 도시입니다.

100~150만여 명의 주민이 살았던 바그다드는 집마다 물이 나오고 공원과 수천 개의 목욕탕이 있었습니다. 경제의 중심지로 부상하면서 막대한 부가 모여들기 시작했기 때문이죠. 국제 교역을 하는 바그다드의 상인들은 이곳을 금융의 중심지로 만들었습니다. 바그다드가 다마스쿠스와 다른 점은 크기만이 아니었습니다. 튀르키예, 페르시아, 아라비아, 아시아인 등 다양한 인종이 섞여 있어서 거리에서는 수십 개의 언어를 들을 수 있었다고 합니다.

바그다드는 무역과 문화의 중심지로 번성했습니다. 육상, 해상 실크로드를 통해서 동서양의 문물들이 물밀듯이 유입된 시기였습니다. 중국으로부터 제지술이 도입됨에 따라 이슬람은 학문도 크게 번성합니다.

그리스·로마의 지중해문화, 메소포타미아에서 축적된 오리엔트문화, 인도의 수학, 중국의 제지술과 비단 직조술, 화약, 나침반 등 세상의 온갖 지식이 이슬람으로 들어와 이슬람은 500년이나 빨리 르네상스를 맞이합니다. 그 결과 바그다드는 유럽에서 산업혁명이 일어나기 전까지 세계에서 가장 역동적인 도시이자 중동 상업의 중심지였습니다.

바그다드는 천일야화의 무대

압바스 왕조의 새로운 체제를 정비한 지도자가 알 만수르(754~775년 재위)라면 5대 칼리프 하룬 알 라시드(786~809년 재위) 때 문화의 전성기를 맞이했습니다. 바그다드는 세계 교역뿐만 아니라 문화의 중심지로도 번성했습니다. 유럽이 중세 암흑기를 보낼 당시 바그다드는 당대 최고의 과학과 학문을 꽃피웠습니다. 바그다드에 설립한 '바이트 알 히크마'(지혜의 집)는 일종의 종합대학으로, 이슬람문화의 국제화를 상징하는 대표적인 전당입니다.

꾸란 만큼이나 아랍의 문화를 보여주는 책, 천일야화(One Thousand and One Nights)가 이때 나옵니다. 사산 페르시아 왕조 시대의 설화를 골자로 8세기 이후 이슬람 세계 각지의 설화들이 융합되어 만들어졌습니다. 천일야화는 18세기 최초로 번역된 영문판에서 아라비안 나이트(Arabian Nights)라고 이름을 붙여 이 이름으로도 널리 알려져 있습니다.

천일야화는 온 세상에서 수집한 이야기가 다 들어 있을 정도입니다. 100여 편의 소주제가 1001일에 걸친 밤의 이야기로 구성되어 알리바바와 40인의 도둑, 신밧드의 모험, 알라딘의 마술램프 등 이국적인 이야기가 가득했고 이슬람의 생동감 넘치는 모습을 보여줍니다. 내용은 그리스의 이솝우화와도 굉장히 유사합니다. 심지어 인도 설화도 있습니다. 마치 용광로와 같아서 페르시아, 그리스·로마, 인도, 중국을 다 아우릅니다. 이야기의 중심 배경은 바그다드이지만, 소재는 매우 다양합니다.

천일야화는 이슬람의 다양한 요소가 합쳐지고 바그다드의 자유로운 환경에서 탄생한 대표적인 이슬람 문학입니다. 오늘날에도 이 책은 세계에서 널리 읽히고 있습니다.

셀주크 투르크의 부상(1037~1194년)

압바스 왕조는 영토가 방대해지면서 중앙 정부의 내분과 지방 총독들의 할거, 이민족의 잦은 침입 등으로 9세기부터 서서히 쇠퇴기를 맞이합니다. 정복사업이 대부분 멈추고 이슬람 내부에서는 독립 왕조들이 나타납니다. 스페인과 이집트에서는 독립한 왕조가 칼리프 국가를 선포합니다.

압바스 왕조는 동쪽에서 넘어온 투르크족을 용병으로 고용하기도 했습니다. 그러나 투르크족은 세력이 점차 강해지면서 칼리프를 대신해서 권력을 휘두르기도 했습니다. 이로 인해 칼리프의 권한은 종교 지도자의 영역으로 한정되어 몽골의 침입 전까지 명맥만 유지할 정도였습니다.

결국, 이슬람 세계는 11세기 중앙아시아계 투르크인 셀주크 투르크족에 의해 재통일됩니다. 그들은 1055년 바그다드에 입성해 압바스 왕조의 칼리프로부터 술탄의 칭호를 받습니다. 셀주크 투르크는 파티마 왕조(지금의 이집트 일대), 비잔틴 제국(지금의 그리스 일대)과 중동 패권을 두고 경쟁을 벌입니다.

십자군 전쟁(11세기 말~13세기 말)

이슬람과 서구의 역사에서 모두에게 깊은 상처로 남은 사건이 있다면 바로 십자군 전쟁(The Crusades)입니다. 봉건제도에서 생활하던 서유럽 사람들은 자신들이 신봉하는 크리스트교의 성지 예루살렘을 다녀오는 것이 일종의 새로운 유행으로 자리 잡습니다.

예루살렘은 무슬림과 기독교인 모두에게 중요한 성지입니다. 예루살렘은 이슬람교에서는 예언자 무함마드가 승천했다는 전설이 있는 장소이고, 크리스트교에서는 예수가 죽은 곳이면서 부활한 곳이기도 합니다. 그런데 예루살렘을 차지하고 있던 셀주크 투르크는 이슬람교를 믿었습니다.

유럽은 예루살렘을 차지하기 위해 전쟁을 일으킵니다. 가슴과 어깨에 십자가 표시를 하고 전쟁에 나갔기 때문에 이들을 십자군이라고 불렀습니다. 십자군 원정은 이슬람의 유럽 진출에 대한 기독교 최초의 반격이었으며, 1차 십자군 원정(1096~1099년)을 시작으로 약 200년간 이어졌습니다.

1차 십자군은 1099년 예루살렘을 빼앗는 데 성공합니다. 십자군 원정은 종교적인 이유만 아니라, 땅을 차지하려는 야욕도 있었습니다. 십자군은 처음 원정할 때는 성지를 되찾는 것이 주된 이유였지만 전쟁이 거듭될수록 약탈 전쟁으로 변질하였습니다. 식량과 보물을 빼앗고, 이슬람사원을 불태우는 것뿐만 아니라 무슬림과 유대인에 대한 대대적인 학살로 이어졌습니다. 역사상 가장 참혹한 전쟁 중 하나였습니다.

1187년, 이슬람의 살라딘 장군(쿠르드 출신)이 예루살렘 지역을 되찾습니다. 예루살렘 성안에 있던 기독교인들은 이제 죽었다고 생각했을 것입니다. 88년 전에 기독교인들이 이교도들에 대한 대학살을 했기 때문입니다. 그들의 예상과는 달리 살라딘 장군은 사람들을 죽이지 않고 모두 살려줍니다. 기독교인

중에는 겁을 먹고 떠난 사람도 있지만 눌러앉은 사람들도 있습니다. 그 사람들이 오늘날 예루살렘에 남아 있는 유대인과 기독교인들의 조상입니다. "포용, 관용이라는 것은 이런 것이다"라는 것을 유감없이 보여준 사례입니다.

지금도 시리아의 수도인 다마스쿠스에 가면 살라딘 장군의 기마상이 서 있습니다. 비록 나라조차 없는 슬픈 명장이지만 그의 용맹함과 기사도 정신은 지금까지도 전해오고 있습니다. 오히려 유럽지역에서 더 유명한 살라딘 장군 입니다.

인류 역사상 가장 참혹했던 십자군 전쟁이었지만 한편으로 유럽은 군사, 종교, 문화적 측면에서 큰 영향을 받았습니다. 이슬람 세계의 선진 문명이 대거 유입되었으며, 이탈리아 도시의 교역이 활성화되었고, 왕권이 확대되는 등 문화와 문명이 도약하는 계기가 되었습니다. 반면, 유럽에서는 "한 손에는 칼, 다른 손에는 꾸란"이라는 이슬람 포비아(이슬람 공포증)가 생겨났습니다. 이 말은 당대 최고의 신학자인 토마스 아퀴나스가 천명한 것입니다. 그는 기독교의 우월성을 증명하고 이슬람의 모순과 열등성을 강조하는 데 자기 인생을 바쳤다고 해도 과언이 아닐 정도였습니다. 이때부터 이슬람을 향한 적대적인 관점이 유럽 신학의 정통으로 자리 잡게 됩니다.

반면 이슬람권에서는 유럽인을 '하얀 악마'로 묘사했습니다. 이러한 인식은 오늘날까지 이어져 이슬람권의 과격단체들은 이슬람 지역에 주둔한 외국 군대를 십자군과 동일시하기도 합니다.

그러나 이슬람교는 기독교와 가장 가까운 종교입니다. 하느님을 유일신으로 믿으며, 아브라함을 공통의 조상으로 섬깁니다. 아담, 노아, 아브라함, 모세 등 선지자들도 모두 같이 인정하고 있습니다. 참고로 유대교는 예수를 예언자가 아닌 위선자로 봤고, 기독교에서는 예수를 신과 동일시했습니다. 이슬람에서는 예수를 무함마드와 함께 신의 위대한 예언자 중 한 명으로 여깁니다.

몽골의 침략(1258년)과 이슬람주의 등장

　강력했던 셀주크 왕조는 몽골의 침략으로 종말을 맞습니다. 칭기즈 칸의 손자인 훌라구가 사마르칸트 총독으로 부임 후 1258년 2월 13만여 명의 대규모 군대를 이끌고 바그다드를 함락시킵니다. 그 곳의 압바스 칼리프와 그의 가족들을 죽였습니다. 이로써 500년 역사의 압바스 왕조는 멸망합니다. 훌라구는 페르시아, 다마스쿠스 등을 손쉽게 장악했으며, 도시가 불타고 수십만 명이 학살되었습니다. 압바스 왕조의 마지막 지도자 알 무스타심은 카펫에 돌돌 말린 채로 말에 밟혀서 죽게 됩니다. 이슬람의 창시자인 무함마드의 가문 후손이 외세에 의해 비참한 죽음을 당하면서 이슬람 세계는 충격에 빠집니다. 이 사건은 무슬림에게는 잊을 수 없는 치욕스러운 역사로 남아 있습니다.

　500년의 압바스는 역사 속으로 사라졌습니다. 다시 말하면 아랍이 주도한 이슬람 시대가 종말을 고한 것입니다. 몽골은 중동지역에 '일칸국'을 건설하지만 얼마 가지 않아 내분에 휩싸여 멸망했으며, 여러 소국이 난립하게 됩니다. 이후 이슬람 세계는 오스만 제국이 주도하는 새로운 투르크 시대를 맞게 됩니다.

　과격파의 등장은 역사적으로 외세의 침략이 가장 크게 작용합니다. 아랍 세계에서도 마찬가지입니다. 몽골이 침략한 시기에 과격 이슬람주의의 스승이라고 할 수 있는 이븐 타이미야(Ibn Taymiyah, 1263~1328년)가 등장합니다. 그는 다마스쿠스에서 가장 엄격한 이슬람학파인 한발리 법학파의 학자로 이슬람 원리주의를 확립하고 집대성합니다. 그는 알라의 계시와 예언자 무함마드의 가르침을 문자 그대로 해석해야 한다고 강조합니다. 그는 이슬람 제국이 몰락한 이유를 무슬림이 올바른 길에서 벗어났기 때문이라고 주장합니다. 그래서 외세에 대한 지하드(성전)는 모든 무슬림의 의무라고 설파합니다. 옥중에서 사망할 때까지 집필 활동을 활발히 했는데, 그의 장례 식에는 2만 명의 조문객이 왔다고 합니다.

참고로 통상 '성전'으로 해석하는 지하드(Jihad)는 원래 '정진'을 의미합 니다. 즉, 알라의 가르침을 따르기 위해 정진하는 것을 뜻합니다. 사실 성전은 방어적 성격이 강합니다. 꾸란에서도 상대방이 먼저 공격해 온다면 전투에 임하라 라고 기술되어 있습니다. 지살도 테러도 이슬람 교리에서는 금지하고 있습니다.

◆ 꾸란은 이렇게 말한다

"침략하는 자들에 대항하여 투쟁하는 것이 너희에게 허락되나니 모든 잘못은 침략자들에게 있노라. 하나님께서는 너희에게 승리를 안겨줄 힘과 능력을 갖고 계시니라"

(꾸란 22장 39절)

유럽보다 500년 빠른 이슬람의 르네상스

이슬람은 세계의 여러 문화와 지식을 용광로에 넣었으며, 이것이 어마어마한 힘을 발휘하게 됩니다. 사막에서 탄생한 이슬람이 오늘날 19억 명의 추종자를 거느리고 지구상에서 가장 역동적으로 성장하는 종교가 된 것과 무관하지 않기 때문입니다.

이 용광로 덕분에 바그다드는 당대 최고의 도시로 거듭나고, 나아가 인류 최초의 르네상스로 이어집니다. 이는 유럽보다 500년이나 앞선 것입니다. 유럽은 5세기 로마 제국이 망한 때부터 15세기 르네상스 시대까지 1천 년 가까이 중세 시기로 과학과 학문은 신의 영역에 도전하는 비신앙적인 행위로 여겼습니다. 그러니 철학, 지리학, 천문학 등은 빛을 제대로 보지도 못한 그야말로 암흑기였습니다.

이슬람은 유럽의 과학과 학문을 받아들인 뒤 스페인 톨레도를 통해 다시 유럽으로 전파합니다. 이슬람이 711년부터 1492년까지 스페인을 지배했기 때문에 스페인이 교류의 중심지 역할을 하게 된 겁니다. 중세까지 세계 최고의 문명은 이슬람의 것으로 유럽의 르네상스가 일어나도록 촉매 역할을 했다고 하겠습니다.

5. 오스만 제국의 지배 (13세기 말~20세기 초), 서구 열강의 지배와 독립

압바스 왕조 몰락과 오스만 투르크의 부상

500년 역사의 압바스 왕조 몰락 이후 구심점을 잃은 이슬람 공동체는 분열되기 시작합니다. 중동에서 셀주크 투르크가 몽골의 침략으로 멸망하자 또 다른 투르크계인 오스만 투르크가 13세기경 지금의 튀르키예 일대에 오스만 왕조를 세우고 중동지역의 패권자로 부상합니다.

아랍이 주도했던 이슬람 세계가 오스만 제국(1299~1922년)이 주도하는 새로운 투르크 시대를 맞게 된 것입니다. 아랍이 이슬람의 주인공이었다면 이제는 투르크족이 이슬람을 대표하게 되었다는 것을 의미합니다. 아랍인들도 이슬람화한 투르크인의 통치를 수용했습니다. 오스만 제국의 비교적 느슨한 통치방식 때문에 아랍 세력들은 나름으로 자치를 누렸습니다.

오스만 제국은 중동 전역은 물론, 중앙아시아로는 우즈베키스탄까지 진출했고, 유럽으로는 그리스, 체코, 헝가리가 오스만 제국의 치하에 있었습니다.

비잔틴 제국의 상징이었던 성 소피아 사원(Hagia Sophia)은 '성스러운 지혜'라는 뜻의 기독교 교회로 시작했습니다. 그러나 1453년 이슬람을 신봉하는 오스만 투르크가 콘스탄티노플을 함락했을 때 이 위대한 걸작을 파괴하지 않았습니다. 이슬람사원으로 사용하기 위해서 내부에 약간만 변경했을 뿐 구조와 형태는 원형을 그대로 보존했습니다. 구조물을 보강하거나 첨탑을 추가하는 등 약간의 보완만 있었습니다. 네 모퉁이에 첨탑이 세워진 것은 16세기 말입니다.

정복자들은 대개 피정복지의 문화유산을 경시하기 마련인데 투르크인들은 그렇지 않았습니다. 이슬람 군주 술탄들은 소피아 사원을 존중하고 보존했습니다. 건축학적으로 이스탄불의 아름다움은 이 같은 포용, 관용의 지혜가 만들어 낸 결과가 아닌가 합니다. 학살의 위협으로 갈 곳 없는 유대인을 받아들이고 터전을 마련해 준 것도 오스만 제국이었습니다. 이슬람의 관용과 통합의 정신을 계승한 것입니다.

이스탄불의 랜드마크 중 하나인 이스탄불의 성 소피아 사원
* 출처 : 게티이미지코리아

이슬람의 최전성기에는 유럽 최강국이었던 합스부르크 왕국(오스트리아)의 수도 빈까지 진출합니다. 이때가 1683년이었습니다. 유럽은 오스만 제국이라는 동방 문명과 직접 접촉하면서 문물을 발전시켜 나갔습니다.

과거 이슬람 세력권의 대부분을 지배한 600년 오스만 제국은 인류 역사상 세계 최대의 제국을 건설하게 됩니다. 711년부터 1683년까지 1천 년은 이슬람 세계가 유럽을 지배한 시기입니다. 그래서 이슬람 천년 제국이라고 합니다.

17세기에 들어 오스만 제국은 서서히 쇠퇴합니다. 쇠퇴에는 대부분 내부 요인과 외부 요인이 함께 작용합니다. 내부 요인으로는 과중한 세금, 부패 등의 사회 혼란이 자리 잡고 있었습니다. 외부 요인으로는 1683년 빈 공략 실패, 유럽의 대항해 시대 도래 등이었습니다. 서유럽 코앞까지 장악한 오스만 제국은 서유럽과 제정 러시아와도 끊임없는 충돌이 있었습니다.

이 무렵 서구와 이슬람 사이에 힘의 균형이 서서히 바뀌어 힘의 우위가 이슬람에서 서구로 넘어가게 됩니다. 1798년, 이집트 북부의 알렉산드리아가 프랑스 나폴레옹에 의해 점령당하는 사건이 발생합니다. 아랍의 본토가 유럽의 제국주의에 점령당한 것은 거의 처음 있는 일이었습니다. 이를 계기로 중동 지역은 서방 제국의 식민지로 서서히 편입됩니다.

18세기부터는 서구가 이슬람 세계를 식민지화하면서 지배와 피지배 관계가 역전되었습니다. 프랑스와 영국이 중동 일대를 지배한 것입니다.

오스만 제국의 종말과 외세의 중동 설계

인류 역사상 최대의 제국이었던 오스만 제국은 제1차 세계대전 때 영국과 프랑스에 대항해서 독일, 오스트리아에 줄을 서는 바람에 결국 패전국이 됩니다. 이로써 1299년 이래 600년간 이어져 온 오스만 제국은 역사 속으로 사라지게 됩니다. 그나마 전쟁 영웅 케말 아타튀르크(1881~1938년)가 튀르키예 본토를 겨우 회복해서 1923년에 터키공화국을 세우고, 터키라는 국호를 사용하다가 2022년에 국호를 튀르키예로 변경합니다. 튀르키예를 제외한 나머지 영토는 산산조각이 나서 오늘날 분쟁의 씨앗을 낳았습니다.

당시 오스만 제국의 지배 아래에 있던 발칸반도가 유럽 손에 들어가면서 보스니아, 코소보 사태, 체첸 사태로 이어졌습니다. 1, 2차 세계대전을 거치면서 거대한 아랍권은 22개 나라로 쪼개지고, 전후 처리 과정에서 팔레스타인, 시리아, 이라크, 레바논, 쿠르드 등을 중동의 화약고로 만들어 버렸습니다.

최근 100년간 중동에 큰 영향을 미친 세 국가를 꼽는다면 미국, 영국, 프랑스일 것입니다. 나쁜 나라 국가를 꼽은 게 아니니 오해하지 말았으면 합니다. 100년 전에는 영국과 프랑스가 중동지역에 대한 영향력이 절대적이었다면 지금은 미국이 그 역할을 대신하고 있습니다. 앞으로는 중국이나 러시아가 영향력을 강화할지 모를 일입니다.

1차 세계대전 후에는 영국과 프랑스가 중동의 밑그림을 설계했습니다. 이 밑그림을 그릴 때 인종, 부족, 종교, 문화, 역사 등을 아주 정교하게 고려했어야 했는데 그렇지 못해 오늘날 분쟁의 씨앗을 낳았습니다. 이것은 중동과 북아프리카 지역의 직선 국경선만 봐도 금방 느낄 수 있습니다. 3,500만 명의 쿠르드족을 다섯 나라로 분할시켜 버려서 각 나라에서 소수민족으로 살게 했고, 쿠르드·수니파·시아파 모두 이라크라는 한 나라에서 함께 살도록 국경선을 그은 것입니다. 국제정치의 냉엄한 현실임을 여실히 보여주고 있습니다.

1차 세계 대전 당시 영국은 이라크와 시리아 지역에서 오스만 제국과 맞붙었습니다. 여러분이 아시다시피 영국의 주력은 해군입니다. 그래서 영국은 사막 전투에서 승기를 잡지 못했으며, 전투에서 승리하려면 아랍 민족의 도움이 절실한 상황이었습니다. 아랍은 오스만 제국의 지배를 받고 있었기 때문입니다.

그래서 영국의 고등판무관 맥마흔이 하심 가문의 대표 격인 샤리프 후세인에게 아랍의 독립 국가 건설을 제안합니다. 이에 후세인은 하심 가문이 주축이 되어 반란을 일으켜 오스만 제국에 대항하고 영국에 협조하겠다고 약속을 했습니다. (1915년, 맥마흔–후세인 비밀조약) 아랍은 독립국가 건설의 희망을 품고 영국 편에 서게 된 것입니다.

하지만, 영국은 독일과 오스트리아 치하에서 사는 유대인들의 지원을 받아 전세를 역전시키고자 하는 또 다른 비밀 계획을 수립합니다. 영국의 벨푸어 외무장관은 막대한 전쟁 비용을 지원해준 유대인 로스차일드 가문에 편지를 보내 팔레스타인 땅에 유대 국가 건설을 약속합니다. (1917년, 벨푸어 선언) 영국이 이중계약을 맺은 셈입니다. 어쨌든 영국은 맥마흔–후세인 비밀조약, 벨푸어 선언 등에 힘입어 1차 세계대전에서 승기를 잡습니다.

제1차 세계대전에서 오스만 제국의 패전이 짙어지자, 영국과 프랑스는 비밀리에 장차 오스만 제국의 영토를 어떻게 분할할 것인지에 관한 협상을 벌입니다. 영국이 아랍과의 약속(1915년, '맥마흔–후세인 비밀조약') 1년 후인 1916년 5월, 영국의 외교관 마크 사이크스와 프랑스 외교관 프랑수아 조르주 피코가 지도와 연필을 들고 비밀리에 회동해 '사이크스–피코 협정'(Sykes-Picot Agreement)을 맺습니다. 프랑스가 북쪽 지역을 차지하고, 영국이 남쪽 지역을 갖는 것으로 약속하는 자리였습니다. 영국과 프랑스의 '나눠 먹기' 협정이 오늘날 중동의 정치 질서를 만들었다고 해도 과언이 아닙니다.

직선 국경선의 두 주인공인 사이크스와 피코
* 출처 : 구글 이미지

사이크스-피코 협정에 따른 지역 분할
* 출처 : <중동 분쟁의 뿌리, 사이크스-피코 비밀협정>, 시사IN, 2019.2.22.

결국, 영국은 지금의 이라크, 요르단, 팔레스타인을 가져가고, 프랑스는 이라크 북부 일부와 시리아, 레바논을 차지하기로 합니다. 이후 본격적인 해체 작업 끝에 중동과 북아프리카는 통일 아랍 왕국 대신 22개의 아랍 국가로 재편하게 됩니다. 중요한 문제는 아랍 현지의 역사·문화·부족에 대한 이해 없이 국경선이 그어졌다는 것입니다.

이스라엘과 팔레스타인

2023년 10월, 이스라엘에 대한 하마스의 대규모 선제 기습공격으로 중동은 다시 한번 소용돌이 속으로 들어갔습니다. 최근 추진되었던 일부 아랍국가와 이스라엘간 관계 정상화에도 영향을 미쳤습니다. 매우 민감한 문제이기 때문에 오늘날 중동을 이해하기 위해서는 팔레스타인-이스라엘간 분쟁이 역사도 함께 살펴봐야 합니다. 이러한 의미에서 역사적인 뿌리를 잠시 들여다보고자 합니다.

아브라함은 본처 사라에게서 태기가 없자 첩 하갈과 아들을 낳았는데, 그가 이스마엘입니다. 사라는 나중에 이삭을 낳았습니다. 후에 이스마엘은 아랍인의 조상이 되고, 그 자손에서 예언자 무함마드가 태어납니다. 반면 이삭은 유대인의 조상이 되고, 그 자손에게서 예수가 태어납니다. 그래서 유대인과 무슬림 모두가 섬기는 조상은 아브라함입니다. 아랍에서는 이브라힘으로 발음합니다.

무슬림에게 3대 성지는 어디일까요? 메카에서 태어난 예언자 무함마드는 메카에 있는 히라 동굴에서 알라의 계시를 받았고, 나중에 메디나까지 통일했으니 메카와 메디나인 것은 당연합니다. 나머지 한 군데는 바로 예루살렘입니다.

예루살렘은 무함마드가 승천해서 하나님을 만나고 이슬람 종교를 확정받아 내려온 곳입니다. 무함마드가 승천했다가 내려온 곳에 황금색 돔이 있습니다. 돔 안에는 바위가 있는데, 아브라함(혹은 이브라힘)이 아들을 번제로 바쳤던 바위입니다. 아브라함은 이슬람교, 유대교, 기독교가 모두 공통으로 섬기는 조상이며, 그래서 예루살렘은 세 종교의 성지가 되는 것입니다.

홀로코스트의 악몽을 겪은 유대인은 제2차 세계대전 후에 오갈 데가 없었습니다. 이에 1948년 미국의 트루먼 대통령이 주도해서 유대인이 팔레스타인 지역에 이스라엘을 건국하도록 지원합니다. 그때 60만 명의 유대인이 팔레스타인에 들어오자 2천 년 동안 거주했던 100만 명의 팔레스타인 사람들이 강제로 쫓겨납니다. 1차 세계대전에서 승리한 영국이 팔레스타인을 두고 상호 모순되는 여러 개의 비밀협약 때문에 이 사달이 난 것입니다.

영국이 집 한 채를 두고 이중계약 혹은 사기 분양을 한 셈이었습니다. 또한 영국은 약속했던 것들을 해결도 제대로 하지 못한 체 창설된 지 얼마 안 된 유엔에 떠넘기고 떠나버렸습니다. 어려운 숙제를 넘겨받은 유엔이 정확하고 공정한 현장실사를 통한 해결책을 제시했을까요? 그것도 아니었습니다.

1948년에 건국한 이스라엘은 아랍권 국가들과 네 차례에 걸친 전쟁을 하게 됩니다. 특히 1967년 3차 중동전쟁에서 이스라엘은 6일 만에 승리하면서 이집트 북부의 시나이반도, 서안지구(West bank), 가자지구(Gaza Strip), 시리아의 골란고원 등을 점령했습니다. 유엔은 안보리 결의안을 통해 이스라엘의 영토 반환과 원상 복구 이행을 촉구했지만, 이스라엘은 아랑곳하지 않고 점령지에 대규모 주택 단지를 건설하고 20만 명의 유대인을 정착시켰습니다. 정착촌 건설은 제네바 협약 위반이기도 합니다. 유럽에서 자행된 유대인에 대한 억압과 학살 때문인지 유럽은 이스라엘의 국제법 위반에 대한 반대나 제재를 꺼리는 행동을 보여 왔습니다. 유대인에 대해 원죄를 지었다고 생각하는지도 모르겠습니다.

팔레스타인은 이스라엘을 중간에 두고 왼쪽에는 가자지구, 오른쪽에는 서안지구로 나누어져 있습니다. 북쪽에 있는 골란고원에서 발원한 요르단강이 사해로 흘러 내려옵니다. 요르단강 서쪽에 있는 둑이라는 의미에서 서안지구를 영어로 하면 웨스트뱅크(West bank)가 됩니다. 서안지구에 있는 라말라는 팔레스타인 자치 정부의 수도입니다. 주팔레스타인 대한민국 대표사무소가 라말라에 있습니다. 라말라에서 남쪽으로 15km 정도 가면 예루살렘이 있는데, 예루살렘도 서안지구 안에 있습니다. 가자지구는 하마스(Hamas)가 집권하고 있고, 서안지구는 파타(Fatah)가 집권하고 있습니다.

팔레스타인과 이스라엘간 분쟁의 실마리를 해결해줄 것 같았던 오슬로 협정(1993년)이 휴지조각처럼 무용지물이 되자 양측의 관계는 또 다시 급랭 되었습니다. PLO의장이었던 야세르 아라파트와 이츠하크 라빈 이스라엘 총리가 오슬로 협정 이후 10년간만 더 집권했다면 오늘날 팔레스타인과 이스라엘 간 분쟁은 좀 더 완화되지 않았을까 상상해 봅니다. 결국 2023년 10월 발발한 이스라엘-하마스간 전쟁으로 인한 민간인 피해도 없지 않았을까 합니다.

◆ 꾸란은 이렇게 말한다

"내가 이스라엘 자손들에게 법을 내렸나니 무고한 자 한 사람을 살해했다면 그것은 모든 인류를 살해하는 것과 같으며 또 한 사람을 구제하는 것은 모든 인류를 구제하는 것과 같다"

(꾸란 5장 32절)

예루살렘은 분명히 팔레스타인 안에 있는데, 이스라엘은 수도를 예루살렘이라고 주장하고 있습니다. 그러나 국제적으로 인정은 받지 못하고 있습니다. 유엔 안보리 결의도 그렇고, 국제법상 예루살렘은 이스라엘 영토가 아닙니다. 그래서 전 세계 대부분의 대사관이 텔아비브에 있습니다. 그러나 친이스라엘 정책을 노골적으로 편 도널드 트럼프 대통령 전 미국 정부가 2018년 예루살렘을 이스라엘 수도로 인정하며 미국 대사관을 텔아비브에서 예루살렘으로 이전한 바 있습니다. 이후 과테말라, 코소보, 온두라스 등 국가들이 뒤따랐습니다.

이슬람은 영국과 프랑스의 직접적인 지배를 받았음에도 불구하고 그 이후에 진출한 미국에 대한 반감이 더 큰 것은 바로 이스라엘과 팔레스타인 사이의 문제에 미국이 깊숙이 개입하면서 부터입니다. 아랍인의 팔레스타인 땅에 미국이 앞장서서 아랍인들을 몰아내고 1948년 5월 14일 이스라엘을 건국시키면서 시작되었습니다. 이후 미국의 일방적인 친이스라엘 정책으로 반미 감정은 사람들 가슴에 각인되었습니다.

미국의 정치, 경제, 문화, 언론, 학계에서 절대적 영향력을 유지하고 있는 유대인 파워 때문에 미국은 친이스라엘 정책을 펴왔습니다. 물론 다른 문제들도 복합적으로 작용했을 겁니다. 트럼프 대통령은 유대인의 정착촌에 대한 실효적 지배권 인정, 미국 대사관의 예루살렘 이전 등 아랍 세계에 비수를 꽂는 일을 추진했습니다. 그래서 이슬람 세계는 미국의 이중적인 잣대와 노골적인 이스라엘 편애를 잠시 망각할 뿐 잊지는 않는 것 같습니다.

대부분의 무슬림도 코카콜라와 맥도날드를 즐겨 먹습니다. 하지만 여전히 많은 무슬림이 반미감정을 가지고 있는 것 또한 사실입니다. "미국은 돈이 되면 들어오고 돈이 안 되면 휙 하고 떠나버린다. 싸움만 잔뜩 붙여놓고…" 무슬림들과 대화를 나누면 이런 표현을 자주 사용합니다. 미국을 침략적이고 약탈하는 반문명적인 제국으로 생각하고 있는 것 같습니다. 기본적인 뿌리는 위에서 언급한 이스라엘과 팔레스타인 간에 얽힌 문제로부터 시작합니다.

미국을 비롯한 서구 세계는 중동, 아랍 세계를 잘 모르는 것 같습니다. 정말 몰라서 그런 건지 알면서 국익을 위해서 그런 건지 헷갈릴 정도로 미국은 오판을 자주 해왔습니다. 9·11테러 이후 대테러 전쟁을 수행하는 과정에서 나타난 결과는 미국이 얼마나 그들을 몰랐는지 여실히 보여주기 때문입니다. 미국은 아직도 이슬람과 아랍 세계의 본질을 파악하지 못한 채 반문명 종교 가치에 함몰된 악의 온상으로 파악하고 있는 것 같다는 느낌이 들 때가 있습니다. 이슬

람의 중요한 특징인 관용, 포용, 통합은 안중에도 없이 무슬림을 잠재적 테러
리스트로 보려는 인식이 여전히 작동하고 있는 것은 아닌지 말입니다.

세계 최대 유랑 민족 쿠르드(Kurd)

오늘날 중동 문제에서 가장 비극적인 민족이 있다면 쿠르드족일 것입니다. 쿠르드족은 수많은 피지배를 경험했으면서도 고유의 언어와 문화를 지금까지 유지해 왔습니다. 이슬람을 받아들이고, 이슬람 제국 아래에서 역량을 발휘하면서 살아왔습니다.

십자군전쟁의 아랍 영웅 살라딘 장군이 쿠르드인이었습니다. 쿠르드인들은 용맹하고 자존심이 강한 기질을 가지고 있어서 중동의 주류 민족으로 2천 년 이상의 역사와 문화를 간직하면서 살아왔지만, 결국 자기 나라를 갖지 못한 불운의 민족입니다.

쿠르드족은 인위적인 국경선으로 인해 하나의 민족이 여러 국가로 분리된 대표적인 경우입니다. 쿠르디스탄(Kurdistan, 튀르키예 남동부와 이란 북서부, 이라크 북동부와 시리아 북동부에 걸친 넓은 산악지대)을 중심으로 살아왔으나, 인구의 75%가량이 오스만 제국 영향력 아래에 있었습니다. 1차 세계대전 이후 민족주의 확산으로 쿠르드족의 지식인들은 독립국가 건설을 꿈꾸었습니다. 게다가 영국도 비교적 우호적이어서 쿠르드족도 자기 민족국가를 세울 뻔했습니다.

오스만 제국이 1차 세계대전에서 패하자, 1920년 연합국과 튀르키예 정부는 세브르 조약(Treaty of Sevres, 세브르는 프랑스 파리 근교의 지역임)을 체결해서 쿠르드족의 자치를 허용합니다. 하지만 1923년 연합국과 튀르키예 간에 새로 체결한 로잔 조약(Treaty of Lausanne, 스위스 로잔에서 체결)에서 쿠르디스탄 지역을 튀르키예 영토로 편입하면서 쿠르드족의 자치가 물거품이 됩니다.

1927년 메소포타미아 북부의 쿠르드 밀집 지역 모술과 키르쿠크에서 유전이 발견됩니다. 영국은 쿠르드 독립을 허용했을까요? 용맹하고 자존심 강한 쿠르드족이 자기 국가를 세우고 거기에다가 석유까지 보유한다면 영국으로서는 영향력을 행사하기 어렵다고 판단한 겁니다. 튀르키예 또한 쿠르드 독립을 강력하게 반대하면서 결국 쿠르드족은 튀르키예, 이란, 시리아, 이라크, 아르메니아 등으로 찢어집니다.

강대국들이 그려놓은 종이 한 장으로 쿠르드인들은 다섯 나라에 흩어져서 탄압받으며 살아가고 있으며, 쿠르드 민족의 자치와 독립이 오늘날까지 큰 문제가 되고 있습니다. 아직도 3~4천만 명에 달하는 쿠르드인들은 나라를 건설하지 못한 채 여러 나라에 흩어져서 살고 있습니다. 지구촌의 최대 소수민족입니다.

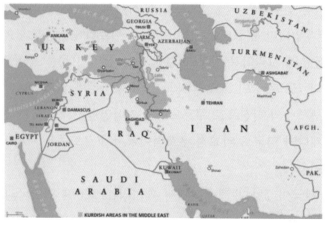

중동의 쿠르드 지역
* 출처 : 게티이미지 코리아

2000년대 들어 쿠르드족에게 반전의 기회가 찾아왔습니다. 2014년, 이슬람 근본주의를 표방하는 국제 테러조직 ISIL(Islamic State of Iraq and the Levant, 이라크-레반트 이슬람국가)이 급부상했을 때 미국은 전투병 파병에 소극적이었습니다. 대신 미국은 용맹하고 용감한 쿠르드족 민병대를 활용합니다. 미군의 공습을 지원받으면서 쿠르드인들은 대테러전에서 많은 성과를 거둡니다. 쿠르드족이 ISIL을 괴멸시키면 어떠한 보상을 할지에 대해 미국과 쿠르드족 간에 공식적인 약속은 없었습니다. 하지만 쿠르드족에 대한 미국의 지원이 있을 것이라는 상호 간에 암묵적인 이심전심이 있었을 것입니다. 그러나 미국은 ISIL 격퇴 작전에 성공한 쿠르드족에 대한 보상 없이 슬그머니 발을 빼버렸습니다. 쿠르드 입장에서는 또 한 번 강대국으로부터 배신을 당한 셈입니다.

미국이 쿠르드족을 지원할 수 없었던 배경에는 강력한 우방국인 튀르키예가 있었습니다. 튀르키예 동부지역에는 2천만 명의 쿠르드족이 거주하고 있습니다만, 정부는 쿠르드족의 분리 독립을 용인하고 있지 않습니다. 쿠르드족이 거주하는 일대에 거대한 유전이 있는 것도 분리 독립을 불허하는 이유 중 하나입니다.

오늘날 미국이 튀르키예의 눈치를 볼 수밖에 없는 또 다른 이유는 튀르키예 남부 아다나의 인치를리크 공군기지에 나토(NATO)군이 주둔하고 있기 때문입니다. 이 공군기지는 전략적 요충지이므로 미군이 여기에 주둔해야 자신의 군사적, 전략적 이익을 충족시킬 수 있기 때문이죠. 이 기지에는 전술핵 수십 기가 배치된 것으로 알려져 있습니다.

6. 오늘날 중동,
석유·아랍의 봄·미국의 탈중동·포스트 오일

다시 한번 짧게 정리하면, 이슬람은 척박한 사막에서 발호하여 짧은 시간에 유럽까지 정복합니다. 이슬람은 1천 년 가까이 서구를 지배하다가 몽골 등 외부 세력의 침략으로 중동 본토가 수탈당합니다. 이때부터 이슬람 원리주의 사상이 생겨납니다. 그리고 20세기 들어 이슬람 부흥주의와 함께 세계대진 이후 중동의 많은 아랍 민족이 독립 국가로 탄생합니다.

중동의 산유국들은 석유 자원을 바탕으로 세계 경제를 뒷받침해 오고 있습니다. 하지만 아랍에미리트와 같이 번영을 누리는 국가가 있는가 하면 부패, 높은 실업률, 내전, 테러리즘 등으로 몸살을 앓고 있는 국가도 있습니다.

2011년 중동, 북아프리카를 중심으로 발생한 '아랍의 봄' 이후 중동의 정치는 다시 한번 격변기를 맞이합니다. 국민은 거리에 나와서 정부에 부패 청산, 민주화, 일자리를 강력하게 요구하고, 일부 국가에서는 정부가 전복되고 내전의 소용돌이로 휩싸인 곳도 있습니다.

9·11테러 이후 미국의 대중동 정책에도 변화가 일었습니다. 대테러 전쟁을 명분으로 중동 문제에 깊숙이 개입했던 미국이 중동에서 발을 빼고 있습니다. 중동에서 미국이 구상하는 그림을 그리려고 해도 잘되지 않았기 때문이죠. 중동, 아랍의 현지 사정을 세밀하게 고려하지 않고 서구식 그림을 그린 탓도 있었을 것입니다. 미국은 자기네가 바라는 민주주의의 이식도 어렵게 되었고, 중동의 석유에 대한 의존도 크게 줄어들었습니다.

미국의 탈중동 정책이 본격화되자 미국의 빈자리를 러시아와 중국이 노리고 있습니다. 이와 함께 탈석유화, 탄소중립, 기후변화, 코로나 팬데믹, 아랍권 국가들과 이스라엘 간의 국교 정상화 등 중동 국가들은 큰 도전을 맞고 있습니다. 이러한 파도를 슬기롭게 헤쳐 나가야만 아랍 국가들은 다음 100년간의 번영이 보장되지 않을까 합니다.

석유를 장악하는 자가 세계를 지배한다

석유는 세계를 움직이는 필수 에너지원입니다. 석유 없는 세상을 상상조차 할 수 없습니다. 석유가 상용화된 건 100년 남짓입니다. 고대 문헌에도 등장할 정도로 오래전부터 존재하고 있었지만, 원유 상태의 석유를 정제할 기술이 없었습니다. 불을 밝히거나 하는 등의 극히 제한된 곳에서만 사용되었습니다.

석유(石油)는 단어 그대로 바위에 있는 기름이라는 뜻입니다. 영어도 비슷합니다. Petroleum(석유)은 Petra(바위), oleum(기름)의 합성어입니다. 단어의 어원에서 알 수 있듯이 석유는 바위틈에서 최초로 발견되었습니다.

석유가 가장 먼저 발견된 곳은 중동이 아닌 미국이었습니다. 1859년 펜실베니아 타이터스빌 지하 수십 미터에서 검은 액체가 갱내에 고여 있던 것이 발견되었습니다. 그것이 드레이크(Drakes) 유정입니다. 당시에는 하루에 약 25배럴의 원유가 생산되었다고 합니다. 기술의 발달로 채굴량이 증가하자 사람들이 몰려들기 시작하고, 투자자들도 펜실베니아로 몰려들었습니다. 정유회사는 수백 개로 늘어났습니다.

석유 시추와 정유회사가 점차 증가하자 유가는 당연히 떨어졌습니다. 그래서 많은 회사가 도산하게 됩니다. 이때 등장한 인물이 석유왕으로 잘 알려진 록펠러(Rockefeller, 1839~1937년)입니다. 1870년 오하이오 스탠더드 석유회사를 세운 그는 공급 과잉으로 인해 유가가 떨어지자 도산한 회사들을 하나씩 인수합니다. 1882년 40여 개의 기업을 소유한 그는 미국 내 정유소의 95%가량을 지배한 적도 있습니다. 록펠러는 여러 회사를 인수한 다음 석유 생산량을 통제하기 시작했습니다. 한창 전성기에 록펠러는 세계 석유의 90%가량을 장악하며 떼돈을 벌어들입니다.

1901년에는 텍사스에서도 유전이 발견됩니다. 록펠러는 포드(Ford)와

합작해서 휘발유 엔진을 만들어 냈습니다. 당시 자동차 연료는 석탄이었는데 휘발유 엔진에 프로펠러를 장착한 항공기까지 발명되면서 휘발유 시대가 본격적으로 열렸습니다. 미국을 비롯한 강대국들은 서서히 알아갑니다. 석유를 장악하는 국가가 세계를 지배한다는 것을.

1908년은 중동 역사뿐 아니라 세계 역사에서도 중요한 의미를 지닌 해입니다. 이란의 마스메드 솔레이만에서 석유가 발견된 것입니다. 검은 석유 줄기가 지상으로 솟아 나오면서 중동과 전 세계의 흐름이 바뀌기 시작합니다. 석유가 발견된 지역은 중동이지만, 중동은 석유를 채굴할 수 있는 기술을 보유하지 못했습니다.

당시 중동을 지배하던 영국 역시 석유의 힘을 인식하기 시작했습니다. 그들은 이 기회를 반드시 잡아야만 했을 겁니다. 영국은 석유를 발견한 지역의 부족장에게 아주 황당한 제안을 하면서 99년짜리 계약을 맺었는데, 그 내용은 이렇습니다. "이 지역에서 시커먼 악마 덩어리가 솟아나고 있다. 오아시스도 오염시키기 때문에 우리가 잘 관리해주겠다." 이 정도면 대단한 속임수입니다.

석탄으로 움직이던 자동차가 에너지를 휘발유로 바꾸고, 함정과 항공기까지 휘발유를 사용하는 시대가 열렸습니다. "배가 없다면 우리는 살 수 없다"는 유명한 어록을 남긴 영국의 윈스턴 처칠 역시 해군장관 시절 석유의 중요성을 절실히 경험합니다.

석유는 석탄보다 부피를 덜 차지하면서도 열량이 높아 함정의 속력을 높일 수 있고, 인력을 효율적으로 쓸 수 있는 데다 작전 반경을 크게 개선할 수 있게 했습니다. 영국 해군의 심장인 주력 전함의 연료를 석탄에서 석유로 바꾸는 것은 중요한 결정이었습니다. 그러나 웨일즈산 석탄을 포기하고 정치적으로 불안정한 페르시아산 원유에 의존해야 해서 많은 사람이 반대했습니다. 무엇보다 사람들은 충분한 양의 석유를 계속 공급받을 수 있을지에 대한 의문을 가지고 있었습니다. 하지만 윈스턴 처칠은 페르시아(오늘날 이란) 지역에서 1908년 발견한 거대한 유전을 통한 안정적인 석유공급 방안을 영국 의회에 제안합니다.

해양 대국의 명성을 되찾고 해가 지지 않는 대영제국을 복원하려면 석유가 필수였습니다. 그래서 미국뿐만 아니라 영국도 석유에 사활을 걸게 됩니다. 세계에서 가장 질 좋은 영국산 석탄을 포기하고 해군 함정의 연료를 석유로 바꾼 덕분에 영국 함대는 막강한 전력으로 1차 세계대전에서 승리할 수 있었습니다.

이후 강대국들은 헐값에 원유를 가져다가 엄청난 이윤을 남기면서 선진 공업 국가로 발돋움합니다. 그리고 석유를 무기로 중동 국가들을 쥐락펴락합니다. 처음에는 영국이, 1차 세계대전과 2차 세계대전 이후에는 미국이 그렇게 했습니다.

석유 에너지가 너무 중요하다 보니 강대국들은 석유 국유화를 선언했던 이란의 무함마드 모사데크 정권을 붕괴시켜 버립니다. 중동에서 발견된 석유의 실익이 중동 국가 국민에게 돌아가지 않고, 강대국과 그 하수인들이 과실을 누린 것입니다. 중동 사람들이 서구에 대해 갖는 박탈감의 실체 중 하나에 석유도 있습니다.

석유는 양날의 칼과 같아서 이로운 점이 많으면서도 불가피하게 생기게 되는 악영향이 있습니다. 석유의 축복과 저주 정도가 되지 않을까 합니다. 석유라는 칼을 잘못 휘두르면 최빈국으로 전락할 수도 있습니다. 세계 최고의 석유 매장량을 자랑하지만, 최빈국으로 전락한 베네수엘라를 보면 그 교훈을 얻을 수 있습니다. 거기에는 복잡한 이유가 분명 있을 겁니다.

세계 경제를 뒷받침하는 석유가 여전히 막강한 힘을 발휘하고 있습니다. 저는 수백 년 후에 어떤 에너지원이 세계를 움직일까 궁금합니다.

중동 석유의 과실은 강대국 손에

1859년 미국 펜실베니아에서 석유가 발견된 후 에너지원이 석유로 점차 바뀝니다. 이란과 이라크에서는 1908년에 석유가 발견되지만, 영국이 석유 독점권을 가져갑니다. 중동의 석유 발견 7년 전인 1901년에 영국의 기업가가 이란으로부터 독점개발 이권을 취득했기 때문입니다. 1914년, 영국은 앵글로-페르시아 석유회사를 설립하고 51%의 지분을 획득합니다.

1927년, 이라크 키르쿠크(Kirkuk)에서 유전이 발견되고, 1933년에는 바레인에서도 발견됩니다. 아랍에미리트는 이들보다 한참 늦은 1958년에 석유가 발견되고 1962년부터 수출하기 시작합니다.

미국과 영국의 석유개발회사들, 메이저(international major oil company)라고 하는데, 이들이 한때 중동 석유 생산의 99%까지 장악했습니다. 당시 중동 국가들은 석유개발 기술이 없었기 때문에 석유 채굴의 열매는 메이저들이 모조리 챙겨갔습니다. 1924년에 창립한 Total은 1925년에 이라크 석유회사인 IPC(Iraq Petroleum Company)로부터 75년간 유정 탐사 인가를 얻게 되고, 1927년에 이라크의 키르쿠크 유전에서 첫 유전을 발굴합니다. 많은 메이저가 이런 식으로 계약을 맺었습니다.

1900년대 초부터 1970년까지 원유가는 배럴당 2~3달러 수준이었습니다. 1배럴은 159ℓ에 해당합니다. 그런데 소비자 가격은 생산 원가의 200배에 달해 석유회사들만 배를 불리는 왜곡된 구조가 70년 가까이 지속됩니다. 산유국들도 가만히 있지 않았겠지요? 하지만 왜곡된 구조를 바꾸려는 산유국들의 시도는 석유 재벌과 강대국들의 폭거에 의해 번번이 무산됩니다.

2차 세계대전 이후 아랍 민족들이 개별 국가로 독립을 쟁취하면서 상황이 조금씩 바뀌어 갑니다. 중동 산유국들이 석유의 중요성을 깨닫고 유전을 국유화하려고 시도합니다. 1958년, 이란의 수상 모사데크가 이란의 석유 국유화를 선언합니다. 메이저들이 가만히 손 놓고 있었을까요? 위협을 느낀 메이저들은 6개월 만에 이란 경제를 고사시켜 버립니다. 당시 메이저들의 파워가 얼마나 큰지 알 수 있는 대목입니다.

메이저를 상대로 이긴 사례도 있습니다. 리비아의 대통령 카다피가 그 주인공입니다. 카다피는 장기독재 권력자로 잘 알려진 인물입니다. 철저한 반미와 범아랍주의를 바탕으로 강대국을 상대로 기울어진 운동장을 바로 삽으려고 노력한 인물이기도 합니다.

카다피가 군인 신분으로 영국에서 유학할 때 리비아 석유의 과실이 국민에게 돌아가지 않고 검은 거래로 영국에 돌아가는 것을 알았습니다. 그는 귀국 후에 청년 장교단과 함께 혁명에 성공, 리비아의 왕정을 폐지하고 나서 가장 먼저 손댄 것이 석유 가격입니다.

카다피가 치밀한 전략가임을 알 수 있는 재미난 일화가 있습니다. 카다피 자서전에 나오는 내용입니다. 카다피는 리비아에서 석유를 독점하던 옥시덴탈 오일 컴퍼니 회장을 만난 자리에서 이틀 안에 리비아 정부에 내는 유가 지분율을 두 배 인상해줄 것을 제안합니다. 카다피의 제안에 회담장 분위기는 예상이 되죠? 해머 회장은 나이 어린 카다피 대통령을 만나러 대통령궁에 들어갈 때 담배를 물고 호주머니에 손을 넣은 채 들어갔다고 합니다.

얼마 지나지 않아 열린 2차 회의에서 카다피는 회장에게 지분율을 네 배 올려달라고 제안합니다. 모욕감을 느낀 해머 회장은 이란의 모사데크처럼 정권을 무너트려야겠다고 생각했을지 모르겠습니다. 해머 회장은 엑슨에서 20% 비싼 가격으로 석유를 사다가 소비자에게 공급하면 몇 달 후에 리비아가 무너질 거라고 판단했습니다.

그러나 전후 사정을 알고 있는 엑슨은 옥시덴탈에게 석유를 안 팔겠다고 거절합니다. 다급해진 해머 회장은 카다피를 만나서 정부 지분율 120% 인상에 서명합니다. 카다피는 석유회사를 상대로 영화에서나 나올 법한 치밀한 전략을 짜서 가격 협상에서 이겼습니다. 옥시덴탈은 커다란 타격을 입었습니다. 카다피의 협상 승리는 산유국들이 강대국의 석유회사를 상대로 협상 우위에 서는 시발점이 되었습니다.

1973년, 제1차 석유파동이 일어났습니다. 아랍-이스라엘 전쟁이 일어나자 아랍권 산유국은 이스라엘은 물론 친이스라엘 국가에 석유 수출을 중단하면서 유가는 1년 사이 네 배 가까이 인상됩니다. 이후 1980년대 이란-이라크 전쟁을 계기로 또 한 번의 급격한 유가 인상으로 산유국들은 엄청난 오일달러를 벌어들였습니다.

석유수출기구 OPEC(Organization of Petroleum Exporting Countries)은 지난 반세기 동안 세계 에너지 공급을 통제하면서 막강한 영향력을 행사해왔습니다. 그러나 2010년 들어서면서 미국의 셰일 가스가 상용화되고, 러시아까지 천연가스 자원으로 제2의 에너지 공급 국가가 되면서 중동 산유국들의 입김은 과거보다 조금 낮아졌다고 볼 수 있습니다.

피터 자이한은 저서 《The Absent Superpower : The Shale Revolution and a World Without America》에서 미국은 더 이상 지역분쟁에 참여하지 않고 미국 주도의 집단안보는 유명무실해진다고 언급합니다. 미국이 중동에서 손을 떼는 순간 중동의 패권을 둘러싸고 사우디아라비아와 이란은 전쟁 국면에 들어선다는 주장도 들어가 있습니다. 과연 그의 주장이 맞을까요?

그의 주장과는 별개로 셰일 가스 혁명으로 중동 석유에 대한 미국의 의존도가 상당히 낮아진 것은 사실입니다. 이는 미국의 전략이 변화하고 있음을 의미합니다. 9·11테러 이후 20년간 중동에서 벌인 미국의 대테러 전쟁에서 성공하지 못한 것도 대중동 전략 수정의 또 다른 이유입니다.

1979년 소련은 아프가니스탄을 침공하고 거의 10년간 전쟁을 이어갑니다. 미국은 소련의 팽창을 무조건 막아야 하는 전쟁이었는데, 직접 나서지 않고 아프가니스탄, 사우디, 파키스탄, 알카에다 등에 군사 지원을 해줍니다. 당시 미국과 알카에다는 둘도 없는 좋은 관계였습니다. 1990년 걸프전쟁까지는 말이죠.

1990년, 사담 후세인의 이라크가 쿠웨이트를 침공합니다. 이른바 1차 걸프전쟁의 시작입니다. 이듬해에는 미국이 이라크를 공습하는데, 이를 CNN이 생중계합니다. 이 생중계는 첨단 무기를 대거 등장시킨 미국의 힘을 전 세계에 보여주는 한 편의 드라마 같았습니다. 사우디아라비아는 이라크의 침공을 받은 쿠웨이트를 지원합니다. 이라크의 사담 후세인은 사우디아라비아에 미사일로 응수합니다. 오랫동안 형제처럼 살아왔는데 이라크로부터 공격을 받은 사우디아라비아는 패닉 상태가 됩니다.

미국에는 절호의 기회가 찾아온 겁니다. 미국은 사우디아라비아에 미군 주둔을 제안하고, 사우디아라비아는 자국에 미군 주둔을 허용합니다. 미국은 중동 산유국에 미군 기지가 꼭 필요했을 겁니다. 이에 사우디아라비아 출신 테러리스트이자 알카에다의 수장인 오사마 빈라덴은 사우디아라비아, 미국과 단절하고 철천지원수가 됩니다. 오사마 빈라덴은 미국에 9·11테러를 기획하고 실행에 옮깁니다. 미국은 오사마 빈라덴을 제거하려고 중동 문제에 적극적으로 개입합니다.

미국의 적극적인 중동 개입에도 불구하고 중동 정세는 좋아질 기미가 없고, 중동 석유에 대한 의존도 점차 낮아짐에 따라 미군은 중동에서 철군을 결정합니다. 이른바 미국의 탈중동 정책입니다.

이처럼 근대의 세계사 흐름은 석유와도 관련이 깊습니다. 사담 후세인의 쿠웨이트 공격을 한 강대국이 설계했다고 주장하는 전문가들이 있습니다.

그것이 사실일 가능성도 있습니다. 훗날 기밀문서가 해제될 시점에 눈여
겨볼 대목입니다.

아랍의 봄 이후 봄은 왔는가?

2010년 12월, 튀니지의 한 시장에서 20대 청년이 분신자살하면서 '아랍의 봄'이 촉발되었습니다. 일자리 감소, 높은 실업률, 정부의 독재와 부정부패, 기후변화 등이 맞물려 기존 체제에 저항하는 젊은이들이 길거리로 쏟아졌습니다. 시민들의 생생한 목소리는 SNS를 타고 실시간으로 전 세계로 전파되었습니다. SNS는 권위주의에 도전하는 힘을 결집했습니다. 그 결과 튀니지, 이집트, 알제리 등에서 장기 집권 정권들이 아랍 민주화 시위로 하나둘씩 무너졌습니다.

그런데도 아랍의 민주화 운동인 '아랍의 봄'은 성공했다고 하기 어렵습니다. 장기독재 정권이 줄줄이 무너지면서 민주화가 금방이라도 올 것만 같았지만 신기루에 불과했습니다. 갑자기 등장한 시민 권력과 허약한 국가 경제는 제대로 작동될 리 없었습니다. 시리아, 리비아, 예멘 등 국가에서 수백만 명의 난민만 양산하는 비극적인 결과를 낳았습니다. 이유는 간단합니다. 먹고 사는 민생 문제를 해결하지 못했기 때문입니다.

일부 중동에서 발생한 내전의 1차적인 책임은 서구 강대국에게 있는 경우가 많습니다. 예나 지금이나 중동의 분쟁에서 서구의 책임은 거의 절대적입니다. 서구 강대국들은 무너져야 할 나라에는 손을 안 대고, 무너지지 말아야 할 나라에는 손을 댄 겁니다. 리비아는 장기독재를 했지만, 의료, 교육, 복지가 나쁘지 않아서 국민은 그럭저럭 살아갔습니다. 대학까지 무상 교육도 가능했습니다. 그런데 독재자를 제거한다는 명분으로 군사 개입을 해서 그 결과가 어떻게 됐습니까? 수백만 명의 난민만 양산했습니다.

2011년부터 시작된 시리아 내전도 장기 집권한 아사드 정권을 몰아내기 위해 미국을 비롯한 서구 국가들이 시리아 반군을 지원했습니다. 반대로 러시아와 이란은 시리아 정부군을 지원하면서 전형적인 국제 대리전 양산을 띠었습니다. 그 결과는 참혹했습니다. 시리아 국민 절반 이상이 난민으로 전락했습니다.

난민은 한 국가만의 문제가 될 수 없습니다. 그 파장이 지구촌 전체에 영향을 주기 때문에 국제사회는 난민 문제를 신중하게 다뤄야 합니다. 중동 분쟁에 책임이 큰 서구는 난민 수용, 인도적 지원, 경제 복원 등 중장기 전략을 수립해야 할 것입니다.

국내 최고 중동 지역학 권위자인 한양대학교 문화인류학과 이희수 교수는 아랍 민주화의 성공을 위한 세 가지를 조언합니다. 첫째, 국제사회의 무분별한 개입과 대리전쟁을 막아야 한다. 둘째, 아랍 각국이 정파나 부족 집단의 이해관계보다는 국익이나 미래 세대를 위한 양보와 대타협을 우선해야 한다. 마지막으로 국제사회가 평화 중재자 역할을 적극적으로 수행해야 한다.

미국의 탈중동과 러시아·중국의 노림수

미국은 중동에 대해 세 가지 기본 방향을 견지해왔다고 볼 수 있습니다. 석유의 안정적인 확보, 이스라엘의 안전보장, 이란 견제가 그것입니다. 종합적인 결과로 보았을 때, 미국의 중동 정책은 성공적이었다고 하기 어려워 보입니다. 미국은 이스라엘과 석유의 안정적인 확보를 위해 때로는 국제사회의 동의 없이 마구잡이로 중동 문제에 개입해 왔습니다. 그 결과 양산된 수많은 난민, 여전한 분쟁만 봐도 반론의 여지가 없어 보입니다.

2001년 미국에 대한 9·11테러는 전 세계 정치, 경제 판도를 요동치게 했습니다. 미국을 더 놀라게 만든 것은 19명의 테러 용의자 중 15명은 사우디아라비아, 4명은 이집트 출신이라는 것이었습니다. 이들 두 나라는 중동에서 대표적인 친미 국가입니다. 참 아이러니한 일입니다. 정부는 친미인데 그 국민은 친미가 아니라는 방증일 수 있습니다.

부시 대통령은 테러 척결을 천명하며 이란, 이라크, 북한을 악의 축(Axis of Evil)으로 규정했습니다. 그런데 의아스러운 것은 이란, 이라크, 북한은 9·11테러와 직접적인 관계가 없는 국가입니다. 미국은 처음부터 좌표를 잘못 찍었습니다. 모르긴 몰라도 악의 축 발표 직후 평양에서는 난리가 났을 것입니다. 미국은 9·11테러를 계기로 이 세 나라를 손봐주고 싶었던 모양입니다.

결국 9·11테러에 대한 복수의 칼날은 아프가니스탄과 이라크로 돌아갔습니다. 무엇보다 시아파의 종주국인 이란을 통제하고 압박하기 위해 시아파 국가인 이라크를 선택했을지도 모를 일입니다. 9·11테러가 일어난 지 한 달 후에 미국은 테러와의 전쟁, 오사마 빈 라덴 체포를 위한 첫 타깃은 아프가니스탄이었습니다. 미국은 아프가니스탄에서 2001년 10월 7일 전쟁을 개시해 2021년 8월 31일까지 20년간 전쟁을 이어갔습니다. 이 전쟁은 사망자 17만 명, 난민

500만 명, 전비 1,100조 원이라는 어마어마한 피해를 낳았습니다.

미군은 아프가니스탄에서 미국 역사상 가장 긴 전쟁을 했음에도 불구하고 2021년 8월 말 도망치듯이 아프가니스탄을 빠져나왔습니다. 아프가니스탄 정부군이 오래 버틸 거라는 미국 정부의 판단이 무색할 만큼 정부군은 재빨리 무기를 버리고 도망가기에 바빴습니다. 그 바람에 탈레반이 다음날 수도 카불을 장악한 것을 보면 미국이 세계 질서를 주도할 역량과 의지, 진정성이 있는지 의구심이 들기도 합니다. 아니면 아프가니스탄에서 서구식 민주주의 혹은 서구 시스템의 이식이 불가능했던 것일까요?

9·11테러 이후 긴 시간 동안 지구촌은 테러와의 전쟁을 지켜봐 왔습니다. 미국은 오사마 빈 라덴을 비호했다는 이유로 아프가니스탄을 침공해 20년간 테러와의 전쟁을 벌였습니다. 아프가니스탄 전체가 쑥대밭이 되었습니다. 9·11테러와 직접 상관없는 이라크를 화학무기와 대량살상무기(WMD)가 있다는 잘못된 정보로 침공해 후세인 정권을 무너뜨려 버렸습니다. 이후 시리아, 예멘 등지에서도 서구의 개입으로 이유 없이 목숨을 잃은 민간인이 부지기수입니다. 난민은 수백만 명을 넘어섰습니다.

"현재의 ISIL을 만든 책임을 져야 할 미국 대통령이 있다면 이라크를 침공한 조지 W. 부시 대통령이다." 브루킹스 연구소의 미국 CIA 출신 리델의 말입니다. 시리아가 100만 명, 요르단이 70만 명, 튀르키예가 50만 명 이상의 이라크 난민을 수용할 때 미국은 500명가량의 난민을 수용했을 뿐입니다. 이제는 서구 사회가 진정성 있게 대답할 차례가 아닐까 합니다.

중동 석유에 대한 의존도가 많이 낮아진 미국이 중동에서 발을 뺀 빈자리를 러시아와 중국이 노리고 있습니다. 현재 세계 2위 원유 생산국은 러시아이며, 세계 1위 원유 수입국은 중국입니다. 두 국가가 중동의 산유국과 전략적으로 손을 잡는다면 미국에 큰 도전이 될 수밖에 없습니다.

러시아와 중국은 코로나 팬데믹을 발판 삼아 백신 공급으로 중동 지역에서 외교력을 강화하려는 노력을 해왔습니다. 두 국가는 무역 투자. 반미 국가에 대한 외교적 지원 등의 방식으로 중동에서 미국의 영향력을 약화하려고 의도합니다. 중국은 걸프 국가들의 석유를 적극 수입하고, 러시아는 시리아와 리비아 간의 무력 분쟁에 적극 개입하고 있습니다.

이에 미국은 에너지 안보와 지속 가능한 국익 창출을 위해 안전장치를 마련할 수밖에 없는 상황이 되었습니다. 이스라엘에만 의존할 수밖에 없는 미국은 누구도 예상하지 못한 정책을 펼칩니다. 미국은 이스라엘과 중동의 산유국 간 외교, 경제, 군사 동맹 관계 수립이라는 놀라운 외교정책을 지원해 온 것으로 알려져 있습니다.

세계 2위 산유국이자 수니파 이슬람의 본고장인 사우디아라비아가 이스라엘과 수교한다면 중동에서는 새로운 정치, 경제, 안보 구도가 펼쳐질 가능성이 커지고 있습니다. 이스라엘과 중동 산유국 간 외교관계 복원은 '반(反)이란'이라는 공통분모가 작용한 것으로도 보입니다.

이스라엘은 오랜 앙숙인 이란을 자국의 최대 안보 위협으로 여기며 세력 확장을 극도로 경계하고 있습니다. 경제제재가 풀려 이란이 자금을 확보한다면 언제든지 핵 개발에 나설 것으로 보고 있습니다. 또한 아랍에미리트와 사우디아라비아 등 걸프 왕정 국가들은 이란을 경계하고 있습니다. 혁명으로 왕정을 무너뜨리고 이슬람 공화국을 세운 이란이 왕정 국가의 체제를 흔들 수 있는 강력한 위협으로 보니까요. 이란은 경계의 대상인 동시에 협력의 대상이기도 합니다.

아랍에미리트와 이스라엘은 2020년 8월 13일, 아브라함협정(Abraham Accord)을 맺어 정식 외교관계를 수립합니다. 협정의 명칭은 이슬람교·유대교·기독교가 공통의 조상으로 여기는 '아브라함'의 이름에서 따온 것입니다. 이스라엘과 아랍 국가 간의 외교 수립으로 중동에 평화가 정착되기를 기원합니다.

중동 산유국들이 넘어야 할 산

중동의 산유국이 넘어야 할 산에 관해 두 가지를 들려고 합니다. 첫 번째, 정부 주도의 경제구조입니다. 중동 산유국의 대부분은 석유 의존적 경제구조로 되어 있습니다. 정부가 석유를 수출해서 벌어들인 수익을 국민에게 분배하는 구조입니다. 정부가 국가 경제의 컨트롤 타워 역할을 하며 인프라 구축, 자국민 일자리 제공 등 전면에 나서고 있습니다. 이처럼 정부가 경제 부문에서 차지하는 역할과 비중이 거의 절대적이라고 하겠습니다.

정부 주도형 경제체제는 민간경제의 성장을 위축시킬 우려가 있어서 성장에는 한계가 있다는 평가가 일반적입니다. 정부와 공공부문이 경제에 보이지 않는 손으로 지나치게 작동하면 효율성과 생산성이 떨어질 수밖에 없습니다. 반면, 자유시장 경제체제에서는 민간과 기업에서 기술개발, 고용창출 등을 하는 것이 일반적이며, 효율성이 훨씬 높습니다. 민간이 활발한 경쟁을 통해서 시스템을 개선 발전시켜야 경제가 정상 작동되기 때문이죠.

걸프 국가에 가보면 자국민보다 외국인들이 훨씬 많이 거주하는 것을 쉽게 볼 수 있습니다. 자국민의 인구수가 적기 때문에 경제성장을 위한 어쩔 수 없는 선택이겠지만, 여러 가지 부작용도 있습니다. 석유가 발견되고 정부로부터 각종 보조금을 받기 시작하면서 자국민들의 노동 기피증은 가속화되었습니다. 힘든 일을 하지 않아도 넉넉한 삶을 살 수 있기 때문이죠. 이슬람 국가의 출산율은 다른 나라들보다 높아서 양질의 일자리를 지속해서 만들어 내지 못하면 훗날 사회문제가 될 수 있습니다. 민간부문을 키우지 않으면 안되는 중요한 이유 중 하나입니다.

둘째, 더딘 민주화입니다. 중동의 국가들은 다른 지역의 국가들에 비해 민주화가 더딘 편입니다. 미국이 서구식 민주주의를 중동에 이식하려고 해도 성공한 사례가 전무라고 할 정도입니다. 이는 중동의 특성을 고려하지 않은 채 추진해 예견된 일이기도 했습니다. 중동의 민주화도 국가 주도형 경제보다는 민간이 경제를 주도해야 더 수월하게 정착될 수 있을 것입니다.

일부 국가에서는 오일 머니의 과실이 소수 권력층에게 집중되어 있습니다. 중동의 산유국들은 비교적 안정적인 왕정을 지속하고 있습니다. 국민이 민주화를 요구해도 경제적 종속관계가 강해서 큰 정치적 도전으로 받아들여지지 않습니다. 국가와 국민의 보이지 않는 지배관계가 수십 년간 이어져 왔기 때문이죠.

오일 머니를 어떻게 사용했느냐에 따라 오늘날 중동 산유국의 모습이 확연히 차이가 나는 것을 확인할 수 있습니다. 아랍 국가들은 19세기부터 유럽의 식민지가 진행되어서 산업화가 한국보다 비교적 일찍 추진되었습니다. 그리고 오일 머니를 바탕으로 한 자본은 풍부하지만, 정치적, 경제적, 문화적으로 선진국이 된 나라는 드뭅니다. 오일 머니를 국가 번영과 미래 준비에 사용한 국가 중 가장 대표적인 나라가 아랍에미리트입니다. 아랍에미리트의 성공은 풍부한 오일 머니, 지도자의 리더십과 비전, 국민성 등 다양한 요인이 잘 결합하여 나온 최고의 작품입니다. 그래서 여러 아랍국가들은 아랍에미리트의 발전모델을 면밀히 연구해서 도입을 검토해볼 만 합니다.

★ 나의 아랍에미리트 이야기

장대한 비전, 국민을 향한 사랑, 인류에 대한 책임감으로 새로운 50년의 역사를 만들어 가는 아랍에미리트의 밝은 미래!

아랍에미리트를 향한 사랑과 경외는 이 나라에 처음으로 도착한 2019년 8월에 시작되었다. 아부다비 공항에서 호텔로 가는 길에 곳곳에 붙어 있는 "Year of Tolerance: 관용의 해" 플래카드를 보면서, '관용'을 한 해의 실천 명제로 삼고 살아가는 나라가 있다는 사실이 신선한 충격으로 다가왔다.

그날 이후로 지난 5년 동안 이 나라에 관해 많은 것을 느끼고, 체험하며, 배워오면서, 이 나라 지도자들에 대한 존경, 젊은 세대들에 대한 사랑, 국제 사회의 안정과 인류의 번영에 기여할 수 있는 준비를 차근차근하고 있는 아랍에미리트에 대한 인식과 사랑이 점점 깊어지고, 이 나라가 인류 공영에 크게 기여할 날이 올 것이라는 기대감이 점점 커진 것 같다.

아부다비의 보석이라고 불리어도 무색하지 않는 전 세계에서 독특한, 지속 가능(Sustainability) 철학에 기반을 두고 설계한 Masdar City는 이 나라 지도자들의 미래를 준비하는 비전, 지속적인 노력, 국제관을 보여주는 좋은 사례이다. 자체에서 생산되는 태양광을 포함한 재생에너지를 기반으로 한 녹색 건물들이 빼곡히 차 있는 Masdar City는 거의 20년 전인 2006년에 계획이 시작되어 현재까지 완전한 탄소중립 Net Zero 건물들을 짓고 있다. 이러한 노력은 2015년에 국제재생에너지기구(IRENA) 본부를 유치하게 되었고, 2023년에는 COP28 주최국의 역할을 하였다.

자국민을 향한 지도자들의 사랑의 모습은 다양한 경제적인 지원, 건강보험정책, 높은 임금 구조 입안 등 다양하게 나타나고 있다. 우리는 Special Olympic을 장애인 올림픽이라고 부르나, 이 나라에서는 Olympic for the

People with Determination (강인한 의지를 가진 사람들의 올림픽)이라고 부르는 것도 매우 흥미롭다.

이 나라 지도자들의 관심, 사랑, 책임의식은 자국민에게만 국한되는 것이 아니라 전 세계 시민에게도 향한다. 코로나 팬데믹 동안 진단키트나 장비가 부족한 나라에 많은 도움을 주었고, 심지어는 Field Hospital을 아프리카에 지어 주었다. 아프가니스탄 난민을 자국에 유치하고, 건강검진 등 진료를 책임졌으며, 최근에는 이스라엘-팔레스타인 분쟁으로 몸을 다친 환자들을 자국에서 치료해 주었다.

이 나라의 미래는 무척 밝다. 특히, 새로운 50년을 책임질 수 있는 능력이 뛰어나고 국제적인 감각이 있는 새로운 세대의 지도자들이 많다는 사실이 무척 고무적이다. 향후 30년 안에 아랍에미리트의 국제 사회, 경제, 정치적 역할이 점점 커질 것인데, 그 역할을 제대로 실행할 수 있는 새 세대의 지도자를 남녀 구분 없이 발탁하여 정부나 민간 기업의 요직에 기용한다. 이 젊은 세대의 지도자들은 자신들의 나라에 대한 강한 애국심과 충정심으로 나라와 국민을 위한 일들을 잘 수행하는 것을 자주 목격한다.

물이 귀한 척박한 사막에서, 굳건히 뿌리를 내리고 백년이나 사람과 동물들에게 먹을 것과 그늘을 부여하는, 아랍에미리트의 나무인 Ghaf Tree를 "관용의 해, 2019"의 상징 로고로 택한 이 나라 지도자들의 혜안과 전 세계에서 와서 이 나라에 살고 있는 다양한 문화와 역사, 가치관을 가진 모든 이들을 존중하겠다는 취지로 Tolerance Department(관용부)까지 제정하는 이 나라는 어쩌면 인류 역사상 처음으로 모든 사람이 평화롭게 살아갈 수 있는 Eutopia country가 될 수도 있다는 기대를 갖게 한다.

박민성
아부다비 주민

화성탐사선 '아말' 발사 성공

아말이 화성 궤도에 안착하자 세계 최고층 빌딩인 버즈 칼리파에 거대한 LED 영어 문장이 펼쳐졌습니다. "Impossible is possible". 아랍에미리트는 아랍권에서 선도적으로 우주 프로젝트를 주도하고 있습니다.

2020년 7월 20일, 일본 가고시마현 다네가시마우주센터에서 우주선 아말 (아랍어로 희망을 뜻함)이 화성 궤도를 향해 발사되었습니다. 이로써 아랍에 미리트는 중동 첫 번째, 세계 다섯 번째 화성탐사국이 되었습니다. 탐사선의 비행거리는 36억㎞에 달하며 최종 착륙까지는 5년가량 걸립니다. 탐사선은 금성 궤도를 돈 뒤 화성을 거쳐 주요 7개 소행성을 관측할 예정입니다.

2014년 7월 셰이크 무함마드 빈 라시드 알 막툼 총리가 2021년 건국 50주년 때까지 화성에 탐사선을 보내겠다고 발표하고 6년 만에 이룬 성과입니다. 아랍에미리트는 2018년 독자적으로 설계하고 제작한 위성 칼리파샛을 발사 했으며, 2019년 9월에는 아랍에미리트 최초의 우주비행사를 탄생시키기도 했습니다. 또한 아말 개발에 참여한 과학자의 34%가 여성이었다고 합니다. 여성 과학자들이 두각을 나타내는 데는 아랍에미리트 정부의 정책적 지원이 큰 역할을 했습니다.

또한, 2021년 10월 5일에는 아랍에미리트가 화성과 목성 사이에서 공전 하는 소행성대를 탐사하기 위한 우주선 발사 계획을 발표했습니다. 아랍에미 리트 우주청은 2028년 중반 화성과 목성 사이 소행성들을 탐사하는 무인 우주선을 발사한다는 것입니다.

또한, 2024년에 무인 우주선을 달에 보낼 예정이며, 2117년에 화성에 사람이 사는 도시를 세우는 '화성 2117 프로젝트'도 추진하고 있습니다.

아랍에미리트는 아말 프로젝트를 통해 산유국에서 벗어나 과학기술을 토대로 한 산업 구조 전환에 얼마나 심혈을 기울이고 있는지 알 수 있습니다. 아말의 화성탐사가 아랍에미리트 뿐만 아니라 중동 지역의 젊은 세대가 과학 분야에 눈을 뜨게 하는 매우 중요한 터닝 포인터가 되고 있습니다.

현대 물리학의 아버지로 알려진 뉴턴보다 700년이나 앞서 현대과학의 방법론을 창시한 인물이 이븐 알 하이삼입니다. 오늘날 이라크 지역 출신입니다. 현상 관찰과 측정을 바탕으로 가설을 수립해 검증하는데 크게 기여했습니다. 이슬람 과학자들의 위대함을 생각해보지 않을 수 없습니다.

2024년 3월, 미국 항공우주국(NASA)에서 2년간 교육 이수 끝에 우주 비행사 자격을 갖춘 아랍에미리트 여성 노라 알마트루시은 인터뷰에서 아래와 같이 밝혔습니다. "나보다 먼저 별을 연구해온 무슬림 학자와 과학자들의 공헌을 알게 됐다. 그들이 수천 년 전부터 쌓아온 유산이 내가 우주 비행사가 된 기반이다."

화성탐사선 아말

이슬람은 평화의 종교

사람들은 테러리즘을 이슬람과 연결 지으려고 합니다. 특히 서구사회에서 이러한 인식이 강하게 작동합니다. 이러한 인식이 바뀌기 쉽지 않다는 데 문제가 있습니다. 제가 15년 가까이 아랍 사람들과 가깝게 교류하면서 느낀 것이 있다면 중동에서 발생하는 테러리즘은 이슬람 종교 자체와는 연관성이 없다는 것입니다. 이미 앞에서 이슬람에 대해서 살펴봤기 때문에 이해하셨을 것으로 생각합니다. 이슬람 종교에서 인간의 생명을 결정짓는 것은 인간이 아니라 알라에게 있습니다. 그러니 자살도 금지합니다.

굳이 그 연관성을 따진다면 중동에서의 테러리즘은 종교보다는 유목 문화에서 연관성을 조금 찾을 수 있을지 모르겠습니다. 아랍문화의 대부분은 사막에서 비롯됩니다. 사막은 워낙 척박한 환경이기 때문에 생존을 위한 움마(Ummah, 공동체), 아싸비야(Assabiya, 연대의식), 인티캄(Intikam, 복수) 등의 독특한 문화가 생겨났습니다.

오랜 세월 동안 척박한 사막에서 살아가야 했던 유목민은 하루하루의 삶이 생존과 직결되어 있습니다. 물 확보가 중요하므로 오아시스를 찾아서 이동해야 했고, 물을 지키기 위해 싸워야 했기 때문에 남성 중심의 사회가 형성될 수밖에 없었던 것이죠. 아무리 걸출한 영웅이 있더라도 사막에서 혼자 생존하는 것은 불가능하니 연대의식이 자연스럽게 생겨난 것이죠.

인티캄 정신은 나 또는 가족, 부족이 누군가로부터 당했다면 반드시 복수해야 한다는 신념을 가리킵니다. 오래전 사막 환경을 생각해 본다면 누군가가 내 소유의 물을 훔쳐 마셨을 때 복수하지 않으면 부족 전체의 생존이 불가능할 수 있습니다. 그러니 도둑을 응징하고 물을 찾아와야 했죠.

부족주의는 아랍지역의 중요한 가치관과 정체성의 뿌리가 되었습니다.

다양한 부족들이 오아시스, 가축, 땅 등을 놓고 갈등과 충돌이 있었습니다. 예언자 무함마드는 이러한 부족의 역사를 연대감이 강한 정치적 공동체로 탈바꿈 시켰다고 할 수 있습니다.

문화인류학적 관점에서도 유목민의 문화는 남성 중심의 권위주의였습니다. 남성은 가족, 부족, 오아시스를 보호하기 위해 항상 전투 태세를 유지해야만 했습니다. 농경사회에서는 남자들이 좀 놀아도 되지만, 사막 환경에서는 남자들이 오아시스와 가축을 지켜야만 했습니다. 가장 강력한 물리력을 가진 가문이 부족을 지배하고, 군대와 같은 강력한 리더십이 필요했습니다. 저명한 역사학자 이븐 칼둔(Ibn Khaldun, 1332~1406년)은 "아랍인은 용기와 자신감에 의지해 홀로 사막 안으로 들어갔다. 용기는 이들의 특성이고, 배짱은 이들의 천성이다. 필요한 순간이나 어떤 자극이 오면 아랍인들의 용기와 천성은 반드시 발휘된다."고 했습니다. 이 지적은 아랍인의 특성을 잘 보여주는 대목입니다.

사막을 배경으로 출발한 이슬람은 다른 문명과 공존하며 오늘날까지 발전해 왔습니다. 그러면서도 뿌리 깊은 갈등의 역사가 있습니다. 이슬람이 외부 세력으로부터 침략받았을 때 이슬람 내부에서 원인을 찾는 과정에서 극단적인 경향을 보이기도 했습니다. 많은 무슬림은 이슬람을 창시한 무함마드와 네 명의 칼리프가 지배했던 시기를 가장 이상적인 이슬람 세계라고 여깁니다.

그래서 극소수의 무슬림은 서방에 뒤처져 있는 암울한 상황에서 벗어나는 해결책으로 번성했던 초창기 이슬람의 모습으로 돌아가야 한다고 주장합니다. 특히 삶이 팍팍한 소외계층은 이러한 이슬람 원리주의, 특히 과격한 이슬람 원리주의에 빠져들기 쉽습니다.

'이슬람=테러'라는 인식은 중동과 이슬람을 이해하는데 올바른 인식이 될 수 없습니다. 이슬람 종교 자체가 폭력적이거나 테러를 추구하지 않으니까요. 이슬람(Islam)은 말 자체가 '평화(salam)를 주창하는 종교'를 의미합니다. 대다수 무슬림은 '이슬람=테러'라는 인식 때문에 괴로워하며 알카에다와 ISIL(현지에서는 Daesh라고 표기)에 대해서도 강력히 반대합니다.

이슬람은 평화를 추구하는 종교입니다. 제가 끝으로 여러분께 꼭 드리고 싶은 말씀입니다.

◆ 꾸란은 이렇게 말한다
"너희를 공격하는 하나님의 적들에게 맞서 싸우되 그러나 먼저 공격하지 말라. 하나님은 먼저 공격하는 자들을 사랑하지 아니 하시니라"
(꾸란 2장 190절)

"종교는 강요되서는 아니 되니라"
(꾸란 2장 256절)

참고문헌

1. 도서

권태균·지규택,《사막 위에 세운 미래, 아랍에미리트 이야기》, 삼성경제연구소, 2014.

마키시마 키미,《두바이 이야기》, 심윤진 옮김, 매일경제신문사, 2009.

명지대학교 중동문제연구소,《아랍에미리트 헌법》, 모시는 사람들, 2014.

미야자키 마사카츠,《한눈에 꿰뚫는 중동과 이슬람 상식도감》, 안혜은 옮김, 이다미디어, 2022.

박강호,《사막의 기적, UAE》, 바른북스, 2019.

버나드 루이스,《무엇이 잘못되었나》, 서정민 옮김, 나무와 숲, 2002.

서정민,《두바이 CEO의 창조경영》, 청림출판, 2007.

서정민,《이슬람은 그렇게 말하지 않았다》, 시공사, 2015.

서정민,《중동 비즈니스 및 여행 길라잡이》, 한국외국어대학교 지식출판원, 2015.

《성꾸린 닝독법칙,의미,해설》, 최영길 옮김, Zayed House for Islamic Culture, 2017.

셰이크 무함마드 빈 라시드 알 막툼 비서실, <셰이크 무함마드의 생각>, 2018.

셰이크 무함마드 빈 라시드 알 막툼 행정실, <행복과 긍정에 관한 고찰>, 2018.

에미리트 전략연구소,《아랍에미리트연방 건국과 통합의 리더십》, 대외경제정책연구원 옮김, 대외경제정책연구원, 2013.

이븐 칼둔,《역사서설(Muqqaddimah)》, 김호동 옮김, 까치, 2003.

이희수,《이슬람 학교 1》, 청아출판사, 2021.

이희수,《이슬람 학교 2》, 청아출판사, 2021.

이희수,《이희수의 이슬람》, 청아출판사, 2021.

임은모,《아부다비 통신》, 이담북스, 2012

팀 마샬,《지리의 힘》, 김미선 옮김, 사이, 2020.

프란체스카 로마나 로마니,《이슬람, 고대 문명의 역사와 보물》, 이유경 옮김, 생각의 나무, 2008.

한국무역협회,《열려라 참깨! 중동 비즈니스 이야기》, 한국무역협회, 2019.

Explorer Publishing, Abu Dhabi Resident's Guide, UNKNO, 2014.

Mohammed bin Rashid Al Maktoum,《MY STORY》, Explorer, 2019.

Zayed, <Man Who Built A Nation>, National Center for Documentation and Research, 2013.

2. 기타

농림축산식품부·한국농수산식품유통공사, <수출시장 신규개척 및 다변화를 위한 심층조사>, 2013.

외교부, <아랍에미리트 개황>, 외교부 홈페이지.

외교부, <UAE 알기>, 2017.

이정모, <햇볕과 정면으로 맞서는 낙타>, 한국일보, 2015.6.9.

이종화, <이슬람에서 돼지고기를 금하는 이유>, 주요르단 대한민국 대사관 홈페이지.

주아랍에미리트 대한민국 대사관, <UAE 사건사고 유형별 사례 및 법률가이드>, 2017.

사막에서 화성탐사선을 쏘아 올린 **아랍에미리트**

초판 1쇄 인쇄·발행 2022년 11월 30일
초판 2쇄 인쇄　　　2023년　9월 15일
2판　1쇄 인쇄　　　2024년 11월 30일

저　자 / 최창훈
발행인 / 전민형
발행처 / 도서출판 푸블리우스
등　록 / 2018년 4월 3일 (제2023-000194호)
주　소 / [04029] 서울시 마포구 월드컵로8길 45-9, 3198호(서교동, 양성빌딩)
전　화 / 02)927-6392
팩　스 / 02)929-6392
이메일 / ceo@publius.co.kr
디자인 / 박고운

ISBN 979-11-89237-34-9

도서출판 푸블리우스는 헌법, 통일법, 시민교육, 신문방송학, 경찰학, 사회과학 일반에 관한 발간제안을 환영합니다.
기획 취지와 개요, 연락처를 ceo@publius.co.kr로 보내주십시오.
도서출판 푸블리우스와 함께 한국의 법치주의 및 사회학의 수준을 높일 연구자들의 많은 투고를 기다립니다.